Мы виделись давно или никогда не встречались, но вот счастливое стечение обстоятельств привело нас друг к другу, в этот номер альманаха, в котором многие из тех, кто прокладывал путь к читателю в одиночку, по-иному увидят свой писательский дар и ответственность перед большой литературой. Случайной или не случайной станет выбранная дорога – покажет время.

Литературная АМЕРИКА

5
альманах — дорога

РЕДАКЦИОННАЯ КОЛЛЕГИЯ
Юлия Горячева
Сергей Литвинов
Петр Панасенко
Таисия Суворова

Главный редактор — Таисия Суворова
suvorovat@aim.com

Технический директор — Филипп Пономарь
ponomar.phillip@gmail.com

Верстка — Мария Ратинова

Адрес:
5537 Hemlock Street, Sacramento, CA 95841
Телефон: +1(916) 241-4555
www.literaryamerica.org

Альманах подготовлен к печати
Русской библиотекой города Сакраменто (California, USA)

При поддержке
Издательского Дома «Афиша» (California, USA)

Она привлекала к себе внимание, как может привлекать внимание рождественская ёлка, которую случайный прохожий внезапно увидел жарким летним днём на центральной городской площади.

*Грустный росчерк таланта,
Стань весёлой строкой*

В Москве в то время была хрущёвская оттепель, однако для кого тёплая, а для кого и не очень.

Это были часы тайны, разгадывание связей всего со всем, и она поддавалась этим вибрациям, глядя на закат сквозь кухонное окно

ни бежали по Тверскому бульвару, и крупные узорчатые снежинки приятно холодили щеки, и старинные фонари высвечивались жёлтым светом сквозь чёрные ветки деревьев, и уже была видна на другой стороне улицы склонённая, запорошённая снегом голова поэта Пушкина, самого любимого девочкина поэта и самого любимого её памятника в Москве, и так всё было замечательно красиво вокруг

Сейчас это может показаться поистине невероятным, однако факт остается фактом: еще в начале прошлого века американцы считались довольно угрюмой нацией, и их часто противопоставляли, скажем, экспрессивным французам. Ритуалы доброжелательности начали культивироваться относительно недавно — во времена Великой депрессии.

Было легко и светло. Речное благодушие гуляло тихо и спокойно, соревнуясь с ветром, гнувшим ивы, и пуская рябь в своё довольство воздушным порывом. И крыло чайки ласкало его. Синий миг удальства застилал всё вокруг дыханием лугов и безотчётной дали.

Под выстрел грома, вспышки молний —
Вдруг время года наступает.

Драйзер не щадил никого и ничего. Он утверждал принципиальную трагичность судьбы каждого рядового американца и обвинял в этом социальную систему.

Как потом рассказала бабушка Хейвет, которая впоследствии присоединилась к нам в эвакуации, в городе невозможно было оставаться: город горел, и люди начали уходить на восток. Дедушка и бабушка тоже, в конце концов, решили уйти, хотя надеялись, что война скоро кончится, и они вернутся.

Когда ты разлюбил,
люби сильнее,
Люби сильнее, чем
когда любил.

*Где же этот корабль, что поможет доплыть?
Где команда из верных матросов?*

ДОРОГА — ЭТО НЕ ТОЛЬКО МАРШРУТ. ЭТО ВСЕГДА ВЫБОР, КОТОРЫЙ ТЫ ДЕЛАЕШЬ, ПРЕЖДЕ ЧЕМ ОТПРАВИТЬСЯ К ЦЕЛИ.

СОДЕРЖАНИЕ

ПРОЛОГ

Юрий Ковалев
ТЕОДОР ДРАЙЗЕР ОТКРЫВАЕТ АМЕРИКУ 8

ПРОЗА

Радислав Аскотский
СУМОЧКА ОТ ЛУИ ВИТОНА (LOUIS VUITTON) 28

Олег Бехтерев
ИСТОБЕНСКИЙ ОГУРЕЦ 48

Наталья Драгунская
ПИАНИНО 82

Георгий Жаркой
НЕ ПОЛУЧИЛОСЬ 112

Вера Зубарева
ЛИК ОДИНОЧЕСТВ 130

Галина Ицкович
РАССКАЗЫ 154

Вячеслав Тебенко
СТРОЙКА ВЕКА 176

Амаяк Тер-Абрамянц
ЧЕЛОВЕК, КОТОРЫЙ СПАС ПЛАНЕТУ 194

Елена Черникова
АБСОЛЮТНАЯ ПРОЗА 208

ПОЭЗИЯ

Ефим Гаммер 252
Анна Долгарева 260
Ольга Качанова 270
Геннадий Кацов 284
Борис Кострома 298
Анна Морковина 314

ПУБЛИЦИСТИКА

Юлий Вайсман
ИСТОРИЯ ОДНОЙ ЖИЗНИ 332

Ростислав Полчанинов
БУЛАТ ОКУДЖАВА И ЛАВИНИЯ БРАВУРА 354

Игорь Ротарь
ИЗ ГЛАВЫ "СЕЛЬСКАЯ АМЕРИКА" 364

Самуил Савицкий
МЕЖДУ ТЬМОЙ И СВЕТОМ 390

Юлия Синарева
ПАРАЛЛЕЛЬНАЯ РЕАЛЬНОСТЬ:
ПСИХОЛОГИЯ ИММИГРАЦИИ 402

НАШИ АВТОРЫ

Ольга КАЧАНОВА
поэт, автор-исполнитель

Геннадий КАЦОВ
журналист, писатель, литературный критик

Анна МОРКОВИНА
журналист, библиотекарь, поэт

Самуил САВИЦКИЙ
учёный-богослов, пастор

Вячеслав ТЕБЕНКО
учёный, историк, писатель

Юлия СИНАРЕВА
психолог, психотерапевт

Георгий ЖАРКОЙ
педагог, писатель

Радислав АСКОТСКИЙ
инженер-строитель, прозаик

Наталья ДРАГУНСКАЯ
филолог, преподаватель, писатель

Ростислав ПОЛЧАНИНОВ
историк, общественный деятель

Теодор Герман Альберт Драйзер

Профессор Юрий Ковалёв (1922–2000) оставил такое блестящее наследие, которого хватит «для освоения» многим поколениям и учёных-филологов, и просто читателей. В 1949 году он окончил Ленинградский государственный университет. Сфера его научных интересов: история литературы США, история английской литературы, эпоха романтизма в США. Принадлежал к ленинградской филологической школе. Член Союза писателей СССР с 1982 года. В 1999 году был награждён Орденом Дружбы. Монография об отце-основателе современной американской литературы написана столь увлекательно, что, на наш взгляд, вызовет несомненный интерес у широкого читателя, который не слишком часто утруждает себя чтением литературоведческих трудов. Публикуя эту работу Юрия Ковалёва, профессора Санкт-Петербургского университета, мы отдаём дань памяти и уважения сразу двум персонам: и титану американской словесности, и незаурядному исследователю его творчества.

ПРОЛОГ

ТЕОДОР ДРАЙЗЕР ОТКРЫВАЕТ АМЕРИКУ

Если сравнивать между собой зарубежных писателей XX столетия по степени их популярности в России, то Теодор Драйзер займет, пожалуй, одно из первых, если не первое место. Наше знакомство с его сочинениями случилось в 1925 году, и началось оно странным образом — не с его знаменитых романов, а с рассказа «Негр Джефф», ныне почти позабытого....

Количество изданий Драйзера на русском языке неудержимо растет, не обнаруживая тенденции к сокращению. В 1928 году начало выходить первое собрание его сочинений (в 13 томах), в 1950 году — второе (в 12 томах), в 1955 году — третье, в 1973 году — четвертое... Количество изданий отдельных произведений, сборников, журнальных публикаций почти не поддается учету: тиражи исчисляются миллионами экземпляров. Сегодня издательствам, берущимся за выпуск сочинений Драйзера, не понадобится компьютер, чтобы выяснить, сколько экземпляров требуется для удовлетворения читательского спроса. Сколько ни издай, все мало. Как это ни парадоксально, но у нас есть все основания считать, что мы ценим Драйзера выше и понимаем лучше, чем американцы. И уж, во всяком случае, мы читаем его больше и чаще. Для нас Драйзер — пролагатель новых путей в литературе, открыватель новых миров в жизни, писатель безоглядно смелый, честный и бескомпромиссный. Мы можем только согласиться с Г. Менкеном, который писал после смерти Драйзера в 1945 году: «Он был великий художник, ни один другой американец его поколения не оставил такого прочного и прекрасного следа в нашей национальной словесности. Американская литература до и после его времени отличается почти так же, как биология до и после Дарвина». «Русский Драйзер» — явление значительное и важное в нашем духовном мире. Книги великого американца читаются у нас по-прежнему с неослабным интересом, помогая нам понять Америку, мир, человека и доставляя высокое художественное наслаждение. Если попытаться выразить одним словом наше представление о Драйзере-художнике, то, пожалуй, трудно подобрать что-нибудь более удачное, чем название одного из его романов — «Титан».

Теодор Драйзер (1871–1945) прожил долгую жизнь, почти целиком отданную литературному творчеству. Его наследие поражает своей обширностью и разнообразием. Драйзер писал стихи, пьесы, статьи, очерки, эссе, рассказы, повести, романы, репортажи, рецензии и критические заметки. Сочинения его многочисленны и неравноценны. Как поэт и драматург Драйзер не оставил следа в литературе. Многие его рассказы и очерки справедливо позабыты. Сегодня к ним обращаются лишь биографы да историки литературы. Очевидно, что центральным ядром в творческом наследии Драйзера, обладающим непреходящей историко-литературной и эстетической ценностью, являются его романы. Их всего восемь: «Сестра Керри» (1900), «Дженни Герхардт» (1911), «Финансист» (1912), «Титан» (1914), «Гений» (1915), «Американская трагедия» (1925), «Оплот» (1946, издан посмертно), «Стоик» (1947, издан посмертно).

Появление каждого из романов Драйзера вызывало целую бурю в американской литературной критике. Писатель отказывался следовать «правилам игры», нарушал все общепринятые «нормы» литературного творчества. Он писал о том, что полагалось запретным для искусства, писал с откровенностью, приводившей в содрогание благопристойных критиков, позволял себе вскрывать истинное содержание нравственных ценностей, аксиоматически принятых в буржуазном обществе. Он высказывал суждения и оценки, повергавшие почтенную публику в состояние шока. Драйзер не щадил никого и ничего. Он утверждал принципиальную трагичность судьбы каждого рядового американца и обвинял в этом социальную систему. В поисках решения кардинальных проблем национальной жизни писатель сближался с идеологией пролетариата, что привело его логически к вступлению в Коммунистическую партию США — шаг, которого и сегодня американская критика не может ему простить.

ПРОЛОГ

Если окинуть общим взором историю оценок сочинений Драйзера в американской буржуазной критике, то легко увидеть, что она распадается на три этапа: 1900–1917 годы, 1917–1945 годы и с 1945 года по настоящее время. Скажем сразу, что ни на одном из этапов критика не могла игнорировать творчество Драйзера. Каждый из его романов был слишком значительным явлением, вызывал слишком мощный общественный резонанс, чтобы можно было обойти его вниманием. Драйзер никогда не мог пожаловаться на недостаток интереса со стороны критиков. Но интерес этот, как правило, был недружелюбным.

На первом этапе романы Драйзера подвергались уничтожающей критике, исходя преимущественно из соображений морального порядка. Драйзеру не могли простить вторжения в запретные области, жестокого разоблачения фальши, лицемерия, ханжества нравственных устоев буржуазного общества. На втором — критика сосредоточилась в основном на идеологических аспектах творчества писателя, на его социальных теориях, политических симпатиях. Особенное неудовольствие со стороны буржуазной критики вызывала деятельность писателя в поддержку американского рабочего класса, в защиту Советской России, его непримиримые выступления против фашизма (европейского и американского). Настойчивый интерес к марксизму, к идеям социалистического переустройства общества, который Драйзер обнаружил на склоне жизни и который привел его, в конечном счете, к вступлению в Коммунистическую партию, приводил многих американских критиков, даже тех, кто прежде был благожелательно настроен по отношению к писателю, в неописуемую ярость. Третий этап начинается с момента смерти Драйзера. Писатель завершил свой путь. Теперь уже бесполезно было полемизировать с ним, опровергать его или наставлять на «путь истинный». Стало очевидно, что творчество Драйзера, взятое целиком,- огромной важности явление в истории американской культуры XX столетия. Это явление следовало изучать, и критика приобрела более академический характер. Тем более что дерзкие вторжения в запретные области (например, физиологические аспекты человеческого бытия) не могли уже более раздражать критиков, поскольку сами эти области перестали быть запретными. Что там говорить, Драйзер с его «деликатными» описаниями любовных авантюр Фрэнка Каупервуда или Юджина Витлы на фоне нынешней литературы, балансирующей на грани порнографии, выглядит робким провинциалом.

Сегодня изучение Драйзера в США идет в основном по двум направлениям — биографическому и эстетическому. Теперь уже ясно, что в массе своей американские критики успеха не достигли. Можно назвать два-три удачных исследования, подобных монографии Фрэнсиса Матиссена, и это все.

Биографы тщательнейшим образом собирают мелкие подробности жизни Драйзера, сведения о его друзьях, родственниках, о состоянии его финансовых дел, о его женах и любовницах, о разного рода ссорах и спорах, в которые он оказывался втянут. В написанных ими биографиях есть все, включая мельчайшие подробности быта, но, как справедливо заметил старейшина американских критиков Малькольм Каули, нет главного — самого Драйзера. Они нисколько не помогают нам понять «феномен Драйзера». Красноречивым образцом такого рода биографий можно счесть сочинение У. Сванберга, вышедшее в 1965 году.

Критики «эстетического» направления сосредоточили своя усилия на «антилитературности» творчества Драйзера, на установлении погрешностей в языке его сочинений, их стиле, на громоздкости сюжетов, неразработанности характеров и т. п. Они довольно убедительно показали, что Драйзер небрежен в языке, вплоть до погрешностей против грамматики, что ему недостает вкуса, что он бывает не в ладах с логикой, что стиль его сочинений лишен изящества и отшлифованности, что ему не хватает образованности, что во многих случаях поступки его героев недостаточно мотивированы, и вообще с психологией у него дела обстоят неважно, что в некоторых своих понятиях и суждениях Драйзер примитивен. Они охотно и часто противопоставляют Драйзера его выдающимся современникам — от Джеймса и Хоуэллса до Андерсона и Хемингуэя и неизменно приходят к выводу: Драйзеру не хватало таланта. При этом все они ссылаются на слова самого Драйзера, который заметил как-

; ПРОЛОГ

то, что недоволен своими книгами и что все их, в сущности, следовало бы переписать. Им, естественно, возражали ценители творчества Драйзера: помилуйте, как же так? Драйзер — один из самых читаемых американских авторов XX столетия. Его книги заложили фундамент нового развития национальной литературы, определили ее направление на многие десятилетия вперед. Свой долг Драйзеру признают все крупнейшие писатели новейшего времени! Этот спор, по-своему мудро, разрешил Малькольм Каули, который в своей рецензии на книгу Сванберга выразился примерно следующим образом: не ссорьтесь, джентльмены. Драйзер — это «необтесанный» гений, не облагороженный и не подкрепленный талантом, но — гений. Он — наш великий примитив! Насчет «примитива» Каули, пожалуй, перестарался, но в целом был прав. Он только не сказал, в чем именно заключается гений Драйзера.

Гений Драйзера, при всей его оригинальности и необычности, был в общем традиционен для Америки. История американской национальной культуры складывалась таким образом, что на протяжении многих десятилетий главная задача великих американских писателей заключалась в том, чтобы «открывать Америку».

Напомним, что американское государство создали иммигранты из разных стран Европы, расселившиеся вдоль узкой полосы Атлантического побережья обособленными колониями. Они сохраняли свои нравы, обычаи, язык, культуру, плохо знали друг друга и совсем не знали огромных территорий континента к западу от Аллеганских гор. Горные хребты, каньоны, леса, пустыни, прерии, реки и водопады оставались долгое время великой загадкой, окутанной дымкой легенды. Они мало что знали об индейцах — коренных жителях страны, с которыми вели кровавую войну на истребление. Население Америки росло в основном за счет притока переселенцев из Европы. Вновь прибывшие иммигранты были еще более невежественны относительно своей новой родины, знали о ней еще меньше. И это касалось не только «географии» континента, но также истории Америки, ее общественно-политических установлений, государственной структуры, нравов и т. д. Даже на рубеже XVIII и XIX веков, когда страна уже освободилась от колониальной зависимости, когда сформировалось новое самостоятельное государство — Соединенные Штаты, в сознании американцев все еще отсутствовала общая концепция Америки как единого комплекса естественно-географических, этнологических, социально-исторических, политических и нравственно-психологических моментов, образующих само понятие «Америка». С этим, кстати, была связана сложность и замедленность становления нации и формирования национального сознания в Соединенных Штатах.

Нет ничего удивительного в том, что на ранних этапах своего существования американская литература оказалась вовлеченной в мощный поток «нативизма» — культурного и литературного движения, смысл и пафос которого заключался в художественно-философском освоении Америки, ее природы, истории, общественных и политических институтов, нравов и обычаев. Великими «нативистами» были Ирвинг и Купер, Готорн и Мелвилл, Брет Гарт и Твен и многие другие гении XIX столетия. Каждый из них открывал «свою» Америку, которая становилась частью, аспектом, элементом национальной жизни, национального сознания.

Во второй половине XIX века стало, однако, очевидным, что «открыть Америку» раз и навсегда невозможно. Темпы развития экономической, социальной, политической жизни страны, в особенности после Гражданской войны 1861 — 1864 годов, были столь высоки, что буквально в считанные десятилетия Америка неузнаваемо изменилась и весьма мало напоминала Америку Ирвинга, Купера или Готорна. К концу столетия она превратилась в страну концентрированного производства и капитала, в страну банков и монополий, трестов и картелей. Происходило стремительное сосредоточение богатства на одном полюсе и чудовищной бедности на другом. Возникла многомиллионная армия фабрично-заводских пролетариев. Безработица сделалась национальным бедствием. К этому же времени относятся и первые значительные организованные выступления американского пролетариата. Коррупция в органах госу-

ПРОЛОГ

дарственной власти — от городских муниципалитетов до федерального конгресса — достигла чудовищных масштабов. Иными словами, американский капитализм вступил в монополистическую стадию развития.

Это была уже другая, «новая» Америка, и ее следовало «открывать» заново. Задача была не из легких. Переход совершался быстро, но не одномоментно. Чтобы уловить характер перемен, их значимость, оценить их важность, отделить главное от второстепенного, окинуть взором всю картину и разглядеть «новую» Америку в ее типических чертах, требовался особый дар, неповторимый склад ума, способный к анализу, синтезу и обобщению. Более того, нужно было не только умение увидеть и понять, но еще и способность пересоздать увиденное в художественных образах, выстроить художественный мир, который адекватно и выпукло отражал бы мир реальный. Всем этим обладал Теодор Драйзер. В этом, собственно, и состоял его гений.

Открывая и художественно пересоздавая «новую» Америку, Драйзер, фигурально выражаясь, «работал топором». Ему было не до тонкостей стилистической отделки, не до углубленной психологической разработки характеров и мотивировок, не до поэтических описаний или органической сбалансированности повествовательной структуры. И дело не в том, что он «не мог». Многолетний опыт редакторской работы Драйзера, как, впрочем, и некоторые его сочинения, свидетельствуют о том, что он умел, когда надо, быть превосходным стилистом, виртуозом, владевшим всем мыслимым набором художественных средств. Просто он не стремился к этому в своих крупных полотнах. То, что он создавал в своих романах, была сама жизнь. Она не нуждалась в специальной отделке во имя правдоподобия. Она была описана грубо, неизящно, порой небрежно, но все равно это была жизнь. Лучше всего литературную специфику своего метода Драйзер определил сам, когда сказал о «Сестре Керри»: «Это книга, близкая к жизни. Она создана не как пример литературного мастерства, а как картина общественных условий, обрисованная так просто и сильно, как позволяет английский язык... Когда она попадет к народу, он поймет, потому что это рассказ о действительной жизни, об их жизни».

В своих усилиях открыть, показать и разоблачить «новую» Америку Драйзер был не одинок. Рядом с ним работали Фрэнк Норрис, Стивен Крейн, Хемлин Гарланд, Джек Лондон, Эптон Синклер и целая компания «разгребателей грязи» во главе с Линкольном Стеффенсом. Американская критика именует их «натуралистами», что хоть и не совсем точно, но в целом не лишено оснований. Они были «натуралистами» в духе Эмиля Золя, с его острым социальным зрением, разоблачительным пафосом и стремлением выявить природу социального поведения человека.

Драйзер был бесспорно самой крупной фигурой среди своих соратников. Он сделал далеко не все, что мог бы, но он проложил новый путь в литературе. Мы можем смело утверждать, что американский реализм XX столетия начинается именно с Драйзера. Уже в годы первой мировой войны многие американские писатели признали в нем патриарха и первопроходца. В апреле 1916 года Шервуд Андерсон писал о нем:

«Теодор Драйзер стар — он очень, очень стар. Я не знаю, сколько лет он прожил, может быть, тридцать, а может быть, пятьдесят, но он очень стар... Когда Драйзер уйдет, мы будем писать книги, много книг. В книгах, которые мы напишем, будут присутствовать все те качества, которых недоставало Драйзеру. У нас будет чувство юмора, а ведь всем известно, что у Драйзера нет чувства юмора. Более того, у нас будет изящество, легкость мазка, мечты о красоте, прорывающейся сквозь оболочку жизни.

Да, у тех, кто пойдет за Драйзером, будет многое такое, чего у него не было. Чудо и красота Драйзера в том, что все это у нас будет благодаря ему...

Тяжелы ноги Теодора. Как легко разнести его книги «в пух и прах», посмеяться над ним. Но... топ, топ, топ — это шагает Драйзер, грузный и старый. Ноги Драйзера прокладывают нам путь, грубые, тяжелые ноги. Они шагают через пустыню, прокладывая тропу. Со временем тропа превратится в проспект с арками над головой и изящными шпилями, пронзающими небо. И дети будут бегать по этой улице, крича друг другу: «Посмотри на меня!», позабывши о ногах Теодора.

ПРОЛОГ

Людям, которые пойдут за Драйзером, предстоит сделать многое. Их путь будет долог. Но, благодаря Драйзеру, нам в Америке не придется прокладывать дорогу через пустыню. Это сделал Драйзер».

В концепции Америки, предложенной Драйзером, отчетливо обнажены два полюса — полюс бедности и полюс богатства. Внутренняя динамика его романов неизменно сопряжена с движением героев от одного полюса к другому — вверх и вниз, вниз и вверх, от бедности к богатству, от богатства к бедности. Убедительность воспроизведения национальной действительности, подчиненной этому динамическому принципу, предполагала в качестве обязательного условия проникновенное знание жизни бедняков и жизни богачей, причем не только в ее внешних, бытовых проявлениях, но и в ее глубинной социально-психологической и нравственной сущности.

Постижение «сферы бедности» не могло представлять для Драйзера каких-либо затруднений. Сын бедняка и сам бедняк, он знал привкус нищеты, как говорится, с младых ногтей. Отец писателя Иоганн Пауль Драйзер — молодой немецкий ткач и ревностный католик — эмигрировал в Америку в 1846 году в надежде выбиться из нищеты и обрести благополучие в «свободной стране». Подобно многим иммигрантам, он не задержался на Атлантическом побережье и после долгих переездов осел на среднем Западе, в небольшом городке Форт Уэйн, где получил должность начальника производства на фабрике шерстяных тканей. Он был трудолюбив, прекрасно знал свое дело, хорошо зарабатывал. Казалось, Америка дала ему все, что обещала. Он быстро шел вверх и спустя некоторое время уже обзавелся собственной фабрикой в Салливэне. Тогда же Иоганн Пауль женился, и жена родила ему одиннадцать детей.

Благополучие, однако, было недолгим. Кривая взлета переломилась посредине, и жизнь многодетного семейства покатилась под откос. Пожар уничтожил фабрику со всеми запасами сырья, за которое Иоганн Пауль еще не успел расплатиться с поставщиками. Он попытался начать восстановительные работы, но получил тяжелую травму и надолго выбыл из строя. За время его болезни благосостояние Драйзеров развеялось как дым. Они остались без гроша и вынуждены были перебраться в заштатный поселок Терре Хоте. Драйзеры впали в беспросветную нищету, из которой им никогда уже не удалось подняться. Семья переезжала с места на место, разделялась, воссоединялась и наконец окончательно распалась. Родители умерли, дети разбрелись по свету.

Трудовая жизнь Драйзера началась в том возрасте, когда нормальные дети еще играют в игрушки. Он продавал газеты, батрачил на ферме, мыл посуду в ресторанах, развозил покупателям скобяные товары, доставлял белье из прачечной, собирал квартирную плату у жителей трущоб в Чикаго... Трудно перечислить все профессии, которые перепробовал юный Драйзер. Часто он оказывался совсем без работы. Ему довелось испробовать вкус благотворительного супа и ночевать в ночлежках. Это был тяжкий жизненный опыт, но для будущего писателя полезный.

К 1892 году относится начало журналистской деятельности Драйзера. Он работал в качестве репортера в газетах Чикаго, Сент-Луиса, Питтсбурга, Толидо, Нью-Йорка. Сотрудничество в газетах способствовало более широкому знакомству с национальной действительностью. Позднее он вспоминал об этой полосе своей жизни: «Я пошел работать в газеты, и с этого момента началось мое настоящее столкновение с жизнью — с убийствами, поджогами, насилиями, взяточничеством, коррупцией, надувательством и лжесвидетельством в любых формах, какие только можно себе представить». Из своей газетной работы Драйзер извлек еще один урок: он понял, сколь беспринципна, безнравственна и продажна буржуазная пресса. В 1895 году он бросил репортерскую деятельность и начал сотрудничать в журналах. Он писал заметки, зарисовки, очерки, в которых уже тогда обнаружилось недюжинное литературное дарование. Вскоре ему удалось пробиться в крупнейшие американские журналы того времени.

Журнальная работа Драйзера была разнообразна, но в ней все же просматривается приверженность к определенному жанру. Драйзер предпочитал очерк-портрет, опирающийся на ин-

ПРОЛОГ

тервью. Его очерки образуют две серии: «Жизненные истории людей, добившихся успеха» и «Заметки об общественных характерах». Готовя материал для очерков, Драйзер встречался и беседовал с самыми разными (но всегда значительными) людьми. Среди них мы встречаем великого изобретателя Томаса Эдисона, выдающегося писателя Уильяма Хоуэллса, известного железнодорожного магната миллиардера Дж. Гулда, миллионеров Карнеги, Армора, Филда... Знакомство с сильными мира сего значительно расширило кругозор Драйзера, позволило ему увидеть вблизи то, что обычно скрыто от глаз рядовых американцев.

Таким образом, мы видим, что собственный жизненный опыт Драйзера как бы подготовил его к роли «открывателя Америки». Биографы давно уже обратили внимание на то, что в таких романах, как «Сестра Керри», «Дженни Герхардт», «Американская трагедия», широко использован автобиографический материал. Но, разумеется, нельзя сводить все к личному опыту писателя. Одного личного опыта тут было недостаточно. Об этом наглядно свидетельствует его «Трилогия желания», включающая в себя три романа — «Финансист», «Титан» и «Стоик».

В ходе стремительного экономического развития США после Гражданской войны началось интенсивное слияние финансового капитала с промышленным, что закономерно повело к возникновению гигантских трестов, корпораций, монополий, сосредоточивших в своих руках огромные богатства и неслыханную власть над миллионами тружеников. Они жестоко расправлялись с конкурентами, нещадно эксплуатировали рабочих и фермеров, не ведая никаких ограничений. Они не считались ни с законом, ни с нравственными принципами. Их моралью была мораль бандитов, которым нечего бояться, поскольку законодательную и исполнительную власть они закупали на корню, пользуясь коррупцией, поразившей, подобно эпидемии, государственную власть на всех уровнях. В народном сознании Америки деятельность этих корпораций и монополий ассоциировалась с образом спрута, не знающего жалости, от щупальцев которого невозможно укрыться. Кстати говоря, Фрэнк Норрис, написавший роман о безнадежной борьбе фермеров с железнодорожным трестом, так и озаглавил его — «Спрут». Это была «новая» Америка, которую предстояло «открыть» американским писателям, и она породила новую фигуру «хозяина жизни» — не просто богача, владельца заводов или фабрик, не торговца и банкира, а финансиста.

Для изображения этой «новой» Америки и сформированного ею человеческого типа Драйзеру уже не могло хватить личного жизненного опыта. Ему пришлось засесть за книги, документы, газетные и журнальные публикации, архивные материалы. В поисках «героя» он тщательнейшим образом обследовал жизнь и деятельность по меньшей мере двух десятков финансистов, таких, как Морган, Рокфеллер, Гулд, Гарриман и т. п. В конце концов он остановил свой выбор на судьбе Чарлза Тайсона Йеркса, который показался ему наиболее подходящим прототипом для героя трилогии. Мультимиллионер Йеркс начал свою финансовую деятельность в Филадельфии, затем перебрался в Чикаго, где монополизировал городской рельсовый транспорт, и завершил жизнь в Лондоне, где почти преуспел в намерении прибрать к рукам всю лондонскую подземку. Йеркс был человеком деятельным, энергичным, смелым, беззастенчивым и бесчестным, лишенным каких бы то ни было нравственных принципов. Свою жизнь он положил на удовлетворение трех своих страстей, каковые составляли деньги, женщины и живопись. Финал жизни Йеркса оказался, однако, катастрофичен: он потерял вкус к женщинам и искусству, а колоссальное его богатство, заложенное и перезаложенное ради займов, которые должны были дать ему возможность приобрести контрольный пакет акций лондонского метро и затем неслыханно обогатиться, пошло с молотка.

В «Трилогии желания» Драйзер довольно точно воспроизводит жизненную историю Йеркса. Первый роман — «Финансист» — посвящен филадельфийскому периоду, второй — «Титан» — чикагскому, третий — «Стоик» — лондонскому. Однако следует иметь в виду, что, хотя на многих страницах трилогии Драйзер почти дословно перелагает многие документы и материалы, касающиеся карьеры Йеркса, он вовсе не стремился

ПРОЛОГ

написать биографию знаменитого финансиста. Его трилогия — не описание частного случая, но обобщающее художественное творение, имеющее целью проанализировать социальное явление.

«Финансист» — начальная часть трилогии — содержит не только описание раннего этапа деятельности героя, но являет собой как бы введение в мир финансовых операций, махинаций, сделок, характерных для крупного американского города второй половины XIX века. Существование этого мира теоретически было известно читателям Драйзера, но мало кто, в сущности, понимал механику и принципы его функционирования. Автор ведет читателя в банки, торговые конторы, ростовщические «офисы», в муниципалитет и на биржу, подробно объясняет технику спекулятивных операций, способы, посредством которых делаются деньги из «ничего», показывает, каким образом финансисты прибирают к рукам городское самоуправление и получают возможность хозяйничать в городской казне как в собственном кармане. Информация, посвященная этим аспектам жизни Филадельфии, занимает значительную часть романа и помогает читателю превратить общее понятие в конкретное знание. Писатель срывает вуаль таинственности с «больших денег» и обнажает безнравственность титанов финансового мира.

В центр этого мира Драйзер поставил своего героя — Фрэнка Алджернона Каупервуда, характер сложный, неоднозначный и, так сказать, многофункциональный. В некотором смысле Драйзер следовал укоренившейся уже в американской литературе традиции «романа успеха», наиболее отчетливо представленной сочинениями Горацио Алджера, герои которых, начиная «снизу» (чистильщики сапог, продавцы газет, мальчики на побегушках), неизменно достигали вершин славы и богатства благодаря усердию, трудолюбию, предприимчивости и сообразительности. Однако, в отличие от Алджера, Драйзер писал не апологию героя, а, скорее, его разоблачение.

Писатель рассказывает историю Каупервуда, начиная с детских лет. Он изначально наделяет своего героя физической силой, красотой, энергичностью, острым умом, обаянием, способностью внушать доверие — человеческими качествами, которые Каупервуд сохраняет до конца. В этом смысле характер Каупервуда статичен и неизменно вызывает симпатию читателя. Если говорить об эволюции образа, то она будет сосредоточена преимущественно в двух взаимосвязанных областях — профессиональной и нравственной. Каупервуд наживает профессиональный опыт, и в этом процессе разрушаются моральные устои его личности. Он не становится «злодеем». Он просто становится человеком, лишенным нравственности. Она подменяется примитивной этической системой, в основе которой лежит принцип: «мои желания прежде всего». Отсюда, кстати говоря, и название всего цикла — «Трилогия желания».

Задавшись целью разоблачить воротил «большого бизнеса», Драйзер мог бы, конечно, сделать своего героя выродком, человеконенавистником, одержимым патологической страстью к наживе и т. д., то есть, говоря иными словами, превратить его в «злодея». Но «злодей» — это всегда отклонение от нормы. Писателя же интересовала сама норма, выраженная в «нулевой нравственности». Та Америка, которую Драйзер теперь «открывал» для своих читателей, и была Америка с «нулевой нравственностью».

Трудность задачи писателя была сопряжена с тем, что деловая Америка тщательно скрывала это отсутствие нравственных принципов. В ходу были моральные системы, восходящие отчасти к заповедям Христа, отчасти к просветительской этике, запечатленной в «Декларации независимости» и творениях Бенджамина Франклина. Они служили «фасадом», прикрытием, маской, скрывающей «нулевую нравственность». Отсюда чудовищное лицемерие, пронизывающее общественную и частную жизнь американцев, лицемерие столь привычное, что оно даже не осознавалось как лицемерие. Многие деловые люди совершенно искренне верили в собственную добродетель и столь же искренне верили в необходимость совершения безнравственных поступков, даже не задумываясь об их безнравственности. Характерным примером в этом: смысле может служить Батлер — один из персонажей «Финансиста», который обвиняет Каупервуда в том, что тот «банкрот, мошенник и вор», и даже взывает к закону. При этом ему ни на мгновение не приходит в

ПРОЛОГ

голову, что ои точно такой же мошенник и вор и что, строго говоря, по нему тоже «тюрьма плачет».

Одна из важных функций образа Каупервуда в «Финансисте» заключается в том, что в этом характере отсутствие нравственного принципа, присущее всем выведенным в романе финансовым тузам Филадельфии (Молленхауэру, Батлеру, Симпсону и др.), представлено в концентрированной и открытой форме. Разумеется, Каупервуд не возглашает с амвона, что он не признает общепринятой морали, но и не обманывает себя и других. В разговоре со своей возлюбленной Эйлин он высказывается на сей предмет довольно откровенно: «Для того, чтобы добиться успеха... человеку необходимо — пусть чисто внешне — считаться с общепринятыми нормами. Больше ничего не требуется». Каупервуд с легкостью лжет другим, но никогда не лжет себе. Он не прячет истинных мотивов своих поступков и, в отличие от других, не носит маску с постоянством, благодаря которому она, бывает, прирастает к лицу.

Сила Драйзера, его гениальность — в способности пронзительного видения жизни, в умении обнаружить, осмыслить и воспроизвести в художественных образах огромной обобщающей силы новые, важные пласты национальной действительности. Он обладал даром анализа и предвидения. Образы, созданные им, и обстоятельства, их окружающие, не просто типичны. Они концентрируют в себе такие черты общественного бытия Америки, которые еще не были доминирующими, но должны были стать таковыми спустя некоторое время. Именно эта способность делала Драйзера лидером литературного развития Соединенных Штатов начала XX столетия.

Заметим, однако, что силе художественного прозрения у Драйзера сопутствовала слабость философского истолкования действительности. Подобно многим своим современникам — Фрэнку Норрису, Джеку Лондону, Элтону Синклеру и другим — писатель испытал мощное воздействие популярной в те времена философии позитивизма в ее спенсерианском варианте и идей социального дарвинизма с некоторым налетом ницшеанства. В своем сознании Драйзер подчинил общественное развитие естественному закону. Он находил (и показывал) проявление этого естественного закона и в целом, и в частностях. Простейший пример — сцена, которую писатель рисует на первых же страницах романа: маленький Фрэнк Каупервуд наблюдает битву омара и каракатицы в аквариуме на рыбном рынке. Омар, естественно, пожирает каракатицу, поскольку той нечем защищаться. Это, можно сказать, простейшая иллюстрация дарвиновского тезиса о выживании наиболее приспособленных или, если угодно, ницшеанского тезиса о том, что в беге побеждает быстрейший, а в драке — сильнейший. Юный Фрэнк извлекает отсюда «ответ на загадку, долго мучившую его: как устроена жизнь? Так все живое и существует — одно за счет другого. Омары пожирают каракатиц и других тварей. Кто пожирает омаров? Разумеется, человек... Ну, а кто пожирает человека?.. Да, да, конечно! Одни люди живут за счет других». Вот, с позволения сказать, и вся философия, и ничто на последующих страницах романа ей не противоречит.

С этим, кстати, связан и забавный курьез, возникающий всякий раз, когда критики пытаются интерпретировать образ Каупервуда. Они упрекают писателя в том, что, создавая образ колоссальной разоблачительной силы, он «невольно любуется», «восхищается» своим героем. При этом критики совершенно справедливо ссылаются на то, что всякий читатель, прочитавший роман, испытывает к герою чувство симпатии и вполне сочувствует ему даже в безнравственных его деяниях. .Думается, что здесь налицо некорректная постановка проблемы. Художественный образ есть продукт наблюдений писателя, пропущенных через его творческое воображение. Если писатель наделяет своего героя какими-то чертами характера, то не следует спрашивать: «Как так? Почему?» Правильно будет спросить: «Зачем? С какой целью?» И тогда все сразу становится на свои места. Фрэнк Каупервуд — финансист, то есть человек, который оперирует не столько своими, сколько чужими капиталами, которые он заимствует у частных лиц, банков и коммерческих организаций. Он должен вызывать доверие, уверенность, что у него достанет ума, воли, энергии, чтобы должным образом распорядиться средствами и обеспечить прибыль. Без этого ему не

ПРОЛОГ

видеть капиталов, не быть финансистом, не выдержать борьбы с конкурентами. Его личное обаяние и другие привлекательные качества — это, если угодно, «клешни», обеспечивающие омару победу над каракатицей.

Работая над первым романом трилогии, Драйзер исходил из мысли, что финансистом нельзя стать, им нужно родиться, что способность к финансовой деятельности сродни прекрасному голосу певицы или таланту художника — в том смысле, что она есть дар природы. Природа создает финансиста и дает ему предназначение. Сколь бы порочна, безнравственна и антигуманна ни была деятельность финансиста, она в конечном счете создает некие позитивные ценности — развитие сети железных дорог, строительство городов, разработку полезных ископаемых и т. п. Драйзер верит в то, что финансовые «титаны» никогда не захватят власть над народом, страной, миром. Об этом опять же позаботится природа, которая подчиняет все закону «неизбежного уравнения» и в противовес этой категории людей создает других, не менее энергичных и даровитых, преследующих противоположные цели. Общий принцип «философии» Драйзера заключен в его рассуждении о лесе. Природа не заботится об отдельных деревьях. Она заботится о лесе. Отдельные деревья могут вырастать до любой высоты. В конечном счете, они все равно погибнут. А лес пребудет вовеки.

Нетрудно заметить, что философия молодого Драйзера была эклектична, противоречива, непоследовательна. Мы можем только согласиться с советским исследователем творчества Драйзера Я. Засурским, который писал: «Воздействие буржуазной идеологии, в частности влияние идеалистической философии Спенсера, помешало писателю до конца осознать те социальные проблемы, которые он так глубоко видел, чувствовал и изображал. Все более очевидным становится контраст между безжалостной критикой устоев капиталистической Америки и ограниченностью философской концепции Драйзера, несоответствие между критикой и его выводами», но не будем при этом забывать, что, каковы бы ни были философские заблуждения писателя, Драйзер остается Драйзером, гением, открывшим «новую» Америку и показавшим ее читателю. Нет ничего удивительного, что американский критический реализм XX столетия возник благодаря усилиям «натуралиста» Драйзера. И прав был тот писатель, который еще в двадцатых годах заметил, что куда бы ни направил свои усилия американский литератор, какую бы область жизни он ни затронул, он повсюду обнаружит следы, оставленные «тяжелыми ногами» Драйзера. Драйзер шел впереди.

Радислав **АСКОТСКИЙ**

Родился в 1963 году в Витебске. По профессии инженер-строитель. С 1996 года проживает на севере Израиля. Писать начал не так давно. Поводом послужил эпизод из воспоминаний близкого родственника о его военном детстве. Автор говорит о своей прозе: "Мне захотелось изложить этот сюжет на бумаге. Получился рассказ "Мишка на Севере". Он сразу был опубликован в еврейском международном журнале "Мишпоха". С тех пор всегда обращаю внимание на различные жизненные истории. И если улавливаю в них интересную для меня сюжетную линию, пытаюсь придать этим историям литературную форму... У меня очень много творческих планов, но, к сожалению, не на все хватает времени. Имею ряд публикаций: в международном журнале "Мишпоха", в израильской прессе, в альманахе "Литературная Канада", в альманахе "Всеамериканский литературный форум".

ПРОЗА

СУМОЧКА ОТ ЛУИ ВИТОНА
(LOUIS VUITTON)

Тихим сентябрьским вечером Галя шла на встречу с Лёвочкой по туристскому променаду в центре Карловых Вар. Город встретил её, как всегда, с распростёртыми объятиями. Гостиницы, санатории, колоннады, минеральные источники, толпы туристов со всего мира — все и вся улыбались ей в своей празднично-курортной многовековой красе. Не так уж и давно, каких-то сто лет назад, город принадлежал Австро-Венгрии. Сколько с тех пор воды утекло. А город жив, прекрасен и все ещё молод. И это несмотря на то, что за более чем 700 лет своей истории пережил множество войн и кровавых событий. Воды из его источников опробовали многие из мировых знаменитостей, ведь этот курорт по праву был местом встреч представителей высшего света. А сейчас он опять, уже в который раз, пытается возродить свою мировую славу и величие. Вот потому-то я и тут, в празднично-шутливом тоне подумала Галя. Она очень любила ощущения первого дня отдыха. Все ещё впереди, целых три недели праздника, встреч с новыми людьми и старыми знакомыми, безмятежного времяпровождения, с раннего утра до позднего вечера. Запах осенней свежести и прохлады с того момента, как она ступила на трап самолёта в пражском аэропорту, все ещё кружил ей голову.

Я обо всём договорилась. Он будет ждать тебя в самом конце Млынской колоннады в день твоего приезда в семь вечера, смотри мне, не опоздай, — инструктировала в Нью-Йорке Галю Адочка.

Как я его узнаю?

Адочка сразу «изменила лицо», с приветливо-улыбчивого на презрительно –брезгливое и окинула этим уничижительным взглядом Галю с головы до ног.

Ты не знаешь нашего Лёвочку? Ты что? Ты прожила жизнь зря! Он такой импозантный мужчина, что ты просто не сможешь пройти мимо, я тебя уверяю.

И что в нём такого, что я не смогу пройти мимо?

Когда ты увидишь, так сразу поймёшь. Как я могу тебе объяснить, как выглядит муж моей лучшей подруги Милочки? Смотри мне, не влюбись в него, он женат. Ты уже сводишь меня с ума. Я уже жалею, что доверила тебе столь важное дело. Что ты мне сразу не сказала, что ты такая?

Какая? — Галя просто опешила...

Адочка ещё раз презрительно-оценивающе посмотрела на Галю, на этот раз уже с ног до головы и, отвернувшись в сторону, сквозь сжатые зубы прошипела:

Ладно, скажу Лёвочке, пусть на всякий случай напишет плакатик... Чтобы ты не заблудилась, уж с плакатиком-то ты его никак не пропустишь... Но смотри, не подведи меня...

Галя хотела спросить, что за плакатик и что на нём будет написано, но, увидев выражение лица своей соседки, направленное мимо неё на валяющееся на полу банное полотенце, свалившееся не вовремя со стоявшего рядом стула, кинулась его поднимать. Как всегда, Адочка припёрлась без предупреждения, а она только что вышла из ванной.

Мне некогда тут с тобой рассиживаться, — услышала удаляющийся голос Ады Галя. — Я уже опаздываю из-за тебя.

Дверь открылась и с силой захлопнулась...

Чёрт с ней, — подумала Галя, — всё равно с плакатом в таком месте может стоять только этот идиот от Адочки. А ведь как созвучно: Адочка из ада, Лёвочка от Адочки... Она попросила меня передать её подруге Милочке подарок, сумочку, которую я должна переть теперь из Нью-Йорка в Карловы Вары, так я ещё и виновата... Из-за меня она опаздывает... Да уж, точно Адочка из ада. И почему я никогда не могу поставить её на место?

Адочка жила с Галей в одном подъезде, в многоквартирном доме на Брайтон Бич. Квартиры в этом доме не из дешёвых. И Адочка всячески старалась подчеркнуть, что она тоже не из дешёвых дам и живёт тут не случайно. Она привлекала к себе внимание, как может привлекать внимание рождественская ёлка, которую случайный прохожий внезапно увидел жарким летним днём на центральной городской площади. Её полная обрюзгшая фигура переливалась всеми цветами радуги натянутых на неё аляповатых одежд, совершенно не подходящих друг другу по стилю. Но Адочка так не считала вовсе, наоборот, чувствовала себя звездой Голливуда первой величины. Но если она и тянула на «звезду», то совсем из другой сферы бытия. Пергидрольная блондинка с пышной халой — волосы, начёсанные вверх в форме гнезда на макушке — модная повседневная причёска из далёкого советского прошлого. Лицо, довольно-таки гладкое и ухоженное, несмотря на далеко постпенсионный возраст, покрыто боевым раскрасом коренных жителей Америки. Глаза с ярко-синими тенями и жирными чёрными стрелками глядели на собеседника нагло и безапелляционно. Она не давала собеседнику шанса оправдаться, высказать своё мнение. Оно её просто не интересовало. У неё на все своё собственное, единственно верное.

Многие, кому посчастливилось уехать из советского прошлого, где ничего не было, а если что и было, то это надо было обязательно доставать, толкаться в очередях, заводить для этого блат, знакомства, оказавшись вдруг совсем в другом мире, где на каждом шагу магазины ломятся от изобилия различных виданных ранее и невиданных никогда товаров, «сходили с ума». И что они делали? Правильно. Они, чуть разбогатев, исполняли свои советские мечты, воплощали их в реальность. Набивали холодильник дешёвой варёной колбасой, сосисками, в которых, впрочем, порой мяса и не было вовсе, (но это их совсем не интересовало), надевали на себя все, о чем они мечтали и о чем только могли мечтать. Многие оставались навсегда в этом своём «совковом» прошлом. В этом прошлом так и жила Адочка.

Я такая шикарная, на мне все блестит, на меня все смотрят, — говорила она Гале, которая одевалась всегда очень стильно, модно и утончённо. — А ты посмотри на себя, кому ты интересна, кто на тебя обратит внимание?

Галя сама была не из тех, кому можно «положить палец в рот», но почему-то Ада действовала на неё обезоруживающе… Галя терялась от её абсолютной наглости, сдерживала себя и удивлялась своей реакции на этот откровенный «террор» по отношению к себе.

— Я сейчас иду к тебе смотреть телевизор, — звонила поздно вечером Адочка,— будем слушать моего любимого Соловьёва (или иногда её любимый сериал).

Галя в это время обычно ложилась спать. Она терпеть не могла этого ведущего одного из российских каналов и никогда не была поклонницей сериалов. Они с Адочкой расходились во взглядах на жизнь, на прошлое и настоящее. Но Адочку мнение соседки, её планы и интересы нисколько не волновали.

— Я вроде как уже спать собираюсь.

— Ты что, это же Соловьёв! Ты что, плохо слышишь? Открывай двери, включай телевизор, я уже полчаса под твоей дверью топчусь!

Галя послушно, словно околдованная, выполняла указание соседки. А Адочка смотрела «К барьеру» или какую-нибудь ещё пропагандистскую передачу или сериал, пила чай или кофе, закусывая тем, что найдёт в холодильнике соседки, ни в чем себе не отказывая, чавкая, громко комментировала происходящее в телевизоре. В обязанности Гали, понятное дело, входило поддерживать «великосветскую» беседу. Она поддакивала и кивала головой на едкие замечания дамы, знающей, «почём в жизни фунт лиха». Такие «экзекуции» Адочка проводила у Гали обычно не реже, чем раз в неделю. Благо, в доме были ещё и другие соседки. Адочка окружила себя соответствующим её «выдающейся» персоне кругом близких подруг, в которые Галя, к её большому счастью, не входила. Но на правах соседки Адочка не оставляла Галю в покое и осуществляла над «бестолковой» шефство. Она, как человек, умеющий по жизни понукать «душами» людей, всегда искала в них слабые места, быстро «прочитала одиночество» Гали и умело пользовалась этим.

Галя и на самом деле чувствовала себя одинокой в этом огромном мегаполисе под названием Нью-Йорк. Нет, у неё были подруги, очень близкие и верные, были друзья, тоже близкие и не очень. Было и огромное множество событий, оставшихся позади. Её когда-то очень бурная и активная жизнь, бившая в разные стороны, иногда и прямо по лицу горячими источниками, превратилась вдруг в тихий, спокойный ручеёк, по которому не спеша и размерено плыла Галя. Зимой на месяц в Майями, спасаясь от нью-йоркских пронизывающих холодов и ветров, и в конце лета — в начале осени в так полюбившиеся ей Карловы Вары. Вот и весь оставшийся для неё праздник жизни.

Тридцать лет назад она первой из своих подруг приехала в Америку из тогда ещё советской Белоруссии. Её муж, зубной техник, очень успешный в той жизни, впал в тяжелейшую депрессию, как часто и бывает с теми, кто не понимает, что их там, за бугром, за этим таким далёким и желанным океаном, никто не ждёт и никому, кроме себя любимых и своих близких, они «на фиг» не нужны. Галя никогда не думала и не гадала, что сможет взвалить на свои хрупкие плечи такой тяжёлый груз, как её резко набирающий в весе на дешёвом фастфуде муж и взрослеющие прямо на глазах сыновья. Раньше главным в семье был муж. Он был и добытчиком, и охотником. А тут лёг с ногами в новых, ещё не ношенных там, ботинках фабрики «Красный Октябрь» на старый, купленный с рук, по случаю, диван. И вовсе не собирался с него вставать. И так с утра до вечера, разве только для того, чтобы поесть дешёвый, сделанный, как говорят, из чистой химии фастфуд и очистить от него свой желудок для принятия следующего…

Галя пыталась стащить полнеющую тушу мужа с дивана, но у неё ничего не получалось. Искать работу он не хотел, языка не знал, на тяжёлую физическую работу идти отказывался. Когда деньги на фастфуд заканчивались, работу нашла Галя. Одна из соседок предложила ей место санитарки в одном из медучреждений.

Я не знаю языка, как я там буду работать? — предупредила Галя.

Ничего, не бойся, я тебя научу тому, что тебе надо знать…

И Галя научилась и работала. И ничего, что поначалу почти ничего не понимала и пыталась просто угадать, что от неё хотят пациенты. И ничего, что один раз не угадала, когда полная афроамериканка (как принято говорить политкорректно) несколько часов просила принести ей «утку» для справления естественных надобностей, «обделалась по полной» в то время, как Галя приносила ей то стакан сока, то кофе с сэндвичем…Зато после таких событий многие слова запоминались сразу и навсегда… Освоившись на новом месте, Галя сумела завести знакомства и нашла себе новую работу в одной из зубопротезных клиник, которую содержали религиозные ортодоксальные евреи, уже в качестве ассистента стоматолога. Там она тоже быстро обзавелась знакомствами, связями, а главное, поняла, как тут все работает. Увидела, что многие специалисты, работающие там, по совместительству ещё имеют и свой частный бизнес, для которого они без зазрения совести воруют все подручные материалы и инструменты, так как никакого учёта в этой компании и в помине не было. Галя, быстро смекнув, не моргнув глазом стала готовить почву для своего всё ещё не снявшего с ног туфли фабрики «Красный Октябрь» и так и не вставшего с совсем провалившегося дивана, мужа. Она взяла в аренду (очень дёшево) недалеко от их съёмной квартиры у одного из своих новых знакомых небольшое помещение, у другого купила зубопротезное кресло, у третьего что-то ещё, и так потихоньку оборудовала для мужа кабинет. Потом наняла грузчиков, которые фактически перенесли в эту каморку диван вместе с лежащим на нём мужем. А после заявила ему:

Теперь ты будешь жить тут, пока не начнёшь зарабатывать деньги.

Она сама поставляла ему клиентуру из тех, кто находился в стране на незаконных основаниях и не мог пользоваться официальной медициной и, тем более, официальной страховкой. Муж потихоньку, как бы нехотя, с помощью Гали стал зарабатывать. Вскоре втянулся, почувствовав в себе былую уверенность, стал не только протезировать, но и лечить, расширил свою квалификацию, стал настоящим мастером на все руки. Пациенты рекламировали его в среде эмигрантов разных сортов, и вскоре отбоя от клиентов у него не было, и к нему на приём надо было уже записываться заранее.

Муж, как говорится, воскрес, заново родился, стал следить за собой, одеваться в бутиках, читать модные мужские журналы. Теперь у него были обувь и одежда от Армани и других модных брендов. На заработанные деньги они смогли купить свою первую квартиру. Жизнь налаживалась…Но когда все хорошо, некоторым бывает скучно от того, что у них всё хорошо. Нет экшена. А хочется какой-то то новизны, движения. Таким был муж Гали. Он стал пропадать вечерами, объясняя это тем, что встречается с потенциальными поставщиками. Галя вскоре узнала, что у мужа завелась любовница, которая и исполняла роль потенциальной поставщицы услуг. Наш любитель экшена был изгнан Галей из ее жизни.

Галя не долго прозябала в одиночестве. Она уже прошла обкатку и закалку жизнью в самых что ни на есть боевых условиях. Со вторым мужем ей очень повезло. Это был порядочный человек, прекрасно относящийся к ней и ее детям. По жизни он был простым советским инженером, но в Америке сумел «замутить» с друзьями неплохой бизнес, приносящий хороший стабильный доход. Все вроде бы было прекрасно. Галя с мужем уже успела объездить и посмотреть весь мир, все, что только можно было посмотреть, дети стали на самостоятельные рельсы, прекрасная квартира, в респектабельном доме, благополучие и достаток.

Увы, счастье не бывает вечным. Болезнь забрала второго мужа Гали.

Галя осталась одна в прекрасной новой квартире, в роскошном жилом комплексе. Близкие подруги, ещё из далёкого советского прошлого, почти из самого детства, замужем… Две из них живут в Майями, одна в Нью-Йорке. Встречаются теперь не так часто, как хотелось бы, от случая к случаю. В Нью-Йорке чаще, в Майями реже. Но одно место на карте мира стало для них связующим звеном –это Карловы Вары. Там они уже могут вдоволь наговориться, нагуляться, посплетничать, обсудить все свои и все мировые проблемы. Вот туда Галя и собиралась ехать в этот раз, получив от Адочки сумочку для Милы, которую и нужно было вручить её мужу Лёве.

Галя прошла уже почти всю Млынскую колоннаду, но никакого такого импозантного мужчину, мимо которого она бы не могла пройти, все ещё не встретила. И, как назло, её глазной рентген ничего, заслуживающего внимания, не нащупывал. Вдруг она краем глаза заприметила какое-то шевеление недалеко от неё. Это качался плакат, который она издалека приняла за рекламный щит какого-нибудь курортного мероприятия, что проводятся здесь периодически. Тут она увидела, что в самом низу, из-под этого щита торчат ноги, обутые в какие-то не очень фирменные кроссовки. Хорошо хоть не туфли фабрики «Красный Октябрь» — подумала про себя Галя. Она решила подойти поближе к этой, как оказалось, ходячей рекламе. На большом листе ватмана, приклеенном к большому листу фанеры, было написано маркером:

Здравствуйте.
Я Лева, из Лос-Анджелеса!
Жду Маню, в 17 часов,
которая должна передать мне посылку
от Адочки из Нью-Йорка.

Галя прочитала и открыла рот, не зная, как на всё это реагировать. Она уже догадалась, что Маня — это она. Плакат опять зашевелился и из-за него высунулась голова, на круглом лице которой сияла лукавая улыбка. Голова эта была далеко не первой молодости, да даже и не второй. Прямо на Галю смотрели умные, с искринками, уверенные в себе глаза.

Гражданочка, будьте так любезны, если вы не Маня, то не загораживайте мне плакат. Вы же видите, у меня тут назначена очень важная встреча.

Я не Маня, я Галя, но я от Адочки из Нью-Йорка.

На этот раз плакат решительно был приставлен к одной из многочисленных колонн Млынской колоннады. Из-за плаката выдвинулся мужчина невысокого роста, чуть полноватый, явно не Ален Делон. Но что-то в его облике сразу располагало к себе.

Шо вы говорите? А паспорт у вас есть?

У меня их целых два, какой вам нужен? — Галя уже догадалась, что мужчина любит пошутить.

Мне, пожалуйста, тот, в котором вы — Маня, а тот, в котором вы — Галя, оставьте, пожалуйста, себе.

Тот, в котором я Маня, я обменяла на два других, в которых я Галя. И с чего вы взяли, что я буду Маней?

ПРОЗА

— Может, я уже и совсем старый и не очень хорошо слышу, но Ада передала Миле, что вы будете Маней, а приехала какая-то Галя, — мужчина широко улыбнулся, обозначив ровные керамические зубы. — О'кей, так и быть, я пойду вам навстречу, приму от вас посылку от Ады, но только при условии, что вы согласитесь провести вечер в ресторане со мной и моей Милочкой.

Тут они оба рассмеялись...

— Адочка, я так тебе благодарна за такой чудесный подарок. Я в восторге! Лева сказал мне, что эта сумочка очень подходит к моим глазам. Не стоило так беспокоиться, Адочка. Вчера очень мило посидели с твоей соседкой в ресторанчике возле нашей гостиницы. Она такая обаятельная…Кстати, мне послышалось ты сказала, что её зовут Маня, а на самом деле она оказалась Галей. Неудобно получилось, Лёва на плакате написал «Маня».

— Милочка, ничего страшного, подумаешь, Маня, она и в Америке Маня. Я так ее про себя называю, оговорилась по привычке. Вы с ней сильно там не общайтесь, она девушка не из нашего круга. Она тут живёт на пособие, получает бесплатные обеды…

— Странно, а нам с Лёвой она показалась такой милой и очаровательной, умной и образованной.

— Мила, оставь. Поверь, я знаю, что говорю.

Разговор по телефону продолжался ещё минут двадцать. Милочка и Адочка любили поболтать ни о чем. Говорить о чем-то серьёзном у них не получалось, так как их взгляды на очень многие проблемы современного человечества совсем не совпадали.

Знакомство их началось в кругосветном путешествии. Тогда ещё был жив и здоров муж Адочки. Собственно, он и стал связующим звеном их многолетней дружбы. В отличие от жены, он был настоящим интеллигентом, очень выдержанным и глубоко образованным человеком. Супруги были совсем разные: и внешне, и внутренне. Но, видимо, где-то и когда-то эти противоположности притянулись, а потом уже Адочка взяла его на «вечный абордаж». Она при нем была как одинокая мама, не желающая отпустить от себя своего сына «ботаника» в самостоятельную жизнь. А он привык к её опеке, и в какой-то момент осознал, что менять что-то уже поздно и нет сил...

Когда муж Адочки умер, Лёва с Милой не смогли отказать одинокой вдове в продолжении дружбы...

Странно, Лева, ты слышал, что сказала Адочка про Галю?

Оставь, Мила, я тебя умоляю, был бы жив ее муж, я бы его послушал. А что бормочет Адочка, раздели на сто, а потом ещё на двести...

Взгляд Милы лёг на сумочку от Ады, и она на минуту задумалась:

Слушай, Лёва, зачем мне эта сумка, у меня своих девать некуда. И потом, у нас и так перегруз, мы накупили столько подарков внукам, правнукам. Предложу- ка я её своей племяннице Сабине из Торонто, она завтра заедет к нам из Праги, и у меня не будет головной боли, что ей подарить...

Милочка, делай как знаешь, — равнодушно произнёс Лёва.

Назавтра сумочка от Адочки, которая так подходила к глазам Милочки, была подарена её 50-летней племяннице. По словам Милы, эта сумка очень подошла к ее карим глазам. Ещё через день сумочка от Адочки счастливо улетела в Торонто.

Адочка гуляла в прекрасном настроении по 5-ой авеню. Она любила пройтись по главному торговому проспекту Манхеттена с 34-ой по 60-ю улицы, где находится множество дорогих эксклюзивных бутиков, предлагающих предметы роскоши: Cartier, Gucci, Prada, Emilio Pucci, Armani Exchange, Cristian Dior, Hugo Boss, Peter Fox...

Всё у неё было прекрасно. На оставшиеся после смерти мужа деньги она могла вести довольно безбедную жизнь.

Девушка из молдавского села сумела выйти замуж по расчёту. И в расчётах она не ошиблась. А когда она узнала, что еврейские корни мужа позволяют переместиться на «загнивающий запад», то она начала настойчиво подбивать мужа к этому шагу, несмотря на то, что у него уже почти готова была к защите докторская диссертация. Что-что, а нюх её не подводил.

Деньги Адочка на ветер никогда не бросала. Она всегда была скупа и очень расчётлива. А жизнь в Нью-Йорке ох как не дешева, если не считать и не экономить.

ПРОЗА

Там, где надо, она умела показать свою «безразмерную щедрость». Вот и подарок Миле тоже был из этой серии. Мила, в свою очередь, постоянно присылала какие-нибудь подарки Аде и по случаю, и без случая. А кроме того Лёва с Милой неоднократно принимали ее у себя в Лос-Анджелесе, оплачивая ей перелёт. Гостя у них, Адочка находилась на полном их содержании.

Но на своей персоне Адочка старалась не очень экономить. Любила удивить своих знакомых и подруг новыми красочными нарядами, покупая их в дешёвых магазинчиках и выдавая за эксклюзив. А после этого ещё и пройтись по дорогим бутикам и оценить стоимость оригинала. И потом сообщить между делом подругам, где и за сколько она эту вещицу приобрела. Вот и сегодня она решила поднять себе настроение, узнав, сколько она сэкономила, купив вчера у китайцев несколько якобы фирменных вещей. Сравнив с оригиналом, она увидела, что очень даже приличную сумму. «Это как нашла», — каждый раз говорила себе Адочка. Она уже собиралась покинуть район бутиков и пойти на радостях пообедать в каком-нибудь не очень дорогом ресторанчике, как вдруг повстречала своих подруг.

— Адочка, мы так рады тебя видеть, — уже довольно немолодые барышни расплылись в своих ботоксно-керамических улыбках.

— А я вот хожу, присматриваю что-нибудь интересненькое.

— Адочка, а я не поняла, — с удивлением обратилась к ней Маргарита, — а почему ты не носишь нашу сумочку? Это же настоящий Луи Витон! Вон в том бутике мы его купили. Дороговато, конечно, но на какие жертвы не пойдёшь ради любимой подруги. Ты же у нас вся такая фирменная.

Сумка действительно была куплена подругами вскладчину в магазине Луи Витон на 5-ой авеню. Авторитет Адочки был настолько высок, что они не могли позволить себе преподнести так обожаемой ими Адочке подделку.

Кровь ударила Аде в голову. Надо было срочно выкручиваться:

— Я сегодня так завертелась, что не успела переложить вещи в новую сумочку.

Смотри, Адочка, в следующий раз без этой сумочки нам на глаза не попадайся, — подруги засмеялись...— К сожалению, мы уже опаздываем. До встречи... И не забудь про сумочку от Луи Витона.

Ада продолжала стоять на месте как жена Лота, превратившаяся в соляной столб, пытаясь переварить услышанное. От только что прекрасного настроения не осталось и следа. Её прошибло холодным потом, и она явственно почувствовала, что нижнее бельё вместе с колготками прилипло к телу.

Чёрт, неужели? Не может этого быть? Какой прокол!!! Я и подумать не могла, что эти старые перечницы раскошелятся на настоящего Витона. Неужели это был оригинал? Дура! Дура! Дура! Взяла и передарила настоящего Луи Витона этой не разбирающейся в моде Миле.

А Мила действительно в моде не разбиралась. Сказать больше, она ею вообще не интересовалась. Платьица, туфельки, сумочки, украшения, духи — всё это Миле покупал Лёва на свой вкус. А вкус у Лёвы был простой: вещь должна быть удобной и долговечной.

Ада, через какое-то время с трудом выйдя из ступора, побежала, как охотничья борзая, к находящемуся неподалёку бутику Louis Vuitton. Доскакав до витрины, она остановилась и стала внимательно рассматривать выставленные на ней образцы товара. Вскоре её цепкий взгляд уперся в искомую вещь. Ценник поверг её в шок. Мысли молниями проносились в Адочкином взбешённом мозгу:

Срочно...Звонить Миле... Вернуть... Что придумать?

Ночную тишину номера люкс, в котором проживали Лёва и Мила, нарушил пронзительный телефонный звонок. Мила спросонья долго не могла понять, что случилось.

— Ада, это ты? У нас два часа ночи.

— Мила, извини, я забыла, что у нас разница во времени, но это не важно, ведь ты все равно уже не спишь.

— Так что случилось, Адочка? Затопило Бруклин или Манхеттен?

— Да нет, все на месте. Но ты понимаешь, Милочка, я, старая дура, совершила ужасную ошибку.

ПРОЗА

Случилось что-то страшное?

Произошла досадная ошибка, я выслала тебе не тот подарок. Эту сумочку, что тебе передала моя соседка, я купила для своей племянницы из Молдовы, и она уже видела её по Скайпу. А тебе предназначался другой подарок. Так ты сумочку верни обратно моей соседке, а я тебе вышлю тот подарок, который купила для тебя.

Нет проблем, Адочка, — ответила Мила, все ещё плохо соображая со сна, что произошло и совсем забыв, что вчера эту сумочку она передарила своей пятидесятилетней племяннице из Торонто.

...Сабина, племянница Милы, разбирала чемоданы после многодневного турне по Европе. Почти каждая из приобретённых там вещей напоминала о прошедшем безмятежном отдыхе. Она показывала обновки своей дочери и мужу, при этом не забывая одаривать их самих. Когда очередь дошла до сумочки, преподнесённой ей тётушкой Милой из Лос-Анджелеса, она с умилением вспомнила этот сказочный город Карловы Вары, в котором отдыхали ее родственники. На следующий год надо, видимо, поехать туда с мужем, присоединиться к родственникам, тем более, что они уверяют, что местная вода там совершает чудеса исцеления, а у мужа уже давно проблемы с желудком. Увидев восхищённый взгляд дочери, которая не могла отвести его от сумочки на плече матери, Сабина, не задумываясь, протянула её дочке.

Это тебе от моей тёти из Лос-Анджелеса. Я с ней и ее мужем Левой встречалась в Карловых Варах. Чудесный город, вот в следующем год повезу туда папу лечить от всех болезней.

Мама, да это сумочка от Луи Витона. Ты себе не представляешь, насколько это модная и дорогая вещь. Подруги завтра умрут от зависти, — она стала её внимательно рассматривать, — да, это не подделка, это оригинал. Офигеть!

Забыв про все остальные подарки, она схватила сумочку и стала кружиться с ней возле зеркала.

Лёва, и что делать? Где я теперь возьму эту сумочку для Адочки?

Милочка, я тебе сколько раз говорил, что Адочка – это совсем «не та девушка», за которую ты ее принимаешь. От неё у меня всегда начинает болеть голова, даже когда она от меня очень далеко.

Я знаю, Лёва. Но она одинокий человек, вдова. Вспомни её мужа Наума, каким он был обаятельным, тактичным, душой любой компании.

Помню, Милочка, помню. Но Адочка полная его противоположность. Ты видела, когда мы отдыхали в Нью-Йорке, как Ада там себя ведёт?

Как?

Как бандерша. Собрала вокруг себя одиноких женщин, нашего возраста, далеко не первой свежести и вертит ими как хочет.

Лёвочка, ты преувеличиваешь.

Если бы так, Милочка. Но у меня пока ещё, слава богу, есть глаза, и я все ещё ими вижу, пусть иногда и с помощью окуляров.

Так что будем делать?

Что будем делать, что будем делать? Теперь я должен «ломать» свою старую лысую голову из-за этого чёртого подарка, — Лёва задумался — Дай мне время.

Лёва, ты же понимаешь, что у нас время ограничено. Галя через две недели улетает в Нью-Йорк к Аде, и мы должны за это время передать ей сумочку, которая сейчас уже находится в Торонто.

Мила, а ты иногда меня удивляешь своей прозорливостью. — Лёва встал с кресла и направился к двери.

Ты куда?

Подожди, я сейчас спущусь вниз и всё узнаю….

Мила ни на секунду не сомневалась, что Лёва что-нибудь придумает, ведь за столько лет жизни она уже давно убедилась, что Лёва найдёт выход из любой ситуации.

Лёва вернулся через пол часа.

Я всё узнал.

И что ты мог узнать, Лёва? Как забрать сумочку из Торонто? — Мила иронически улыбнулась, глядя на мужа.

ПРОЗА

Именно это, Милочка! Звони своей племяннице прямо сейчас. Вот телефон и адрес агентства в Торонто, из которого через неделю в нашу гостиницу летит группа канадских пенсионеров. С ними летит отдыхать женщина из этого агентства, Зоя, я с ней уже договорился. Твоей племяннице нужно только позвонить ей, договориться о встрече и передать сумочку, и через неделю сумочка будет в твоих, Милочка, ручках. Ты забыла, Милочка, что администратор нашей гостиницы — наша подруга... Она решила проблему за пять минут.

Лёва, слава богу, я живу с тобой уже не один и даже не пять десятков лет и знаю прекрасно, что у тебя везде и всюду подруги и друзья, но что я скажу Сабине? Верни сумку, которую я тебе подарила. Как ты себе это представляешь?

Милочка, поучись наглости у своей подруги из Нью-Йорка. Извинись, покайся, скажи, что ты перепутала, дала ей не ту сумку. А ту, которую дала ей, ты купила в Германии для своей внучки. И, к сожалению, внучка уже видела сумку по интернету в WhatsApp, и она очень ей понравилась. А для тебя, Сабина, у нас лежит другая сумочка, ещё лучше этой, и мы тебе ее вышлем завтра. А ты взамен передай нам ту сумочку через Зою из турагентства.

А сумочку для Сабины я пойду сейчас и куплю, ты не переживай. Уж поверь, она будет не хуже, чем сумочка от Адочки, покрепче и подолговечней, я гарантирую...

И действительно, Лёва спустился на туристский променад и купил Милиной племяннице дорогущую сумочку, которая была и больше и крепче сумочки от Адочки.

... Сабина была в шоке после разговора с Милой, но ещё в большем шоке была её дочка. Отдать, вернуть то, чему обзавидовались все ее подружки?!!! Отдать то, что уже по праву принадлежит ей?!!! Она устроила настоящий скандал матери, схватила сумочку от Луи Витона и громко хлопнула дверью, сказав при этом, что сегодня будет ночевать у подружки.

С подружкой она поделилась возникшей проблемой.

Разве это проблема? — сказала та, выслушав внимательно рассказ. — Завтра мы её решим. Ты даже не сомневайся. У меня друг — китаец, у его отца огромная мастерская по ремонту и пошиву сумок. Они тебе там за день пять таких сумок «нарисуют», никто и не отличит. Завтра утром идём к нему. Только чур — одну сумку мне.

Она тут же договорилась со своим дружком по телефону, вкратце обрисовав ситуацию.

Удивительно, но подружка оказалась абсолютно права. Друг не подвёл.

Сумочка очень заинтересовала отца друга, хозяина мастерской, так как он ещё не видел такой удачной новой модели. Сняв все размеры с сумочки, сфотографировав её со всех сторон, вывернув наизнанку, он сказал подружкам, что они могут прийти через два дня. В указанное время хозяин гордо вручил девушкам по экземпляру сумки от Луи Витона. Отличить их от оригинала девушки не смогли. Денег за работу хозяин не взял, сказав при этом, что он ещё остался должен за такую удачную модель.

В конце недели сумочка от Луи Витона улетела обратно в Карловы Вары. А оттуда через неделю в Нью-Йорк. Но это уже был не оригинал, а очень удачная подделка.

Когда Адочка получила из рук Гали свой драгоценный подарок, она была в восторге. Не могла налюбоваться и оторвать нежного, любящего взгляда от сумочки от Луи Витон. Минут через пять она вспомнила, что напротив неё стоит Галя. Мазнув по ней недовольным, презрительным взглядом, она произнесла:

— А ты что, совсем ничего не соображаешь? Я дала тебе в руки настоящую сумочку от Луи Витона. Ты не видела, что я ошиблась, что приличные люди не делают таких дорогих подарков?

Галя просто опешила и на несколько секунд потеряла дар речи... Придя в себя, она произнесла:

— Ты мне дала заклеенный пакет, откуда я могла знать, что там? И почему ты решила, что приличные люди роются в чужих посылках? И почему они не делают таких дорогих подарков? — Галя повернулась и пошла к двери.

Но Адочка кинулась к ней, преградив дорогу:

— Галочка! Ты что, совсем? Шуток не понимаешь? Мы же подружки, — лицо Ады расплылось в широкой улыбке, — идём пить чай. У меня есть прекрасное абрикосовое варенье, родственники из Молдовы прислали...

ПРОЗА

...Адочку последнюю неделю после того, как она показала свою сумочку почти всему Нью-Йорку, мучала одна мысль: зачем ей такая дорогая сумка, когда можно купить такую же в десять раз дешевле, пусть и не эксклюзив, а эту вернуть назад в магазин или попросить обменять её на другую. Наконец-то в её голове план дозрел...

Назавтра она поехала в тот район, где делала всегда свои основные покупки, которые помогали сэкономить ей целое состояние, если бы она вместо этого все время покупала эксклюзив.

Обратившись к хозяину сумок « От Луи Витона», она попросила его найти такую же. Хозяин пристально посмотрел на сумочку в руках Адочки, потом взял её в руки, повертел...

Неплохая работа, мадам. Но это делали не у нас, где-то в другом месте.

Неплохая работа? Да это эксклюзив, купленный на 5-ой авеню, в фирменном бутике Louis Vuitton.

Мадам, я вас разочарую, но уверяю вас, что это не эксклюзив.

Адочка вырвала сумочку из рук хозяина и от возмущения чуть не огрела его ею по голове, но на полпути вовремя спохватилась, громко фыркнула и пулей выскочила из магазина.

На 5-ой авеню, в бутике LouisVuitton в ответ на её просьбу вернуть деньги за купленную у них сумку или обменять её на другую хотели вызвать полицию, обвинив её в мошенничестве. Ада едва унесла оттуда ноги, вовремя сообразив, что дело может обернуться для неё серьёзными неприятностями.

Она рвала и метала. Не долго думая, она накинулась на свою соседку Галю, обвинив её в мошенничестве и подмене сумки. Галя на этот раз уже не выдержала и высказала своей «милой « соседке все, что она о ней думает. С тех пор они больше даже не здороваются и в упор не видят друг друга. Потом Ада стала подозревать Лёву: этот старый лис запросто мог сотворить такое. Милу она не подозревала, так как знала, что та ничего не понимает в моде. Она все же не удержалась и при удобном случае обвинила Лёву в неблаговидном поступке. С тех пор Лёва и Мила прекратили всякое общение с Адочкой. Однажды ее опять «осенило»: да это же мои «дешёвые « подружки обманули меня, заявив, что подарили эксклюзив. Она и на сей раз не смогла сдержать свой гневный порыв, заявив им, что такой мерзости не потерпит и знать их не желает...

Сумочку от Луи Витон Адочка все же не выкинула, а передарила своим новым друзьям из Майями. А одиноких состарившихся подружек, кружащихся вокруг неё, меньше не стало, просто места одних заняли другие....

Олег БЕХТЕРЕВ

Родился в 1958 году в городе Халтурин Кировской области (на реке Вятка), здесь же рос и учился жить. В 1983 году окончил Свердловский архитектурный институт, потом — Уральский Государственный архитектурно-художественный университет (УрГАХУ). Работал архитектором, инженером-проектировщиком.
В течение последних лет занимается дизайнерской деятельностью (выставки, реклама, полиграфия). «Литературное творчество для меня», — говорит он о себе, — самый лучший способ поделиться с другими людьми своим восхищением этим миром, его богатством и многообразием".

ИСТОБЕНСКИЙ ОГУРЕЦ
КАРТИНКИ ИСТОБЕНСКОЙ ЖИЗНИ ЛЕТА 1912 ГОДА И ДАЛЕЕ...

Славным жителям села Истобенска
Оричевского района Кировской области
посвящается

...Вятка текла игриво и таинственно, спокойно выгибала здесь свою спину песчаными и чистыми отмелями, кружила в царстве водных стихий, заливных лугов и синих лесов. В лазоревом воздухе холмом возвышался левый берег, и петляла дорога с узорами из домов и огородов, садов и старых заборов, палисадников и окон, глядевших из-под резных наличников глазами чистыми и ясными. Берёзы и тополя кудельной росписью проросли рельефным обрамлением сего места, возвышаясь монументами двухсотлетней давности. Мягкий шелест листьев их вписывался в общий хоровод звуков и мелодий летнего дня. Вверху летали ласточки, звенели кузнечики, разнотравье колосилось зелёными метёлками. Пчёлы гудели в глубокой зелени. Поленницы дров мозаикой румянились на припёке. Высокие мальвы взглядами розового цвета провожали полёт шмелей. Колокольня с пристроем взирала окрест указующим манером со шпилем и куполом. Белёная, с голубыми шершавыми стенами, коваными крестами и с открытыми нараспашку арками звонницы на восемь сторон света, была обмыта дождями и временем. Голуби ходили по её кровельному железу, скользили по нему своими лапами и громко махали крыльями. Мяукала кошка, и солнце плавно пересекало орбиту своего дневного пристанища.

Облака плыли медленно и тягуче, на берегу мычали коровы, и петушиное: «Ку-ка-ре-ку!..» разливалось радостным и вдохновляющим гласом по окружью.

...И всюду летал аромат свежих огурцов — трепетно-яркий и звонкий!

***

Волны плескались о пристань, окрашенную в зелень с белым, с вывеской посередине «ИСТОБЕНСКЪ». Солнечный луч уходил в глубину реки, освещая её до самого дна…

В проходе к причалу на дверях надпись «КАССИРЪ» со стеклянным окошком, дальше крашеный железный лист на стене:

«Для господъ пассажировъ разъясненія:
билетъ до Орлова — 3 копъйки,
до Вятки — 4 копъйки,
до Усть-Чъпцы — 5 копеекъ,
до Слободского — 6 копеекъ,
до Шестаковского рейда — 6 копеекъ с полушкой.

Для пассажировъ 2 и 3 класса продажа билетовъ на пароходе.
По чётнымъ днямъ ввърх по ръкъ, нъчётнымъ внизъ.
Пароходы фирмы "Персия" — "Ласточка", "Оръл", "Цесаревич", "Фортуна" — заводов "Нижнее Сормово"».

Завершала текст картинка с пароходом, белым и нарядным, разрезающим волну с явным удовольствием и восторгом, чёрной трубой и валящим из неё дымом. Справа карта — схема самого пути: Нижний Новгород, Вятка, Слободской, Казань, Елабуга, Пермь, а в самом верху двуглавые орлы, нарисованные бронзовой краской, с раскрытыми клювами и высунутыми языками.

Кассир Ерофей Петрович Жолобов подсчитывал на счётах прибыток. Часы-ходики с тремя медведями с картины Шишкина «Утро в сосновом лесу» тикали уютным и безостановочным шагом. На стенке, оклеенной обоями в жёлтый цветочек, печатный календарь на 1912 год, посвящённый столетию войны 1812 года, с рисунком отступающих французов по картине Верещагина.

Было 12:00. Ерофей Петрович пригубил тёмно заваренного чаю и откинулся на спинку стула. Становилось жарко. Пристань слегка покачивалась, скрипела и как будто вздыхала своими боками. В приоткрытую входную дверь потянуло ветерком. Кричала чайка. А на фоне ее крика и вздоха речной волны Ерофей Петрович оглянулся.

— Петруша, ты уж старайся, старайся, уважь, Еремей Палыч из Европ, из Парижа жалует, насмотрелся, поди, там порядку, ты блеску добавь, блеску…

— Ерофей Петрович, драю с усердием, — улыбался Петруша Ишутинов, парень 14 лет, белобрысый и загорелый, в белых портках, поднимающий ведро из реки и тут же выплёскивающий воду на пристань.

— Блестит уж, — махая шваброй из верёвок корабельного троса и вытирая пот со лба, выговаривал он. — Блестит аки стёклышко!..

***

Коровы сизо стояли в реке. Простор тёплым боком осязал их. Было легко и светло. Речное благодушие гуляло тихо и спокойно, соревнуясь с ветром, гнувшим ивы, и пуская рябь в своё довольство воздушным порывом. И крыло чайки ласкало его. Синий миг удальства застилал всё вокруг дыханием лугов и безотчётной дали. Время словно исчезло от действия небес. Изгибался берег красной глиной с белёсым оттеночным звучанием, желанием пряным и опрятным в своём искании правды сего мира.

Песчаный плёс язычным упрямством своей сути дружил здесь с характерным водным стрежнем. Без правил и оглядки. Блистал галечным окружьем, статной дозволенностью порядка и незыблемостью древних понятий.

Широк круг Земли в своей красе, бесконечен!

***

Поодаль у торговых причалов пять или шесть барж низко сидели в воде. Волна гуляла по их бокам светлой и лучезарной сущностью. Расцвечивала их боковой смоловый раскрас дальних походов, трудного жития и странствий междуречий, безоглядочного шествия, искомой доли, глядящих воочию посреди синих вод, красной земли и луговой стрелы-тетевы с зелёным колчаном дружащей и видящей даль синеокую.

По шатким сходням на баржи закатывали огромные стовёдерные бочки солёных огурцов. Пахло огуречным рассолом, таким свежим и бодрящим, будящим и созидающим.

— Веселей, робята, закатывай, а приподними правый бок, — негромко поговаривал Сергей Олтуфьев, следя за работой взглядом чётким и понятным, строгим и беспредельно правдивым, чистым и с родниковым звучанием будто играющим. Стоявший тут рядом бородатый мужик лет пятидесяти с пробором волос посередине и большим розоватым носом был похож на кудрявый бурелом по весне на старице. Его красная рубаха-косоворотка в белый горошек была длинна и, перевязанная белой тесьмой, походила на платье. Широченные штаны вываливались из сапог, аки перевёрнутые зелёные бутылки столового вина № 45 Шустова. Сапоги внизу были стянуты гармошкой, аккурат на полтора вершка. Огрызком карандаша он записывал в маленький блокнотик гружёные бочки:

— Паря, давай ещё одну, — на выдохе произнёс он, — и баста! Сто две, как один огурчик, рогожкой сверху их... — Он повернул голову и крикнул ребятам, сидевшим поодаль у костра: — Митюха, ушица готова ли?

— Готова, готова, Сергей Ефимыч, — отозвался Митюха, парень веснушчатый и кудрявый, с ушами, оттопыренными в стороны, жующий какую-то травинку. Он ловко зачерпнул деревянной ложкой в котелке и осторожно подал её.

— Испробуйте, Сергей Ефимыч, деда Макарьева улов утренний, из-за Овражцев, четыре стерляди, вот таки, — и Митюха развёл руками в стороны. — Да ещё три в морде, на завтра, вон и плещутся!.. — И он махнул рукой в сторону барж.

Ефимыч надул щеки и стал так важно дуть на уху, что она встрепенулась золотой струёй и обдала пахучим ароматом, дымом.

— М-м-м, хороша-то как, а уж и жирна, Митюха, — глотая, Ефимыч взмахнул рукой, так легко, и сделал жест, будто приглашая всех к застолью. — Ай-да, робята, подсаживайтесь!..

Расположились тут же, прямо на брёвнышках, котелок в середине, чинно и аккуратно, горкой зелёный лук, солёные и свежие огурцы, ломти домашнего ржаного хлеба.

ПРОЗА

— До утра ещё три баржи накатать надобно, ребят, — молвил Ефимыч, откусывая солёный огурчик, такой твёрдый и блестящий, в пупырышках. — Еремей Палыч за всё уж оплатил. Уж больно сильно у него покатило, — и, оглянувшись в низ реки, добавил: — К вечеру сами на пароходе приплывут, из самого Па-ри-ж-а-а-а, а и праздник будет!..

***

Под навесами стояли бочки рядами, с открытым верхом и, как стозевное чудо-юдо, уже готовые проглотить всё, что ни попадёт к ним в пасть. Обтёртые и обкатанные зимней наледью, лесной тропой, глинистым берегом, мостовой белого камня, песчаным накатом, в царапинах и зазубринах, они были цвета чистой земли, коричнево-серого, с разводами соли и брызгами речной волны. Стоял сильный и пряный аромат чеснока, вездесущего хрена, долгого и упрямого укропа, а весёло-сладкий смородиновый дух с гордым дубовым оттенком витал всюду.

На деревянном помосте высилась гора огурцов, рябые, бело-зелёные, просто зелёные, цвета молодой травы, вечерних лугов и потёртой малахитовой чудной поделки.

Огурцы по селу собирал конь Орлик — лохматый, запряжённый в полуторную телегу с большущими задними колёсами. Ездил от дома к дому, приученный, высыпали ему огурцов доверху, хлопали по крупу, и тащился он по всему селу, хрипло ржа у новых ворот. Был он пегий и дымчатый, в больших серых яблоках, крупных и зрелых. Седая грива и лохматая прядь на голове делали его похожим на древнего прародителя всех коней и лошадей. Его не стригли уж несколько лет, и хвост превращался в красавца всех лошадиных хвостов, висел он ровно и опрятно, эдаким вертикальным шлейфом, с блестящим оттенком. На засолье девки наряжали Орлика, плели ему венок из ромашек и васильков, надевали на голову, оплетали с ушами. И ходил он празднично-ряженый несколько дней, под лай местных собак и веселье малых ребят.

Парни и девки споро готовили огурцы в деревянных колодах, мыли и обрезали их, все были мокры и задорны, разнаряжены, как деревенские куклы, фартуки и платки, картузы с блестящими околышами.

— Стёпа, а, Стёпа! А подай-ка хрену, да побольше! — черноглазая Акулина кликала Степана Дородного на другом конце стола и, уже красными руками поправляя на себе платок, переглядывалась, весело хохоча, с Марусей Федотовой.

— А передайте привет с на-ш-шш-ш-его огорода! — подшучивал Стёпа и, выбирая самое большое корневище, перебрасывал Акулине. — Лови-и-и! Красавица ты наша!

И расцветала Акулина улыбкой лучезарной и счастливой!

Бочки застилали дубовым и смородиновым листом, укропом, чесноком и хреном. Вёдрами ссыпали огурцы, повторяли и — каждый раз всё, как и прежде, десятилетия назад. Рассол разогревали в больших чугунных котлах, стоящих на кострищах и жарко пылающих огнём с малиновыми углями. Кипела вода, пузырилась истинной правдой, била белым ключом…

Обязательно нужно соль было ссыпать в три раза, а не сразу. Какая-то тонкая хитрость присутствовала в старинном промысле. Все знали про это и в то же время знали, что и в этот, и в следующий раз рассол получится как надо и огурцы в бочках сохранятся и через три года. А вот как надо ведал только старик Антип-засольщик. Это он ходил кругом и зорко смотрел за происходящим. Подойдёт к девкам и скажет:

— Ну чтё, голупки мои сизые, приумолкли, на парней смотреть перестали, шютить забыли, — и шепнёт что-то весело Акулинке на ушко, а та в смех смешной зайдётся, глазами блестя и рдея щеками, а парни подхватывали веселуху, и уж без остатка шло…

— А кой огурец без весела? — проговаривал Антип. — Буде и он весел год и два, так-то!..

Без его присутствия не обходился ни один засол в селе. Хождение Антипа, уже чуть полусогнувшегося и шаркающего ногами в сапожках, принимали как наиглавнейшее обстоятельство в засолке огурцов. Антип знал слово. Может, несколько, и это решало всё. Когда мешали соль, Антип подходил к чану, что-то проговаривал быстро, глядя на воду, доставал маленький цветастый мешочек, брал щепоть и кидал в рассол, напоследок ещё чего-то шепча. А потом быстро уходил, приседая на большой камень, гладкий и плавный, вполовину ушедший в землю, и сидел, глядя на небо…

Долго его упрашивали поделиться секретом, но не говорил никому и ничего Антип. Люди звали его на засолку огурцов, квашенье капусты, готовку грибов, ходил по дворам, придёт и сядет рядом, посидит с часок и далее. Успевал за день многих обойти. Даже когда был и рядом, всё получалось по-другому, и капуста, и огурцы не кисли, и хранились долго-предолго, даже и летом. Говорили, это, мол «Антиповы огурцы, или капуста», а у кого не был или не хотел, так себе было всё, обычненько и без вкуса. Давали деньги, но не брал он, отказывался. А помогали хорошо, и с припасами достаток был.

— Оо-хх-хо-хо-о! — хрипло ворчал он. — Ньда, и щто вам это дась, даж скажет ктё, а не удассья всё равно, ну не будет охурцов, кислятина адна будь, да и всё, воть. А паведать не могу, не могу-у-у, ну никяк… — мотал он головой в выцветшем картузе, на котором и ткань уж походила на сермяжку тёмную.

— Старых людей памятка, добрая она, — и смотрел глазами печальными, отдававшими синевой, куда-то в даль, за реку…

**

— Мо-о-тя-я-я!.. — махала рукой и кричала Афросинья Егоровна Метелихина, стоя над обрывом, на самой крутизне, по-над Вяткой. — Мо-о-тя-я-я! — ветер разносил её слова, сглаживал звучанье, и юбка, до самой травы, развевалась, как флаг.

— Н-ну-у-у!.. — с неохотой отвечал Мотя, сидевший на бережку и пёкший картошку в углях костра. Его коровы мычали, забравшись в воду по брюхо, поднимали рога кверху и выпуклыми, тёмно-синими с фиолетовым оттенком, стеклянными глазами озирались кругом, слушали ветер и гудение мошки. Мотя пастушил сельское стадо на Кривом Лужку. Весной его заливало, а сейчас он расцвёл травяным густым ковром. Ещё до восхода солнца, с первой росой, Мотя проходил по улицам села, играл на балалайке и пел свою песенку-прибаутку:

А э-й-й коровки дорогие,
Тёл-л-ки, козлики, бычки,
Соб-б-бирай-тесь-ко-о-о, родные,
На-а-а лужок поесть травы!..

Уже ждущие и узнающие Мотю истобенские коровы начинали подпевать по-своему, как-то интересно махать хвостами, мычать на разные гласы, телушки потоньше, коровы с глухим достоинством, а быки с властным и тяжёлым мычанием, козлы блеяли весёлой трелью. Бабки с дедками, домовитые хозяйки выводили своих кормилиц — Манек, Зорек, Бурёнок, Ласточек, Верб, Голубок, Машек, Милок, Ладушек, Чернушек, Тёлочек, Ромашек, Дунек, Буянов, Пеструшек… Стояли у ворот в платочках и провожали их взглядами, да и говорили Моте:

— Ты уж, Мотя, пастушок наш, Пеструшку нашу вниманием не обойди. Где и травки поболее, туда веди, к Овражцам, да и к водице родниковой, пособь ей, красавице нашей!.. Мы уж, Мотя, тебе тулупчик к осени справим…

— К Овражцам, к Овражцам, куда ж ещё вести, — отвечал Мотя. — На Кислом Болоте ныне мошка да комары с мухами.

А-а лет-и-и, душа моя,
П-о-о высо-о-о-ку небу,
Ты-ы ра-а-а-сти, лазурь-трава,
Зо-о-о-рьке для обе-е-е-ду!..

И шёл развесёлый Мотя по зелёной траве-мураве, влажной и блестящей от росяной ночи и беззвучных звёздных лугов, со своими рогатыми подругами и друзьями, наигрывал на балалайке для согрева души своей, с котомкой на левом плече, в которой лежали кусок хлеба, полдюжины огурцов, да и луковица…

— Ну-у сейчас! Иду уж,.. — приподнимаясь, оглядывался Мотя на своё стадо. — Ну, что ещё, Фрось?..

— М-о-т-я-я-я!.. Савелий Никитич послал за тобой, бегай тут, ищи тебя, на Овражцах нет, на Кислом Болоте тож, — скороговоркой выпалила Фрося, садясь в коляску мягкого хода. — Давай садись, поехали к нему, прям сейчас, а я Артёмку пошлю за стадом глянуть. Ну, мила-а-а-я, пошла, н-ну! — И помчалась кобылка Ласточка, только пыль из-под колёс…

***

Берег расступался, отдавая себя речной волне, лодки, баркасы лениво качались, и верёвки свитыми хвостами стерегли их. Пахло намокшей корой, комары гудели кругом. Урядник Тимофей Евграфьевич Морозов вдумчиво всматривался в пологий дальний берег. Его форменная фуражка, серебряная бляха с № 756, ремень с портупеей, шашка на боку и кобура с револьвером делали из него весьма колоритную фигуру официального представителя властей, обычно приезжавшего на день-два из Орлова на катере водной полиции № 7 «Громобой». Его парадный белый китель, мятый и поношенный, всё же смотрелся деловито и строго. Он присел на берёзовый пень и отстегнул портупею, обтёр платком лоб и шею. Горячим дуновением солнце взирало на эту пядь земли у реки. Лёгкий дымок как-то интересно и вольно от кострищ на берегу, с запахом кипящей смолы, веял, размашисто и бодро. Артельные мужички, бородатые и загорелые, как пропечённые пирожки с жара и пылу русской печи, ловко и споро конопатили и смолили свои лодки.

Уже обсохшие невода мерно раскачивались на кольях, и рыбья чешуя блестела на солнце, как яркий привет из глубин круговерти жизни, искря и светясь. Тимофей вертел свой закрученный ус и, благостно прищурясь, наблюдал за хождением облаков по кругу неба.

…Заиграла глиняная свистулька, и травяная и озорная полянка зашелестела под ветерком. Мальчуган годков пяти, в серых льняных штанах, босой и загорелый, как медный таз, стоял рядом и утирал свой нос, вглядывался в его лицо.

— Ну, что, пострел, где твоё стадо-то, — улыбаясь, спросил Тимофей, обнажая свои белые зубы под жёлто-коричневыми усами.

— Я Парамош-ш-а, — медленно и шипя буквой «ш», произнёс он. — А гус-зи вон, — показал ивовым прутиком на белых птиц рядом, с высокими шеями и красными лапами, открывших свои клювы и галдящих по-гусиному. — А-га-га-га...

Парамошка дунул в свистульку — и полетела трель глиняной птицы. Гуси примолкли, их шеи натянулись, высоко задрались, и разом все взмахнули белыми крыльями, пытаясь взлететь: сильно, красиво, восторженно!.. Глаза у Парамошки заблестели, и он уже кричал на бегу, догоняя гусей.

— Я их летать научи-и-и-ль!..

— Ну да уж, да уж, — с мягкой иронией тихо проговорил себе Тимофей, примеривая фуражку. — Сам такой был! — улыбнулся и посмотрел на солнце. Прошло уже около часа, и отправился он по Бережной улице к бакенщику Петровичу.

***

Жужжала пчела, и бабочка рисовалась перед капустными листьями. Пахло травой и сеном, дегтярной смолой, керосином и конским потом. В раскрытых настежь воротах мужики клепали бочки, били деревянные молотки-киянки звонкой молвой и глухой поступью. Железные обручи валялись в траве, и старый конь по кличке Лошак, запряжённый телегой, каурый и весь иссиня-чёрный, трогал их своим копытом, мотая и тряся головой с длиннющей гривой. Они как-то подпрыгивали и весело так дребезжали, и блестела атласная синяя лента, завязанная у него за ушами Анюткой, дочерью Серафима Ржаного. Она стояла рядом и гладила его морду обеими руками, приговаривая:

— Лошака, Лошака...

Из-за воротного столба выглянули Серёжка (Серый) Ермохин с Колькой Нелюбиным. Улыбаясь беззубыми ртами, они морщили носы и лбы, дули щёки, подмигивали, пугали страшными взглядами и, щурясь, дразнили Анютку.

А у нашей у Анютки-и-и
Голова торчит из будки!..
Мм-у-у!..

; ПРОЗА

Выпучив нижнюю губу и приставив пальцы к голове, изображая рожки, перешли на хрюканье. Им ответил боров Кабан, высунув свой пятак из узкой щели между брёвнами в хлеву. И в самом деле уже по-настоящему он так подал свой глас, что Анютка вздрогнула и обхватила обеими руками переднюю ногу Лошака. Конь встрепенулся и, задрав голову, ответил Кабану ржанием, нарядным и лошадиным, медленно присел и разлёгся, окунаясь в простор могучей травы. Анютка сразу запрыгнула на его гриву и так замерла.

— Конь, а, ко-о-нь, по-и-г-р-а-й в гарм-о-н-ь, — шептала она коню и гладила его мягкие и тёплые уши…

***

Играла гармошка, трепетно и ярко, как цветастый луговой цветочек раскрывает свои лепестки навстречу утреннему солнцу.

*Маша фа-а-ртук одевала
Ранне-е-ю весно-ю,
Балалайку в руки брала
И играла стоя…*

Пел парень, молодой и вихрастый, в розоватой косоворотке с белыми и мелкими пуговицами, расстёгнутыми вверху. Околышек картуза его весело блестел. Ярый пушок пробивался над верхней губой. Глаза голубые и дымчатые искрили от нахлынувшего вдохновения. Лети, душа, над речной волной, обгоняя белый пароход… а летящая чайка подхватывала песню, кудрявым виражом вверх, с милым сердцу курлыканьем!..

*А гармошка ра-а-а-списная,
Звонкая мелоди-и-я-я-я,
Ты лети по свету кра-я-я,
По лесам и взгори-я-я-м!..*

Смеясь, с ухарством удалой русской натуры наигрывал Ваня на чёрной гармоньке в мелкий золотой цветочек и шибко потёртой. Отвечала ему Маша округлой и улыбающейся фантазией, легковесной и звонкоголосой, как крик младого петушка в конце ночи, будящего всё вокруг и около, буйно радостным величавым окриком пришедшего утра.

Ми-и-и-лый мне-е-е купил колечко-о-о,
Чист-о-о золот-о-о-е-е,
Так и шепчет мне сердечко-о-о:
Любо мне с тобою-ю-ю!..

И смеялась смешком, похожим на серебряный ручеёк, с играющим в нём солнечным лучом, журчащим и мигающим исподволь. Болтали они ногами в проточной речной воде, сидя на доске, меж двух брёвен, и качались в невесомой воздушности июльского златого вечера, с тишиной, сотканной величием заходящего светила...

— Вань, а Вань, а пойдём погуляем, до леска, — чуть слышно молвила Маша, смотря Ване в глаза. Он приобнял её и ответил:

— Маша, да комары там, у речки хоть холодок, и ветерок обдувает.

— А мы их веточкой, веточкой отгонять будем, берёзовой...

***

Дом старшины Савелия Никитича Макарьева стоял на центральной площади села. Двухэтажный с мансардой, обшитый широкими досками, уже покрытый неразборчивым цветастым звучанием. Крытый железным листом, он был виден сразу от пристани, и возвышался уверенно и надёжно. Новая веранда с навесом, ещё не крашеная и пахнущая смолой, смотрела на реку, и вся площадь была видна, как на ладони. Несколько купеческих лавок в соседних домах с блестящими лакированными вывесками придавали некоторое столичное благозвучие патриархальной старине сего места. Мощёная белым камнем площадь блестела, вымытая вчерашним дождём. Кусты сирени, жасмина тёмной зеленью кружили вокруг, и Николаевская церковь парила голубым изразцом в горячем летнем воздухе...

— Хорошо у тебя тут, а, Савелий Никитич, ветерок, природа играет, красота! — говорил Серафим Афанасьевич Кузнецов, глава земства Орловского уезда, сидя за столом на веранде и откинувшись на гнутую спинку стула Tonet. — А мёд-то славен у тебя, а-аа-ромат высшего качества, поищи такой, пожалуй, что Елабужский с ним…

— Да уж, Серафим Афанасьевич, старика Варженина, нашего, за версту отсюда усадьба его, — и Савелий Никитич рукой показал в сторону Вятки. — Гречичный особо выделить надобно, большую партию опять же в Нижний удачно отправил, и с прибытком, а огурцам нашим-то какая польза, любо-дорого поглядеть, в конце мая уже вершка на четыре, и в весе всё растут и растут…

— А-а-а, а вот и ты, наша красавица! Попалася, и жужжишь шибко? Ну и давай я тебя выручать буду, полетай, полетай ещё, — и Серафим Афанасьевич таким лёгким движением руки сердечно и просто вызволил узорной и серебряной ложечкой пчёлку из фарфорового блюда, до краёв наполненного тёмно-зернистым пахучим мёдом. И не то чтобы она как-то была озадачена происшедшим или озабочена, но быстро пришла в себя и, как говорится, обернулась напоследок, взлетев гудящей и очень вкусной мелодией!..

— Ты смотри, какова, а, Савелий Никитич! Знающая куда летать!.. Так-так!

— Э, кхе-кхе, в раздолье луговое направилась, знамо дело, подруга цветастых полей…

Подул свежий ветерок, такой весёлый и искренний, чистый и открытый, и донёсся какой-то говор с площади, будто кто покупал телегу у купца Акинфиева…

— Всё ли у тебя готово, а расскажи, Савелий Никитич, Еремей Палыч уж больно знатный заказ прислал. Справитесь до 1 августа, засолите огурчиков? Пять тысяч бочонков, саженевой меры, одолеете нонче? А то давай землю на откуп отдадим, коли сможете поднять, в следующий годик у него планы обширны, скажу тебе, пол-Европы хочет нашими огурчиками одарить, засолка у них не та, не могут, засолют, а как жёстки, да и не вкусны. Прошлым летом угощал, вот потеха нашим в Нижнем была, да и цвет кой-то совсем не огуречный, одним словом, немецкая работа ихня…

— Да уж с февраля рассаду готовим, Серафим Афанасьевич, в баньках и клетях ставим, углями на ночь тепло держим! Ребята малые, а как пособляют. Истобенские ж мы ...А огурцов-то нынче, к середине лета, и того, поболее будет, чем в прошлом. Серафим Ржаной уж тысячу бочек изготовил, аж и ночью стучат, а клёпки запасли — года на три хватит. Вот и Еремея Палыча сегодня встретим, встретим, как и подобает — достойно! Марфа Веремеева пирогов испекла, всё в печи держит, чтобы горячие к приезду, купец Митрофанов Селантий колбаски полный набор, да и окороков с холодцом, опять ж рыбка, и стерлядь, щука, налим, огурчики, капустка, рыжики, нашенские. А для веселья, что подобает, вина хмельного и с пивом, три бочонка, а ещё и Мотя, балалаечник наш, с ребятами гармонистами, удалые. Скажу вам, Серафим Афанасьевич, часами играют, и всё без устали, игруны наши, весельчаки!.. Звонко у них получается, особливо «Игровая» наша, Истобенская!

— А Мотя, случаем, не Балагуров ли, — протяжно произнёс Серафим Афанасьевич, глядя в задумчивую даль, и чуть прихлебнул чаю, — не он ли на Вятке по приезду господина Фёдорова, в прошлом году, играл на гармонике! А и помнится изрядно великомо то событие, а Мстислав Никандрович, поверь, был очень, очень удивлён мастерству Матвея Балагурова, знаешь ли, а, Савелий Никитич?

— Хм-хм, это, что ли, Мотя, пастушок-то наш, вот стервец, так отметиться, и никому, и ничего не доложил, да и что сказать, хитёр, хитёр... Это, э-э-э, я ведь и послал за нашим Мотей, Фросю Метелихину, подготовиться, там, сыграться с дружками, Николкой и Ванькой, чтобы громко и с мелодией красивой на бережку быть... А-а-а-а, вот и они, приехали!

Коляска Афросиньи Метелихиной со скрипом уставших рессор и мелодией дорожных колёс, фыркнув неразборчиво, но со вкусом, встала под воротами.

— Э-ге-ге-е, а, Савелий Никитич! Приехали мы, — кричала Фрося. — Мотя ещё частушек насочинял! Хорош-ш-ш-и они!.. Ух, и горят же!..

Мотя взбежал по лестнице парадного входа меж старинного поручня и точёных балясин, стройным шагом полуокружий

ПРОЗА

стоящих на взводном марше и ещё светящихся чистой и первозданной статью.

— Ну, Матвей Сергеевич, милости просим! — разводя руками и привстав, Савелий Никитич одарил Мотю улыбкой сладкой и запоминающейся. — Заходи, мил дружок, рассказывай, как и весел нынче, а и кудри вьются-то у тебя! Игрун ты наш замечательный! — уже совсем растаял Савелий Никитич. — Ныне праздник у нас, сам Еремей Палыч к нам едет, погостит у нас денька два, а нам и радость. Вот и Серафим Афанасьевич к нам приехал, изволь любить и жаловать...

— Наслышан, Матвей Сергеевич, наслышан, твоим усердием знатным и мастерством, выше всяких похвал сей фавор русской балалайки! Да вот-с! Живём в лесном краю, а коснись тонкости ремесла — кудесники и волшебники вокруг! Умеем братец, умеем, живую стезю нашей сторонки воочию дать и показать примерно! Трудись, милый друг, на благо Отечества нашего, родного, трудами и потом добивайся признания! Рад и рад приветствовать тебя, Матвей Сергеевич, порадовал...

А Мотя и опешил, похвал он, конечно, слышал много, но от самого главы земства, ну да и бывает!..

— В о-о-бщем, Матвей, надо сыграть и весело, и с настроем праздничным, душевно и с полётом, а и пой частушки свои, струною наигранной, звенящей глубоко! — напутствовал Мотю Серафим Афанасьевич. — Хороши они, слыхал не раз, да и вот, и исполни нам сейчас, и послушаем!

И Мотя запел, пританцовывая немного в балалаечном строе, лихо ставя аккорды на золотистых ладах её, блестящих от игры его пальцев, и сама она, медового цвета, обтёртая и старинная, излучала неведомый свет и настрой, такой родной и благодушный, широкий и всеохватный, памятный и добрый!..

А коро-о-овы и бычки-и-и-и
Мне огу-у-у-рчик принесл-и-и-и,
Истобе-е-е-н-ский, настоя-я-щи-и-и-й,
Светлой зе-е-еленью блестя-я-щ-щ-и-и-й!

Э-э-х-хх!!! — и Мотя с усердием и как будто натянутыми вожжами управлял своим слогом, льющимся широко и плавно, как весенняя река обозначала свой порыв и стремление увидеть нижележащие дали, в той глубокой и искренней силе, приоткрывающей безразмерность и величие Русской земли!..

***

Избушка бакенщика Михайла Петровича Стрежного стояла на берегу, где река широким и всеохватным жестом, в своём закруглении, уплывала весела и нарядна в поворотную даль. Песочек и кустики ивы, комья глины, осока и длинные пряди водорослей придавали сказочный настрой в общей картине происходящего. Рядом сушились бакены, летал волшебный ветерок, и поющий лес клонился к реке, кудрявой и таинственной…

Бакенщик Петрович сидел на лавке. Он руками заделывал морду из ивовых прутьев, и даже отсюда был слышен запах его керосина, пополам с чёрной дегтярской смолой. Перст белой колокольни возвышался на пригорке, и мурлыкал кот Фимка, облизывающий здесь свою драную лапу.

— Опять, разбойник, дрыхнешь, — искоса пробурчал Петрович. — Неделю где носило? Хоть бы мышь одну принёс, разлёгся, супостат кошачий, ба-а-а-рр-р-сук, — он уже начинал гневиться. — Вот не пущу сегодня домой! А Девка Русалка придёт, и что, в село опять дёру дашь? Ужо она придёт, сегодня, у-уу-у, котяра!

Петрович и сам понимал, что придёт, два раза была уж, жди третьего. Как-то за полночь, когда лунная дорожка стелилась по реке и плыл туман в ночи, в окно тихо постучали. На столе стояла керосиновая лампа. Её красновато-оранжевый отсвет обозначил лицо, женское, мокрое, со скрученными волосами, не прибранными, и взглядом, внимающим происходящее внутри. Глаза говорили о многом и были неведомы в череде обликов, виденных Петровичем за свою жизнь. Восьмой десяток разменял, и сомов двухпудовых излавливал, и в ледоход по реке в лодке опрокидывался, и в круговерть речных глубинных ключей заплывал, но тогда почувствовал, что не человечье лицо тут, и всё... Она улыбнулась, или сгримасничала, провела по стеклу рукой и исчезла. И Петрович за ночь даже не прилёг, просто ошарашен был, ни дать, ни взять пожаловала. Только с той поры запираться стал на ночь, да и кол под рукой держать.

Разговоры о русальих игрищах ходили по селу, но всё как-то вокруг да около, и объяснялись они впечатлительностью людской натуры. Правда, случай с Ивашкой, сыном мельника Степана Хомутова, многих заставил по-другому взглянуть на старые байки.

Пошли ребята купаться на Старый затон, по течению реки недалёко, да и протока там вся заросшая и обмелевшая. День, солнышко, птички поют, и сперва песчаная отмель, а потом и глубина сразу, Лешим омутом зовут. Чистая гладь, и ни волны, как зеркало наливное, дна никто не доставал, а вода черна. Брызгаются так, кричат, плескаются, да вдруг Ивашку кто-то за ногу дёрнул, за пятку, да и тащит в глубину. Ногу успел выдернуть, орал, да ребята помогли, и бежать по мелководью, а как оглянулись, видят, голова чья-то, из-под воды поднялась, и волосы зелёны в тине, да и перевернулась с всплеском, как будто сом плещется... Только остерегаться стали с тех пор стоячей воды и глубин. Ну, конечно, мужики сетями и баграми всё проверили тогда, да ничего, только пузыри шли, много, будто кто дышит там...

— Ну-у-у, Михайло Петрович, — ласково и даже празднично раздался оклик. — Как живёшь, чем дышишь? — подходил и улыбался своими усами урядник Тимофей Морозов, чуть скрипя сапожками. — Здравствуй, дорогой, здравствуй!..

— А-а-а-х ты, батюшки!!! Тимофей Евграфьевич, пожаловал, доброго здравия!.. Петрович выпрямил спину, откинувшись на бревно избы, и посмотрел на приседавшего рядом Тимофея.

— Как здоровьице, а, Михайло Петрович? Всё плаваешь, пароходики встречаешь? — поинтересовался он. — Речную Девицу ещё не изловил? Тимофей знал о Русалке, да и всё село знало, Петрович не таился: пришла — значит, надобно. Он немедля отправил в Вятку циркуляр об этом случае.

— Ты, дедушка, сильно не пужайся, бывали и не такие чудеса, в наших-то лесах чего только и нету, и лешего люди встречали. Вон в позапрошлом годе у Опарихи бабы на болоте то ли чёрта, то ли лешака встретили, и не суются более в лес-то, а, — рассмеялся он. — Сторонка лесная наша, она далёко тянется, а болот и угорьев без счёта. Хотя живое существо она, но тож божья тварь, и неведома нашему уму и пониманию.

И будто в завершение его слов, над речным обрывом, среди кустов ив, возникло лицо, смотрящее прямо на них. Как-то и бесшумно оно показалось.

— Н-у-у-у ты смотри, прямо днём разгулялась, — оторопевший Тимофей потянулся рукой к кобуре, расстегивая её быстро и с налёта. Он вскочил и бросился к кустам, держа перед собой револьвер. — Стой, девка, стой! Не уйдёшь от Тимофея-урядника! Лицо исчезло, как и не было его, только ивы шумели от ветра. Он пыхтел и кричал про полицию, свою смекалку и удаль Орловского гарнизона...

Колокольный звон раздался тихо и незаметно. Призывом, в котором горел огненный сокол, летал, чистя душу земного края, и без устали летал, шибко охотчив был, как живой. Тимофей обернулся и как-то обмяк весь.

— Петрович, пора! Едет наш мил дружок, безостановочно, пароходик вон его и с дымком разошёлся! Надобно встретить по чести Еремея Палыча! Сбирайся, Петрович, гостя дорогого встречать будем!..

***

...Речка Кузиха как-то разлеглась своим пейзажным началом, сонмом своего лесного сна, зеркалом вод в тенистых кружалах, а речка Золотиха кружила веретеном по заливным лугам, среди высоких трав и цветов, изгибалась белым песком, как волшебная рыба небылица, журча и образуя тихие заводи саженной глуби. Озеро Золотое стояло поодаль в леске наверху и плескалось в игре с берегами. Мельничный ворот, весь чёрный и мокрый, гудел валом, и брызги вод показывали своё право рождаться здесь Кузихе и Золотихе. Дубы, сосны, липы шапками парили вверху, слушая падающую воду, и грохочущее

ПРОЗА

скрежетание каменных жерновов, крутящихся себе навстречу с добротой старинной, гладкой и пахнущей зерном.

Вся изба изнутри была покрыта слоем слежавшейся серой муки, ставшей уже коростой, похожей на затвердевший панцирь белой рыбицы белуги.

Степан Хомутов сидел за столом у окна и подсчитывал муку в пудах, сколько выход был из зерна. Его кудри и бороду запорошила мука, он смахивал её по привычке, уже давней и приросшей к нему сыздавна. Холщовая рубаха была сера. Он огладил бороду и кашлянул, повернул голову и выкрикнул:

— Ивашка, у Зипунова сколько осталось?

— Ещё восемь мешков, батя, — натужно прокричал Ивашка, сын его, весь в муке и мокрый от пота, жилистыми руками опрокидывая мешок в лоток, вены набухшие на руках синели верёвками. — А восьмой опрокинул, записывай, все в полоску они красную. Всего тридцать мешков по три пуда, девяносто пудов, на торг обещал скидку дать, — и стал лопаткой деревянной ровнять лабаз с зерном.

Рядом с мельницей стоял их дом, огородец с колодцем, ледник, сеновал. Запахи нового сена и муки сливались в какой-то новый аромат природного обновления, днём и ночью, летом и зимой. По именам их в селе не звали, просто «мельники», старый и младой.

Озеро уходило в лесную чащобу, заворачивало удилом сбруи и терялось в лесах. Стояли плотинки-перемычки в узких местах, чтобы не сливать воду всю из озера.

Купались они с брызгами, отмокали, вертелись и в глубине у родников, холодных и ледяных. Сидели под навесом и смотрели на всё — на колокольню, село, луга без края, реку...

Пять лет назад чистили ближний пруд, спускали воду. Пришёл народ, ребятишки, сгребли тину, водоросли, деревья, всякого хламья, поди с основания села первый раз. Рыбу на подводах по селу развезли, небывалых сомов, щук, судаков и прочего, да и увидели камень, чудно большой какой, округлый и вытянутый, с узорами и буковками непонятными. Антип-засольщик походил вокруг, потрогал руками надписи, гладил их и улыбался себе. Притулился спинкой к камню и просидел так до ночи, будто спит, а утром сказал как приказал.

— Камень увезти в лес, на взгорочек с полянкой, недалеча.

Впрягли двадцать лошадей, поставили на полозья и поехали. К полудню нашли место и установили сей камень. Обхаживали камень вокруг, сидели на нём, рассматривали находку и порешили, что камень тёплый, руки греет. Ну и чудеса!

— Что за камень, Антип, поведай нам, сказку или быль-небылицу мудрёну.

— Камень сей наш давнешний, сколько лет, сказать не могу, но старый-престарый, силу имеет могучую, горячую и радостную. Быть ему здесь всегда, пришло к нему время его, каменное, а нам всем доброе. Приходи к нему кто захочет, муж да жена с чадом своим, молодец да молодица, дед да бабка, зверь лесной, дикий и лютый, птица лесная, всех приютит, поможет разумением своим, как и старым людям рёк он, так и нам будет.

Так и встал там камень, порос мохом и родился сызнова Антипов-камень.

— А буковки и узоры наши они, старинные, шибко старинные, волшебные, — говорил Антип-засольщик.

***

Серафим Ржаной стоял посреди двора на зелёной траве, с широко расставленными ногами и руками в бока, как фигура-изваяние, такой деятельный колосс, уверенный и непоколебимый богатырь! Его кожаный фартук блестел на солнце, как дополая кольчуга цвета многих сражений. Волосы вились, пот стекал по лбу, глаза яро блестели огнём небывалых усилий и напряжений, и курчавая борода сотрясалась от его говора.

— Андрюха! Жечь сёдня бум! — разлетелось вкруг тихим и дальним грозовым разрядом.

Посреди двора стояла на берёзовых пеньках бочка, и не то чтобы она была большая, а просто небывалых размеров, ещё не виданных в округе, да и нигде. Для Нижегородской ярмарки подрядились отправить барыню-бочку полутора тысяч вёдер малосольных огурцов, высотой до двух сажен, а в поперечни-

; ПРОЗА

ке до полутора доходило, как дар жителей села Истобенского, к её открытию. Бежало время, и работали день и ночь, не покладая рук. И вот сегодня дальним эхом разлетелся глас Серафима:

— Жечь сёдня бу-м-м-м, — по кругу двора, отразившись от колокольни, и дальше от берёз, заборов, берегов реки, и улетел в даль, где облака кудрявой росписью слились с Землёй!..

Огонь лизал бока боярыни-бочки, вёрткий и спокойный, горячий и острый, раскалённый и тёплый, грел он своей огненной душой, румяня бока её, закаляя дух ейный. И бородатой вязью стелился дым окрест...

***

Раскачивались листья лопухов, их соцветья рдяными углями блестели в фиолетовой глубине мирского начала. Небеса натягивали свои шатры синей воздушной ткхани, медленно и аккуратно, не торопясь и бесшумно, в задумчивой и трепетной иллюзии нового времени. Покой разливался тёплым течением и обволакивал собой сараи и склады, лабазы, избушку бакенщика Петровича, поленницу дров старика Ефима, тут же стоящего и взирающего на благодать реки, покосившийся забор у берега, подпёртый оглоблей, и кочки травы, с пасущимися здесь козлами и козами бабки Анфиски. Сгорбленная и перевязанная выцветшим платком крест-накрест, в широкой домотканой юбке, повязанная синим платочком, она походила на большого воробушка, прискакавшего на бережок и опустившего крылья свои.

— Ефимка! Ты почто мою траву вчерась сгребал в низку-то?

— А низок-от мой будет, сама же и отдала прошлый год, — Ефим поднял свою клюковину и, показывая ею на полянку, продолжал. — Фиска, неуж обратно заберёшь, ай, Фиска, Фиска, — покачал он головой.

— Да уж и ладно, Ефимка, передумала я, — Анфиска одарила его взглядом и присела на бревно.

— Только козлы да козлухи мои пусть бегают тута...

— Слышь, а, Фис, пароход-то скоро ль пристанет?

— А и вона, слышь, пыхтит как? — она повернула голову к реке. — Вон, вон, уже милой и подбирается, пароходик ты наш...

Из-за поворота реки доносился шум, хлёсткий и зыбкий, будто хлестали воду в кадке, отмачивая веник в бане накануне Троицы, празднично и узорно, похожее на легко летящее звучание, белой голубкой скользящее по водной глади.

— Ох ты, да и в правду, поспешать надо, мешков пять огурцов у меня припасено в леднике, идём, Фис, Орлика запрягать ещё, — улыбнулся Анфиске и довольно продолжил: — Еремей Палыч, обратно едут, с чем и возвращаются? — и оба, накренившись, походкой уставших людей пошли к своим домам: Ефим на улицу Никольскую, Анфиса — на Брежную...

***

Легко шёл пароход по речной волне, парил, летели брызги, ветер дул в лицо и дребезжала палуба классической музыкальной октавой. Работал паровой двигатель сормовских заводов. Крепко стучали клапаны под неимоверной мощью обжигающего пара. Кричал котёл, полный силы и удали! Дым из трубы валил чёрным облаком, пахучий и серьёзный.

Еремей Палыч Варганов стоял на капитанском мостике, широко расставив ноги, и всматривался в крутые берега. Глинистые обрывы, покрытые лесом, проплывали вокруг. Светило яркое солнце, и облака в высоком небе меняли свой узор каждый миг.

— А ветер крепчает, Еремей Палыч, — почти крича, произнёс капитан Фёдор Бурлацкий.

— А, на Вятке ветер хорош, любо раздувается, по-нашенски! — ответил Еремей Варганов. — Против волны идём, хорошо-то как! Летит, чередуясь с изначальной статью брега нашего, дружище. Поём, ты друг наш.

Широк ты простор, река и река,
Леса и поля, всё берега,
Накатит волна, накатит волна,

ПРОЗА

Сегодня крута необычно она!

Обрывы красны и зелёны луга,
Лети ты, простор, через все небеса,
Родную сторонку, заветную даль
Увижу я скоро, только руку подай!

— Исто-о-о-бе-е-е-н-с-с-к-ъ-ъ! — закричал Фёдор Игнатьич под шум колёс парохода, показывая на дальний правый берег. — Приплыли Еремей Палыч, хорошо шли, резко взяли, за пять часиков дошли от Котельнича, кочегарам по рюмке водки в Истобенске, — кричал он уже на ухо боцману Баранову. — Да и премию по рублю каждому!

Пароход залпом прогудел белым паром, замедляя свой ход, и уже были слышны удары колокола, светлые и впечатляющие размахом.

Над звонницей кружил сокол, литой и тяжёлый, вездесущий и острый, своими крыльями разрезающий густой и обволакивающий воздух. Звонарь Митька Ерофеев, с бородкой и длинными волосами, яростно и самозабвенно ударял в пять колоколов, языки раскачивались и высекали из губ огненный звон. Он приподнимал то ногу, то руку, вращался на одном месте, как заводной, и Митьке показалось, что сокол, пролетая мимо, вдруг прямо взглянул своим глазом на него.

— Лет-у-у-у-н, разлетался тут, да и я тоже летаю, видишь!..

***

— Э-э-ге-ге-е-е-е-й!!! — кричал Еремей. — Здорово, братцы! — он уже различал лица своих друзей, старых приятелей, и махал им руками. Был рад и доволен.

— Вернулся, вернулся! — кричала на пристани бабка Анфиска. — Удалой наш соколик, смотри, Ефимка, вон он, — она показывала на пароход, и в глазах её светилась радость.

— Ура Еремею Палычу! — воскликнул Серафим Афанасьевич Кузнецов. — Ура дорогому гостю! — и народ подхватил радостную молву криком хриплым и надёжным.

— Ур-а-а-а! Уря-я-я! — кричали сельчане. Все пришли. Стояли на бережку, махали руками, шапками, и конь Орлик тут же. Громко и весело он вдруг заржал, будто проснулся, образуя голосовыми связками свои конские удивление и восторг. Знал он Ерёму давно, почуял друга своего, старого, молодым катал его по буграм и горкам истобенским, легко стало Ерёме от его крика.

— Ишь ты, и Орлик! — глаза его заблестели. — И ты тут, Акулинка! Ай да красавица! — Акулинку нарядили красной девкой встречать дорогого гостя хлебом-солью, старинный сарафан, с кутафьей, кокошник, шитые серебряной нитью, хранившиеся в сундуке у бабки Меланьи ещё с катерининских времён.

Трепетали флаги над пристанью, в середине имперский, в чёрную, жёлтую и белую ленту, и два торговых — белой, синей, красной полосы.

Уже были установлены сколоченные на скорую руку деревянные столы и расставлены угощения. Малые дети бегали под ними и играли. Солнце стояло в небе ещё высоко, и удары колокола широкой поступью обходили местные дали...

— Славные жители села Истобенское, любо и дорого видеть мне вас в полном здравии и спокойствии! — голос Ерёмы, глубокий и трепетный, удачливый и нарядный, летел взвешенно, нарядным факелом, светящим круг себя.

— Был, стал и буду вашим работником до вздоха последнего. Верным человеком и последователем ваших дел и начинаний! Любящий вас и живущий во благо ваше Ерёма Варганов сторонку нашу родную навестил!..— Он поклонился, размашисто и легко, глубоким жестом, вдохновляющим и правдивым, скомканный картуз в левой руке, а правой распластанной пятернёй держась за грудь, до самой земли, и налетевший порыв ветра с реки обдал его!

— Она, родимая, без нас никак, а вот мы-то как без неё? Тяжело и безысходно нам от того, горестно дажь. Вот дед Антип пришёл, Елизар Смирнов, Семён Удалый, — глаза Ерёмы вбирали картину происходящего. Бабка Алёшкина, Кунгуров Лексей, Иван да Марья Лесные, Козлобоков Вероним, Петро Ходоров, Митюха Заречный, Боровой Иван, Федот Речной да Степан

ПРОЗА

Луговой, жёнушки да распрекрасные девицы, любо видеть и внимать вам, мои сердешные!..

— Огурчик, вот я беру, вкусный, хорош, буде правый мой выбор, люблю сей значимый показ жития нашего! Летит и сияет цвет его, сторонкой синей и далёкой, горит огородная вершина жёлтоцвета, показ нашего удальства вятского. Речной каёмой взращён и лугом показан, далью неохватной. Широкой и доброй стороной! Довесом полным и значимым...

* * *

...Все расслабились, народ расселся за столы, полились песни, расцвеченные житием местным. Коровы уже доеные замычали, сходило на подпев ихний, собаки радостным лаем говор свой сильно обозначили. Петухи, будто проснувшись, колотили крылами и радостное «ку-ка-ре-ку-у!» летало и планировало вдоль реки. Орлик заржал в старинном обличье, с хриплым отождествлением прожитых зим и лет. Лошак по старой молодости ярью стремительной крепко поддержал своего друга. Даже кот Баюн изогнулся на коленях Анютки и промурлыкал своё царственное «мя-у-у!» Чистое и природное звучание сей земли и сего времени свилось в тот непередаваемый звук мира нашего. Пошла лёгкая рябь по реке, и листья берёз вздрогнули не от ветра.

Антип и Ерёма сидели с краю столов и что-то объяснялись шепотом, они были одни.

— Как Ерёма тебе? — вопросил Антип.

— Да хорошо! Ужо даже не верится, надоело жить там по заграницам, на отшибе да в чужбинах тамошних, ветерка нашего с огурчиком не хватает, речки да комариков с Мотей!

Антип смотрел с прищуром, и думка владела им: «Что Ерёма ответит, как поймёт-то его?»

— Как, Ерёма, ты сам-то? — Антип посмотрел ему в глаза. — Не передумал, веру держишь?

— Держу, дедушка, держу, без веры не приехал бы.

— Уговор в силе?

— А как же, со мной всё туто, документы, бумаги, скреплены на все годы, число и год определены, да и сколько под них накинут ещё, удвоится капитал, да поболее, процент большой. — Вот деда сертификаты, гарантии, печати сургучные, дата прекращения вклада. Цюрих, Швейцария, на 29 лет, 1941 год, 22 декабря, и запись о передаче всех накоплений в Россию, Москву, министру финансов, заверено в банке, господином Альтштруссе, с подписью, а главное, вкладчик неизвестен, ни имени, ни адреса. Там, деда, вклад оценен был на пятьсот миллионов золотых рублей, а за годы он удвоится, это ух ты скоко много и премного.

— Ерёма, это капля в реке нашей полноводной, которая сметёт ворога с земли нашей, тягостно будет ей, и народу нашему во времена те. Две войны скор уже буде, а ты, наш главный помощник, сильно не горюй, два годика у нас да в Европах поработай, а за полгода весной 14-го уезжай в Америку, там начни дело новое и не забывай нас всех, так тебя направляю я, деньги те шибко помогут России, токо другой, но Родине нашей. Не уедешь, погибель ждёт, так и знай...

Начинался рассвет. Проводил кто-то пальцем по востоку и осветил горизонт. Звёздочки, грустя, кланялись свету, и непреодолимая грусть охватила Ерёму, большая, чугунная тяжесть холодила изнутри.

— Не тужи, дружок мой, — тихо молвил Антип. — Чему быть, того не миновать. Хоть и немного, но помощь изрядна твоя, Ерёма, услужил и земле твоей, и реке, а времечко придёт — и шибко твои огурчики помогут, — он посмотрел Ерёме в глаза и тихо шепнул. — Помощь придёт, откуда и незнаемо...

Они встали, обнялись и расцеловались. Пароход у пристани лязгнул цилиндрами холостого хода, и гудел, гудел, гудел белым паром безостановочно...

— Про-ща-ай, де-д-а! — кричал Ерёма. Антип, полусогнувшись, присел на досочку и смотрел, как пароход стремительно отходит, с волной качающейся и сверкающей уже на восходе солнца, алым стягом. Слеза чистая и прохладная стекла по щеке...

А Митька Ерофеев не спал, три раза колокола золотым звоном обгоняли пароход, суля тому удачу и путь праведный.

ПРОЗА

***

В середине ночи 22 декабря 1941 года в приёмную наркома финансов СССР вошёл курьер дипломатической службы с пакетом, перевязанным шпагатом и облепленным коричневыми сургучными печатями. Отдав честь секретарю, он громко произнёс:

— Срочная дипломатическая почта из Швейцарии от нашего атташе, товарищу наркому финансов СССР, лично в руки. — Курьер с секретарём вошли в кабинет.

— Мною доставлена дипломатическая почта от нашего атташе в Цюрихе, лично Вам, товарищ нарком, прошу расписаться в получении, — нарком тут же черкнул в папке курьера. Бумаги были на немецком и дубликаты на английском. Чётко проступал узор Швейцарского банка, гладкая лощёная бумага переливалась оттенками золотого и серебряного цветов, печати, подписи, водяные знаки создавали чудную иллюзию и нереальность происходящего. «Какая-то фантазия заблудшего ангела», — подумалось наркому. Он чётко смотрел на надпись, сделанную рукой: один миллиард сто пятьдесят восемь миллионов золотых царских рублей... если конвертировать в доллары, то около полутора миллиардов... Всё это предлагалось ему, народному комиссару финансов СССР, прямо сейчас, перехватило дыхание, не может быть, где ошибка... Прочитал по-английски: «Сим сертификатом подтверждается закрытие анонимного счёта, открытого 23 июня 1912 года, в 11:45 по среднеевропейскому времени, в главном офисе банка, Швейцарская конфедерация, г. Цюрих, ул. Грандмастер, д. 12. Вклад в сумме 560 миллионов рублей Российской империи золотом и процентов за прошедшее время закрыт по распоряжению вкладчика 22 декабря 1941 года в 11:45, и перенаправляется указанному лицу, а именно Вам, по желанию лица, сделавшего этот вклад. По сегодняшнему курсу валют сумма с процентами составляет 1 миллиард 587 миллионов 963 тысячи долларов США, ждём указаний по обслуживанию вклада и техническим вопросам. Главный казначей банка: господин Франц Штрайерс». Печать и подпись.

***

Ночь. Сергей Ермохин, старший лейтенант, 36 лет, уроженец села Истобенск Орловского уезда Вятской губернии, стоял перед своими экипажами новых Т-34/76, окрашенных в серо-белый цвет. Они терялись среди снежной равнины, в балке было тихо и безветренно. Его десять танков глядели пушками на запад, баки залиты горючим, всё целесообразно и натянуто, как струна нового фортепьяно. По его приказу по бокам башен зелёной краской написали закруглённым шрифтом «ИСТОБЕНСКИЙ ОГУРЕЦ», и нарисованный огурец сам был зелёный, в белых пупырышках, с хвостиком.

Он прочитал перед строем приказ верховного главнокомандующего о наступлении, продвижении вперёд на сто километров и занятии предместий Котельниково в течение полутора суток.

— Всего участвуют около двухсот танков. Наша задача: после артподготовки прорвать оборону и выйти на простор, за нами последует второй эшелон, сто танков, лыжники, части поддержки, узлы сопротивления обходить, только вперёд! Приказ понятен? Ну, тогда покажем немчуре наши огурцы солёные! За Родину! За Сталина! По машинам, вперёд!

Взревели полутысячные дизеля, рваным и хриплым воем, синим дымом, грохотом и лязганьем траков вырывали чёрную землю на белый снег, мешая его и превращая в месиво войны. Молот артподготовки сиянием и громом неба с востока ударялся в западную наковальню, круша и выворачивая наизнанку всё её существо. Справа и слева, впереди и сзади, десятками, сотнями возникли стремительные корпуса стальных и ярых, изрыгающих стену огня танков, несущихся над снегом, будто по воздуху, управляемые какой-то нечеловеческой, иррациональной силой.

Ночь. Снег. Равнина. Спящие холмы, и небо лохматое, чёрно-серое, стелющееся к горизонту. Одиночные выстрелы нескольких пушек, шаркнули болванки по ободу башни, срикошетили редкие трассирующие пули, и всё: «Всё, — подумал Серый, — только вперёд и вперёд». В башне трясёт, мотор грохочет криком разбуженного медведя, горячий воздух из-под цилиндров обжигает щёки, он смотрит в стёкла командирской ба-

ПРОЗА

шенки — что впереди? Светает. Хмурый рассвет. Сверяет по карте и компасу направление, ищет ориентиры, скоро речка Маросиха, с разбегу и на другой берег скоком, глубина метр, не более, на скорости и динамике проскочим. Урча и газуя, с лёту на другом берегу. Наши танки впереди, уходят и уходят вперёд, недалеча справа рёв с натугом, № 63... «Это Никола с Мурома!» — пронзает его последняя мысль... Глухой и тяжкий, обжигающий раскалённо-жёлтый шар врывается внутрь с левого борта, воздуха нет, кожа с лица медленно плывёт вниз, рук он не чувствует, сознание покидает его легко и без оглядки. Митяй и Влас выпрыгивают из переднего люка, открывают башенный люк. Митяй падает подкошенный, Влас, нагнувшись, руками вытягивает кого-то за плечи, за бронебойным щитком, и оба падают в снег, крича от болевого шока...

***

Белый снег обжигал своей холодной сущностью. Кровь цвета вишни веером расплескалась вокруг. Серый лежал навзничь, распластав руки. Будто в полёте парил, легко и нежно. Пальцы, исковерканные разорвавшимся снарядом, теряли тепло. Пахло расплавленной сталью, горькой корой обгоревших яблонь, и веял дым ушедшей жизни. Речка Маросиха текла тихо и обыденно, не далеко. Рябь солнца переливалась на волне, и снегирь, появившись внезапно на ветке ивы, обдал её молчаливым взмахом крыльев. Кружева из инея блестели в морозном воздушном воздухе. Синие небеса поднимали свое воздушное виденье, безграничное и бездальное.

***

Антип видел, как сквозь жёлтый туманный свет брёл Серый, ковылял, нагибался и, пошатываясь, приближался к нему. Он подошёл со своей неразлучной палкой и тихо обнял его. Глаза у Серого округлились до неимоверных размеров, в них были удивление, восторг и радость.

— Деда, деда, что это такое, я же сгорел, почему ты здесь? Это же невозможно, не может быть!..

— Может, может, — улыбаясь смотрел ему в глаза Антип, губы его не шевелились, но дуновение мысли проникало в голову Серого, он всё понимал и осознавал.

— Здесь другой мир, но он как бы тот, наш, и всё так же здесь...

Они присели на взгорке ярко-зелёной травы. Кругом простирались жёлтые поля, и лес синел вдали. Чистое небо и солнце где-то вверху смотрели на них.

— Тут ведь красивая жизнь, и село наше тоже есть, вон там за леском, а тебя я ждал со вчера, ходил туто вон и встретил.

Серый обнял колени и сидел так, смотря на землю.

— Твои тут недавно проходили, и все ушли далее!.. А тебе, видно, время не пришло ещё, хоть и тяжело там, на Земле, а надо возвратиться обратно, скоро спасут тебя тама, поживёшь ещё скоко, отца с матерью увидишь, радость принесёшь в их дом.

— Деда, а ты всё такой же, какой и был.

— Мир здесь другой, особливый... А теперь возвращайся, время не ждёт, задержишься — останешься. Спустишься к тем деревцам, там ручей, его перейдёшь, и тебя найдут. Они обнялись, и Серый немедля ушёл...

***

Уже темнело, но солнце ярко освещало снег. Кто-то полз тяжело, и дыхание было слышно кругом. Огромный и чёрный, сгоревший танк Т-34 горестно утопал в растаявшем снегу.

— Ребятки, ребятки, есть кто живой? — кричала Анфиска, уже охрипшая санитарка, без шапки, с растрёпанными волосами, в расстёгнутой телогрейке, с мешком в руках. Вся в скатавшемся снегу с землёй, как куколь, обмазанный сажей, и тут она увидела Серого. Сгоревший комбинезон, обгоревшие лицо и волосы говорили о страшном. Она ползла к нему. Нащупала сонную артерию и почувствовала лёгкий толчок, три секунды, ещё. «Жив, жив, жив». Она, нагнувшись, на коленях поползла вокруг танка. Двое без пульса, все обожжены и в крови. «Где четвёртый и пятый, где?» Она полезла к башне, люк открыт, она заглянула и крикнула криком, похожим на рычание, лучше

ПРОЗА

бы она не смотрела туда, там был угольный человек. Она упала, крича в снег, и поползла к единственному. Смазала открытые ожоги мазью, завязала подобие мешка и потянула его в медсанбат...

В По-2 уже было шесть раненых: кто без рук, ног, тяжелейшее состояние. Седьмого, а это был Серый, решили разместить под фюзеляжем на досках, обвязанных вокруг самого фюзеляжа, обмотали телогрейками, шинелями и чем попало. Через десять минут самолёт поднялся в воздух. Лететь около полутора часов.

Была ночь. Чёрный ветер бил в лицо, резал и мял его свинцовыми заклёпками своих лат. Пули, отлитые из холодно-раскалённого металла, рвали его в клочья. Воздух колючим и наседающим ежом протыкал всё на своём пути. Гудел мир, напряжённый до предела, вибрациями ужаса и смерти всего живого. Все звуки слились в непонятный вой, бесформенную кучу тоски и обмана, холодного блеска чудовищной силы. Его ноги не чувствовали себя, как и руки. Обвязанный и перевязанный верёвками, прижатый к днищу самолета, он сжался, превратившись в комок одного желания, когда уже ничего не хочется на Земле, и ожидание конца превратилось в бесконечный миг... Он сорвал голос, крича и ругаясь всеми словами, которые ещё помнил, хрипящий рык, похожий на волчий, улетал вдаль под рокот моторного рёва, задевая собой верхушки мятущихся елей и сосен... Забытье поглотило его.

Он очнулся от неимоверной боли везде, кто-то через бинты гладил его по голове...

***

...Перед самым утром высыпали на небе звёзды и звёздочки, тёмно-синей рапсодией, увертюрой ночных скрижалей открывающихся зарниц и падающих мгновений ясных грёз, в золотистом тумане, сотканном музыкальной сферой водных паров и светящихся фотонов первых лучей солнца! Их путь лежал через мировую ось незыблемости четырёх сторон света, ночной круговерти далей горизонта и прохлады опахала мирового воздушного океана!.. Огуречные листья слегка покачивались и походили на дивные тропические джунгли, с лианами, стеблями, разноусыми типажами, будто привязанными невидимой нитью к стволу огромного живого существа, зелёного и дышащего... Бесшумно распускались жёлтые пятилепестковые цветы, изгибаясь и раскрывая свои соцветия, как чудная метафорическая быль сказочного ландшафта, где горами были грядки, а долинами и реками — ручьи вечернего полива накануне... Капли воды стекали по стволам огуречных деревьев, самих огурцов, всеохватных широких листьев, притаившихся голубыми глазами, срывались и падали на чёрную влажную землю, с тихим и проникновенным шёпотом. Зелёными стерлядями, с упитанными боками, какими-то спелыми неровностями и блестяще-матовым воздушным ореолом цвета и вкуса, упругой стати и силы, медленно и верно огурцы становились всё величавее и краше, даже слышался звон внутри их, быть может, струй родниковых вод, омывающих их внутренний мир, и главный был здесь Царь-Огурец, самый первый рассадный куст, посаженный на гряде...

Кусты шевелились, потягивались распевной и звучащей струной, закидывали свои усища во все стороны и созерцали своё зелёное урожайное обилие.

Пронеслась сойка, стряхнув крыльями капли воды, и первые лучи солнца багряно-оранжевыми красками озарили сад!..

И щебетанье птиц разлилось по округе, с жужжанием пчёл и шмелей, с шелестом березовых листьев и гудком далёкого парохода за излучиной сверкающей реки!..

Кирово-Чепецк, июль, 2018.

Наталья ДРАГУНСКАЯ

Коренная москвичка, но уже 32 года живет в США, из которых 30 лет в Калифорнии. Много лет работала (преподавала, писала учебники и программы по изучению русского языка) в Военном институте иностранных языков в должности доцента, так как по профессии преподаватель русского языка и литературы. Сейчас занимается литературной деятельностью. Публикуемые в этом номере альманаха её рассказы — из цикла "Длинный свиток воспоминаний"

ПРОЗА

ПИАНИНО

Девочка сидит перед пианино и сосредоточенно тычет одним пальцем в клавиши. Играть на пианино она не умеет. Пианино стоит в дедушкиной комнате, а в ее комнате, где она живет с родителями, пианино нет. Нельзя сказать, что ей очень хочется учиться музыке (в шесть лет есть дела и поважнее: бегать наперегонки с подругой Танькой по бульвару и кричать во все горло – просто так, от радости жизни; скакать через веревочку – кто дольше проскачет; читать все вывески, которые есть на улице – сначала справа налево, а потом слева направо; слушать сказки из старой затрепанной книжки, которые читает ей мама, замирая каждый раз от предвкушения тайны, когда мама произносит хорошо знакомые слова "в некотором царстве, в некотором государстве жили – были..." и так далее, и так далее, и так далее...);да мало ли у нее есть дел, которые необходимо переделать за день, так чтоо пианино она и не думает – посадили, сфотографировали и ладно. Но ее мама почему-то о нем думает, и девочка слышит, как она шепотом говорит папе, что ребенка надо учить музыке, и есть инструмент, на котором ты сам учился в детстве и который теперь простаивает без дела, и непонятно, почему твой отец, то есть девочкин дедушка, не хочет развивать ярко выраженные музыкальные способности своей единственной внучки. Девочке слушать эти разговоры про пианино и про дедушку неинтересно, ей гораздо интереснее приходить к нему на завтрак в воскресенье – пройти по общему коридору, где кроме их и дедушкиной двери еще три другие, скрывающие, но отнюдь не заглушающие бурное течение жизни соседей по коммунальной квартире: составителя географических карт, воевавшего в каком-то штрафном батальоне во время войны; бывшей польской графини, живущей с невесткой и внуком в комнате, перегороженной шкафом; дедушки с его второй женой; несчастной Александры Михайловны, сошедшей с ума от голода во время войны, и самой девочки с папой – капитаном и мамой, – войти, сесть за стол, накрытый накрахмаленной белой скатертью, положить на колени такую же накрахмаленную, и от этого как бы жестяную салфетку, и терпеливо ждать, пока ей на тарелку положат тоненькую, изящную, исходящую паром сосиску и белейший кусок французской булочки, издающей сумасшедший аромат свежеиспеченного хлеба; после чего, не спеша, намазать булку маслом, а сосиску горчицей, и не сразу нетерпеливо впиться в них молочными зубами, а, взяв нож в правую руку, а вилку в левую (о чем мама не устает ей напоминать, особенно перед визитом к дедушке), аккуратно отрезать от сосиски маленький кусочек и только тогда положить его в рот, препроводив туда же и деликатно откусанный кусочек французской булочки. И хотя у дедушки всегда надо быть начеку: не капнуть на скатерть, не вымазаться в горчице, а самое трудное, сначала проглотить, а потом только начать говорить — все равно это несравненно интереснее, чем каждодневные завтраки (да что там завтраки — и обеды, и ужины тоже!) в ее комнате, когда мама, ставя перед девочкой тарелку, полную до краев манной кашей с желтым озерцом масла посередине, или супом тоже с озерцом посередине, но уже сметанным, или картошкой с котлетами, совершенно ей в жизни не нужными, говорит: "Не встанешь, пока все не съешь"; а потом, сжалившись: "Ладно, давай почитаю", пытаясь отвлечь этим хитрым маневром ее внимание от ненавистной тарелки. Это как пир во дворце у Василисы Прекрасной, который бывает нечасто (какой же это пир, если он часто!), и однообразная работа дровосека, которая каждый день. Конечно, девочка видит дедушку не только в воскресенье, но и в другие дни (ведь живут-то они в одной квартире), когда он, придя с работы из своего министерства финансов и сьев обед, который его жена разогревает на общей кухне, бежит к внучке, чтобы поговорить с ней перед сном, спросить, как прошел ее день, терпеливо ответить на все ее вопросы, и только тогда пойти спать с приятным чувством выполненного долга, предварительно прочитав на сон грядущий от корки до корки "Правду", "Известия" и "Литературку", которые каждый день подтверждают его знания, ими же и привитые, о невероятных успехах страны Советов и о страшной нищете на Западе, особенно в Америке, где большинство населения — бездомные, которые в морозные ночи спят в метро на решетках отопления. Девочка любит вечерние посиделки с дедушкой, но все равно до воскресных ритуальных завтраков им далеко: жизнь, названия которой она еще не знает, тихой отравой вливается в жилы, манит ее из будущего, та жизнь, которую в ее взрослые годы будут называть светской, тот выход в свет, без которого жизнь тьма.

Девочке на фотографии только что исполнилось шесть лет. Ее сняли через два дня после дня рождения, в воскресенье, как раз после субботнего празднования (хотя день рождения был в пятницу, но пятница – будний день, кто же празднует в пятницу!), и пришло много-много гостей: и мамина тетя Аня (она детский врач, ее вызывают, когда девочка заболевает, поэтому девочка ее немного побаивается: вдруг пропишет уколы); и мамина сестра, любимая девочкина тетка Галя с мужем, о котором все говорят, что он ходячая энциклопедия; и четыре папины двоюродные сестры, у двоих из которых есть дети: гениальный Сенечка и неуправляемый Алеша, который сразу, как приходит, бросается на девочку и начинает с ней драться; и любимая подруга Таня с мамой; и, конечно, дедушка с его женой, и много-много других гостей, и все с подарками: книжками, куклами, играми. И огромная до потолка, еще новогодняя елка, которую папин ординарец приволок из леса, играла разноцветными огнями (ведь день рождения девочки девятого января, и мама всегда держит елку до ее рождения), и длинный стол, составленный из трех, был полон всякой вкуснятины (мама два дня готовила и ставила между окнами в комнате и на кухне, чтобы не испортилось), и все говорили тосты; и дети перед чаем читали стихи, а маленьких ставили на стул, чтобы их всем было видно и слышно. А потом был чай с маминой ватрушкой и орехово-изюмным штруделем, и новинкой, шоколадно-вафельным тортом, за которым мама простояла в Елисеевском (самом красивом магазине в Москве, а может быть и во всем Советском Союзе) целых три часа. И девочка была счастлива, и мама была счастлива, и все были счастливы, но заварочный чайник, который мама поднимает, чтобы налить всем чай, раскалывается как раз над девочкой, и его содержимое, кипяток, который только что сняли с плиты, заливает ей колени, покрытые таким красивым крепдешиновым платьем, специально ко дню рождения перешитым из маминого старого, и девочка кричит от боли и от страха, потому что чувствует, что жидкий огонь сейчас сожжет ее всю, и все кричат и хватают ее, и сдергивают платье, и тетя Аня (вот где она пригодилась!) что-то делает с девочкой, и боль уже можно терпеть, и уже не так страшно, потому что огонь отступил.

На фотографии перевязанные обожженные колени не видны, они скрыты подолом платья, и девочка выглядит вполне спокойно, только задумчива немного, и фотограф, который старался ее расмешить, в этот раз потерпел поражение. И не с этого ли времени поселяется в ней сомнение в вечности жизни, какой бы прекрасной она ни была, и томит ее маленькую душу до тех пор, пока в один из зимних вечеров не решается спросить она об этом у мамы. Лучшего времени для такого вопроса и придумать было невозможно. Они бежали по Тверскому бульвару, и крупные узорчатые снежинки приятно холодили щеки, и старинные фонари высвечивались желтым светом сквозь черные ветки деревьев, и уже была видна на другой стороне улицы склоненная, запорошенная снегом голова поэта Пушкина, самого любимого девочкина поэта и самого любимого ее памятника в Москве, и так все было замечательно красиво вокруг, что девочка задохнулась от полноты жизни и в тоже время от ужаса, что все это может в любой момент кончиться, как тогда на дне рождения. И, почти не надеясь на чудо, она все-таки спросила у своей молодой и красивой мамы:

— Мама, я умру?

— Ты, — сказала мама твердо, — никогда не умрешь.

— А ты?

— И я никогда, — ответила мама. Пошли домой чай пить, папа, наверное, заждался. И они побежали к дому, и жизнь опять была бесконечна, а они бессмертны.

А потом случилось странное. Дедушка перестал ходить на работу. Нет, сначала была газета. Девочка хорошо запомнила этот день, потому что она должна была идти гулять с мамой, но мама вдруг сказала, что лучше, если они останутся сегодня дома. Это было 13-го января. Началось все с утра, когда мама достала газету из ящика. Девочка в это время сидела за столом перед тарелкой с кашей и тосковала. Мама тоже присела к столу, развернула газету, да так и застыла, с ужасом глядя на первую страницу. Девочка почувствовала что-то неладное: первый раз в жизни мать не заставляла ее есть — но спросить не решилась, беспокойство матери передалось и ей. Она посидела немного перед остывающей тарелкой, а потом, видя, что мать не обращает на нее внимания, пододвинулась поближе и скосила глаза на газетную страницу. "Подлые шпионы и убийцы под маской профессоров-врачей" было написано там. Так вот что так испугало маму! Шпионы и они же убийцы пробрались в какую-то больницу, надели белые марлевые маски, которые настоящие врачи надевают во время операций, и начали убивать больных, закалывать их хирургическими ножами. Сколько же человек они закололи? Ее размышления были прерваны голосом соседки, прокричавшей из коридора:

—Бэлла, вас к телефону!

Мама вскочила и, даже не подумав убрать газету (что ребенок понимает!), выбежала в коридор, откуда послышался ее взволнованный голос, говоривший неизвестному собеседнику что-то о злополучной статье; девочка могла разобрать только "врачи", "вредители", "кошмар". Не имея больше сил противиться любопытству, заливавшему ее с головой, девочка подтянула к себе газету и начала читать, шевеля губами от нспряжения.

"Большинство участников террористической группы – Вовси, Б. Коган, Фельдман, Гринштейн, Этингер и другие – были куплены американской разведкой. Они были завербованы филиалом американской разведки – международной еврейской буржуазно-националистической организацией "Джойнт". Грязное лицо этой шпионской сионистской организации, прикрывающей свою подлую деятельность под маской благотворительности, полностью разоблачено".

Как это "были куплены американской разведкой"? Разве в Америке до сих пор есть рабы? Раньше они были, черные рабы, девочка хорошо это знала из книжки "Хижина дяди Тома", как раз недавно она закончила ее читать, а теперь? Значит, они до сих пор есть. Но черные рабы такие хорошие и несчастные, девочка каждый раз начинала плакать, когда доходила до места смерти дяди Тома, а эти, которые убивали под масками, враги. Они тайно приехали в Советский Союз, стали врачами и начали убивать людей, потому что так приказала американская разведка, их купившая. Хорошо, что у них в семье есть тетя Аня, к ней всегда можно пойти полечиться, и не надо для этого ходить в больницу, где тебя могут убить. От этих мыслей девочке немного полегчало, и день покатился своим чередом. Вечером пришла в гости тетя Галя с мужем, и все долго ужинали, но это был странный ужин, взрослые тревожно переглядывались, говорили недомолвками и раньше обыкновенного погнали девочку спать. Спала она в этой же комнате за шкафом и поэтому, конечно же, слышала, о чем говорят взрослые, а говорили они почему-то не об американских неграх, а об эшелонах на запасных путях, в которые погрузят всех евреев и повезут их куда-то далеко на Дальний Восток в какие-то лагеря. Больше терпеть девочка не могла.

— При чем тут евреи, когда это все черные рабы, которых заставили убивать людей,— закричала она.

За столом замолчали.

— Интересная концепция, — сказал тети Галин муж, — ну-ка изложи.

Девочка вышла из-за шкафа, набрала побольше в грудь воздуха и изложила.

— Да, я всегда говорила, что с таким-то воображением она будет писательницей, — сказала тетя Галя.

— Деточка, — сказал тети Галин муж, — успокойся, убийц уже поймали наши славные органы, и они больше не опасны.

— А евреи, почему они должны ехать куда-то?

— Потому что много веков назад наш суровый Бог обрек нас на страдания на веки вечные за то, что наш народ познал его раньше всех.

— Перестань морочить ребенку голову своим Богом, — закричала тетя Галя. — Она знает, что его все равно нет.

— Его нет, — подтвердила девочка, — но почему он наш?

— Потому что мы евреи, — просто сказал тети Галин муж.

— Мы все? — спросила девочка.

— Все.

— И я?

— И ты.

— Но я не хочу!

— Почему?

— Я не хочу уезжать из Москвы, — сказала девочка и наконец-то заплакала.

— Вот видишь, что ты наделал, идиот, своим длинным языком! — закричала тетя Галя, — напугал ребенка.

— Мы никуда не поедем, — сказала до сих пор молчавшая мама, — мы будем жить здесь, в Москве, и никто никуда не поедет.

ПРОЗА

Это все сплетни, их распускают плохие люди, которые хотят всех поссорить, все национальности, которые живут в Советском Союзе, хотят поссорить между собой. Но этого не будет. Сталин этого не допустит. Иди спать.

И девочка пошла к себе за шкаф и быстро там уснула, потому что очень устала от волнений. Ей приснился Сталин, усатый, в военном френче, такой, каким он был на всех портретах. Он улыбался ей отеческой улыбкой и пытался взять ее на руки, а она почему-то не давалась. А потом он куда-то пропал, и глазам стало больно от света, и оказалось, что уже утро и надо вставать.

А через несколько дней дедушка вместо того, чтобы идти на работу, пришел к внучке в комнату и сказал, что они сейчас пойдут гулять и не куда-нибудь, а на Красную площадь, а потом, может быть, и в Мавзолей, чтобы девочка посмотрела на вождя мирового пролетариата Ленина, который уже много лет лежит там в каком-то саркофаге и все на него ходят смотреть. В другой раз девочка с восторгом бы приняла подобное предложение (она любила гулять по Красной площади, рассматривать татарские шапки куполов Василия Блаженного и затейливо вырезанные края кремлевской стены, и слушать рассказы дедушки, кем и когда был построен Кремль); но сегодня мысль о том, что надо идти в Мавзолей с его неподвижными, как будто неживыми солдатами в карауле у дверей, за которыми затаился мертвый Ленин в своем стеклянном гробу, отравила прелесть прогулки, поэтому, отведя глаза в сторону, она сказала нарочито хриплым голосом:

— У меня сегодня горло болит, а на улице холодно, лучше давай почитаем.

И дедушка всполошился, позвал маму, мама измерила девочке температуру и, хотя температура была нормальная, обмотала ее горло противной тряпкой, пропитанной водкой, а поверх еще и шерстяным платком; и пришлось девочке так и ходить весь день. Но это было лучше, чем смотреть на покойника. Дедушка так и не пошел на работу, и девочка слышала, как мама шепотом рассказывала тете Гале, что они (то есть такие, как дедушка) пришли на работу на следующий день после той проклятой статьи, а на их местах уже сидели другие люди. И так они и слонялись, не зная куда приткнуться, еще несколько дней, пока им не сказали, что они уволены. Девочке очень хотелось спросить, кто такие "они" и за что их уволили, но что-то подсказывало ей, что спрашивать не надо, и она не спросила.

Однажды девочка проснулась среди ночи от незнакомых громких голосов в коридоре. Она выглянула из-за шкафа: кровать родителей была пуста. Дрожа не от холода, а от страха – куда среди ночи могли подеваться родители (будильник на тумбочке показывал два)? – она тихонько приоткрыла дверь, выглянула в коридор и сразу наткнулась взглядом на дедушку. Он, одетый в зимнее пальто и шапку, стоял в окружении двух незнакомых мужчин и дворничихи Зины, с чьей дочкой девочка иногда играла на бульваре в классики, и даже при свете сороковаттовой лампочки, тускло светящей под потолком, было видно, как он бледен. Около него стояла его жена с маленьким чемоданчиком в руке. Мама в криво застегнутом халате и папа в военных галифе и нижней рубашке тоже были там. Девочка сделала шаг вперед, старые половицы скрипнули, и все, кто был в коридоре, повернули головы в ее сторону. Девочку облило ужасом.

– Дедушка, – крикнула она, – куда они тебя?

– Уберите ребенка, – начальническим голосом сказал один из мужчин, – что за безобразие!

А второй добавил:

– Будет кричать – и ее заберем, – и закатился противным смехом.

Девочка захотелось убежать в комнату и спрятаться под кроватью, но вместо этого она рванулась вперед, к дедушке, но добежать до него не успела, так как по дороге была перехвачена мамой и утащена ею назад в комнату. В комнате мама дрожащим голосом объяснила девочке, что волноваться не надо, что просто у дедушки сейчас отпуск и он едет в санаторий, но лучше об этом пока никому не говорить. И это была такая страшная, такая неодолимая неправда, что девочка тихо легла в постель и накрылась с головой одеялом, чтобы ничего больше не видеть и не слышать. Но она все-таки услышала грохот хлопнувшей двери в коридоре, тихий плач дедушкиной жены, папин голос, ее утешающий, скрип собственной двери, когда папа вошел, скрип стула, на который он сел, и мамины слова, обращенные к папе:

– Ну, ну, успокойся, это ошибка все выяснится, его освободят, – и странные клокочущие звуки, издаваемые папой, в ответ.

И пошла жизнь без дедушки. Девочка не задавала вопросов, потому что знала, что ответа на них она не получит. Она только иногда вечером, когда дедушкина жена была дома, входила в его комнату, подходила к пианино, открывала крышку и тихо нажимала на клавиши. Пианино начинало тихо успокаивающе гудеть, и девочке становилось легче.

И прошло два томительных холодных зимних месяца, и наступил первый весенний месяц март, но и он не принес желанного потепления, наоборот, вся страна еще больше застыла, прислушиваясь к траурной музыке, сопровождающей бюллетени о здоровье сверхчеловека, двадцать девять лет правящего этой самой страной, который вдруг, оказалось, тоже мог заболеть, а, может быть, даже и умереть. Что он и сделал пятого марта 1953 года, о чем полный скорби голос главного диктора Советского Союза Левитана сообщил оцепеневшим от ужаса перед грядущими переменами (тире репрессиями) гражданам страны Советов. Девятого марта тело сверхчеловека, окруженное тоннами цветов, выставили в Колонном зале Дома Союзов для прощания с народом. Утром этого знаменательного дня девочка услышала странный гул, который просачивался с улицы даже через двойные законопаченные на зиму рамы. Она подошла к окну. По бульвару, на котором она каждый день гуляла, стиснутая с двух сторон чугунной решеткой, текла черная плотная толпа, время от времяни из нее вылетали шапки, сапоги, шарфы. Девочка залезла на высокий подоконник и открыла окно. Гул превратился в крик, казалось, что кричали все, кто в этой толпе был. Вдруг над толпой взметнулось тело женщины, перевалилось через ограду прямо на мостовую, и осталось лежать там черной кучей. Девочка оцепенела от страха, она видела несущиеся по мостовой машины, которые неминуемо должны были эту кучу раздавить, но ни слезть с подоконника, ни даже закрыть глаза она не могла. Крик толпы смешался с визгом тормозов, машины остановились в полуметре от тела. В это время в комнату вошла мама.

– Немедленно закрой форточку, хочешь простуди…, – закричала она. В этот момент она посмотрела в окно. -Господи, что это? – и потом, – Боже, Боже! Что делается, что делается!

Она закрыла форточку и задернула шторы. Весь день толпа за окнами текла по улицам и кричала, а потом сверхчеловека положили в Мавзолей в саркофаг к Ленину, и толпа иссякла, и крик прекратился, как будто ничего и не было[1]. На следующий день девочка услышала, как соседка по квартире, думая, что никто ее кроме мамы не слышит, шепнула маме, стоя рядом с ней у плиты на коммунальной кухне, что "и уйти-то он спокойно не мог, кровопиец, скольких за собой увел; говорят тысячи подавили в толпе, все морги в Москве забиты"[2]. И девочка без всяких объяснений поняла, кто это "он".

А в конце апреля, когда стаял снег и высохли тротуары, вернулся дедушка. Он стоял у входной двери, похудевший, в серой щетине, и дрожащими руками пытался обнять девочку, которая от буйной радости скакала вокруг него и обнять себя не давала.

А потом дедушку восстановили на работе, сказав, что это все были перегибы, а девочке вырезали гланды, и она перестала болеть, а потом она пошла в первый класс, а потом папу перевели из Москвы в Тьмутаракань, как сказала мама, хотя Тьмутаракань на самом деле называлась городом Козельском (в девочкином учебнике истории о нем было написано, что татары в 12 веке не могли взять его семь недель и за это прозвали его злым городом); а потом дедушка умер, и пианино досталось девочке, но девочка в это вре-

---

[1] 13 января 1953 года в центральной советской газете «Правда» появилась статья о девяти арестованных врачах-убийцах (шестеро из них были евреями), которые к тому же являлись агентами американской разведки. Эта публикация, а вслед за ней и многие другие вызвали не только волну антесемитизма в стране, но и повальные аресты и отстранения от работы лиц еврейской национальности не только в области медицины, но и во всех других областях. Ходили слухи, что всех евреев вышлют на Дальний Восток или за Полярный круг, где они самоотверженным трудом искупят свою вину перед советским народом. Охота за ведьмами прекратилась сразу после смерти Сталина: все арестованные по делу врачей, то есть те, которые смогли выжить в тюрьме, уже в апреле были освобождены.

[2] Смерть Сталина сопроводилась еще одной трагедией: тысячи людей, шедшие в день его похорон посмотреть на мертвого правителя, то ли вследствие плохой организации, то ли по воле чьего-то злого умысла, были раздавлены в толпе.

мя уже училась играть на аккордеоне и очень даже в этом преуспела, поэтому пианино продали, чтобы было чем заплатить за кооперативную квартиру, но, конечно, денег, вырученных за пианино было недостаточно, поэтому квартиру не купили; а потом девочка выросла и пошла учиться в институт, и у нее уже не было времени играть на аккордеоне, а потом она вышла замуж… Но это уже совсем другая история.

ЛИЦА

Ах, как она любила лица! Как наслаждалась разглядыванием их в общественных местах, украдкой, чтобы их обладатели ничего не заметили. Это было у нее с малолетства, тогда в каждом лице она видела какое-нибудь животное: особенно много было птиц и рыб, но попадались и овцы, и олени, и даже львы. Потом, повзрослев, она начала видеть, какими эти лица будут в старости, через двадцать, сорок лет. Это было безумно увлекательно – в лице юной девушки вдруг прорезывались черты старухи: щеки провисали, как собачьи брыли, подбородок удваивался, а крепкий парень на какой-то момент превращался в старика с запавшим ртом и кустистыми бровями над выцветшими, в красных прожилках глазами. В такие моменты она остро жалела, что не умеет рисовать – всю жизнь считала себя неспособной, на уроках по черчению не могла провести прямую линию даже по линейке, а когда во взрослом состоянии попала в Царскосельский лицей под Петербургом и увидела рисунки его воспитанников, которые никогда художниками не стали, поняла, что тоже могла бы так же, если бы училась, – так и хотелось занести все эти метаморфозы внешности на бумагу. Еще она любила мысленно примерять на женские лица косметику, и тогда даже самые дурнушки превращались в красавиц, потому что, как она считала вслед за Шарлем Перро с его Золушкой, которую принц заметил только после того, как прекрасная фея надела на нее сказочное по красоте платье и хрустальные башмачки, а, может, еще подвела ей брови и глаза и нарумянила щеки, некрасивых женщин не существует по определению, так уж их создала природа, а если женщина и кажется некрасивой, то это только от ее лени и наплевательского к себе отношения. Сама-то она себе такого не позволяла. Некоторые лица, когда-то поразившие ее воображение (не обязательно красотой, а "лица необщим выраженьем"), она помнила долго, хранила их в памяти, пыталась представить их жизнь за пределами мимолетной встречи в метро или на улице, воображала, какой у них может быть характер, хотя и воображать-то не очень надо было, так как природа, такая щедрая на виды и подвиды в животном мире (даже у зебр кажущиеся одинаковыми полоски на самом деле разные), оказалось довольно скупа по отношению к человеку, создав не так уж много разновидностей его внешности и соответственно к каждой внешности подходящий характер. И люди, не зная, что они повторения кого-то еще, в большинстве случаев действовали вполне предсказуемо, не переставая тем не менее время от времени удивлять ее непредвиденными проявлениями своей натуры, ничего не имеющими общего с шаблоном.

Он пристал к ней в метро, когда она под вечер ехала домой после занятий в университете. Среднего роста, в очках, под которыми горели неугасимым пламенем очень темные глаза, явно старше ее (в то время все были старше ее!) и с портфелем, он выглядел как средний интеллигент московского разлива.

— Девушка, — обратился он к ней, — Вы не скажете, сколько сейчас времени?

— Не могу сказать, у меня нет часов, — ответила она.

И это было правдой, их у нее никогда не было.

В это время вагон качнуло, он схватился за поручни и на левой руке у него блеснули нержавейкой часы. Ах, вот как! Еще один, желающий познакомиться. Она демонстративно отвернулась. Он перехватил ее взгляд:

— Не работают, — сказал он покаянно и в подтверждение приложил часы к уху, — встали десять минут назад.

Ей стало смешно:

— Откуда вы знаете, что десять минут назад?

— А я вас увидел десять минут назад на эскалаторе и решил познакомиться, но не знал как, вот они мне и помогли: встали во время.

— Я с вами знакомиться не собираюсь, я замужем.

ПРОЗА

— Ну и я женат, и у меня сын.
— Тем более.
— Тем более что? Простые, ни к чему не обязывающие дружеские отношения, скрепленные за чашкой кофе в кафе, что в этом плохого?
— Я вижу у Вас большой опыт по скреплению подобных отношений с особами женского пола.
— На самом деле не такой уж и большой, времени особо нет, кандидатскую пишу.

Он и выглядел, как человек, пишущий по меньшей мере кандидатскую.

— И в какой же области?
— В философии, я преподаю в университете на кафедре философии, а Вы, наверное, еще учитесь?
— Учусь.
— И где же, если не секрет?
— В университете.
— Небось, литературу изучаете?
— А вы еще и ясновидящий?
— Нет, просто хороший физиономист.
— Да? Ну и что же вы прочли на моем лице?
— То, что такая красивая девушка, как Вы, не может заниматься такими грубыми предметами, как сопромат.

В это время механический голос обьявил ее остановку, и она пошла к дверям. Он пошел за ней.

— Дайте, пожалуйста, Ваш телефон, я хотел бы Вам позвонить.
— Нет.
— Почему так сурово?
— Потому что я замужем и, вообще, я не знакомлюсь на улице.
— Но мы не на улице, а в метро.
— Это одно и тоже.

Он сокрушенно развел руками, и они расстались на десять лет.

В следующий раз он подошел к ней тоже в метро, но на другой станции (она к тому времени уже успела развестись и переселиться в поближе к центру), когда она ехала домой с работы.

Все тот же портфель и очки, во взгляде веселое удивление, как будто и не прошло десяти лет:

– Девушка, вы не моя студентка?

Она узнала его сразу, он ее нет.

– Нет, не Ваша.

– А мне показалось, что я Вас видел на своей лекции.

– Вы ошиблись.

Он вошел с ней в вагон, встал рядом.

– Вы не могли бы дать мне ваш телефон?

– Зачем?

– У вас интересное лицо.

– Вы у каждой девушки с интересным лицом просите телефон?

– Нет, не у каждой, спрашивать нет времени, пишу докторскую.

Она решила проверить:

– И в какой же области?

– В философии, я доцент на кафедре философии в университете.

Она вгляделась в него. Как странно, он действительно ее не помнил. Тогда что же уже второй раз приводит его к ней? Может быть, она девушка его мечты? Ну что, дать ему телефон? А зачем? Он, наверняка, женат на той же жене или на другой, но продолжает знакомиться в метро, чтобы завязать ни к чему не обязывающие отношения за чашкой кофе. Все было абсолютно предсказуемо.

– Поезд подошел к ее остановке, она пошла к выходу. Он пошел за ней:

– Ну, пожалуйста!

– Нет, и не просите.

Пройдя несколько шагов, она обернулась, он стоял на том же месте и смотрел ей вслед, глаза у него были очень расстроенные.

И прошло еще если не десять, то лет пять уж точно. И опять он подошел к ней в метро, поседевший и располневший, в неизменных очках и с портфелем, и опять, конечно же, не узнал ее. Это становилось интересно! Ну, что он теперь скажет?

– У вас был трудный день, – сочувственно произнес он, – и Вы устали.

От того, что он попал в точку, она вздрогнула и неожиданно для себя выпалила:
– Да.
– Я тоже устал сегодня, вот с работы еду.
Ей вдруг стало весело:
– Ну как, написали докторскую?
Он недоуменно посмотрел на нее, но тем не менее ответил:
– Да.
– А сын, небось, уже в университете учится?
Он совсем растерялся:
– Откуда Вы...
– В течение, примерно, пятнадцати лет Вы пытаетесь познакомиться со мной уже в третий раз, и каждый раз Вы меня не узнаете, что это?
– Я не знаю, – сказал он после довольно длительного молчания. – Я не знаю, что это за наваждение, но каждый раз, когда я вижу Ваше лицо, я вижу его как будто в первый раз и не могу не подойти. Простите меня.
– Мне не за что вас прощать, мне надо выходить.
– Можно я выйду вместе с Вами? – спросил он робко.
Почему бы и нет, подумала она и сказала:
– Выходите.
Они вышли из вагона и медленно пошли по направлению к выходу, не говоря друг другу ни слова. Из открытых дверей дохнуло промозглым, пробирающим до костей мартовским вечером.
Он откашлялся:
– У Вас есть немного времени, может, посидим где-нибудь? – и, увидев ее сомневающееся лицо, заторопился, – ну, вы можете сделать мне одолжение через пятнадцать-то лет?
Она посмотрела на него: это не укладывалось ни в какие знакомые ей доселе рамки. Ну и ладно, так даже интереснее.
– Хорошо, давайте посидим где-нибудь.
Они вышли на улицу, слабо освещенную с трудом пробивающимися сквозь мглу фонарями, и, молча, пошли по направлению к Большому театру.
– Как насчет "Националя"? – прервал он затянувшееся молчание.

Она кивнула.

Они подошли к ресторану. В дверях его неподвижным изваянием стоял швейцар, всем своим видом показывая, что мест нет. Ну что же, значит не судьба, подумала она.

– Я знаю одно неплохое место, – не дав ей сосредоточиться на теме судьбы, – сказал он – шашлычная у "Белорусской", на такси отсюда десять минут.

И, не дожидаясь ее ответа, как бы испугавшись, что она передумает, выскочил на проезжую часть и молодецки свистнул. Из мрака, как по мановению волшебной палочки, высветилось такси.

–Шеф, до Белорусской не подбросишь? – обратился он к шоферу.

– Садитесь.

Он галантно открыл заднюю дверь, пропуская ее, потом сел сам, запоздало спросил:

– Извините, ради Бога, я ведь даже не поинтересовался, любите Вы шашлык или нет?

– Люблю, а место это хорошо знаю; когда училась в университете, мы с девчонками два раза в год именно там справляли успешную сдачу экзаменов: скидывались, у кого сколько было, и пировали.

– Я рад, что угадал.

Такси подвезло их к самым дверям, он расплатился, и они вошли в приятное сухое тепло раздевалки, упоительно пахнущей жареным мясом и чем-то еще, невыразимо пряным и острым, от чего рот сразу наполнялся слюной. Официантка указала им на столик для четверых, за которым уже сидела пара.

– Нам столик на двоих, пожалуйста – прошептал он убедительно и ловко, как фокусник, опустил в карман ее фартука зеленую купюру.

– Тогда подождите.

Ждать пришлось недолго. Откуда-то из недр кухни был притащен маленький столик, который приткнули в угол, единственно свободное место в зале, и за этот столик они и сели.

– Ну теперь можно и поговорить, – с облегчением произнес он, – но сначала давайте закажем. Вы что будете пить?

— Я, вообще-то, не пью, но раз уж мы в грузинском ресторане, давайте красное, а Вы?- она впервые обратилась к нему.

— И я красное, что у них тут есть? Ага, «Мукузани», очень хорошо! Не возражаете?

— Нет.

— А что будем есть? Необязательно шашлык, можно цыплята-табака или что-нибудь еще.

— Нет, мне, пожалуй, все-таки шашлык.

— Ну и мне тоже, а еще давайте каких-нибудь закусок, вот тут лобио, салат-коктейль, сациви.

— Слишком много, не сьедим.

— Сьедим, вечер длинный, торопиться нам некуда.

Она подумала, что торопиться ей сегодня действительно некуда, дети с мамой, и согласно кивнула. Он подозвал официантку, заказал и длинным, трудно определимым взглядом посмотрел ей в лицо. Она заерзала, не зная, как реагировать на эту игру в гляделки, в волнении переставила вазочку с чахлым цветком, потрясла перечницу, проверяя, есть ли в ней перец, схватила нож, хотя резать было пока нечего. Он взял у нее нож, положил его на место и быстро прикоснулся своей очень приятной на ощупь ладонью к ее руке:

— Давайте успокоимся, — мягко проговорил он, — я тоже волнуюсь. — Ведь Вы же моя мечта, а согласитесь, встреча с мечтой — не частое событие. Не поверите, я даже во сне Вас несколько раз видел.

— Если Вы видели меня во сне, как же Вы меня не узнали ни в этот раз, ни в прошлый?

— У Вас каждый раз было другое лицо, но я все равно знал, что это Вы, — он запнулся, — и, знаете, это было такое блаженство...

Она не знала, что сказать: все было так странно, так непонятно, так не похоже на то, что она знала раньше! Ее мысли были прерваны официанткой, которая принесла вино и закуски, и начала споро расставлять их на столе. И вдруг ей стало так упоительно хорошо, так захотелось обжигающей, острой еды, крепкого вина, дальнейших его признаний, которые, хотя бы на время, позволяли забыть то, что не давало ей покоя уже много лет, что она быстро пододвинула к себе миску с сациви, отломила кусок лаваша, обмакнула его в густой ореховый соус, в котором плавали кусочки курицы, и, почти застонав от наслаждения, торопливо положила его себе в рот. Он смотрел на нее, не отрываясь, и она первый раз в жизни поняла, что сказочно хороша и может делать все, что ей вздумается. И повинуясь этому, доселе неизведанному ей чувству, она, не смущаясь, подняла на него глаза и сказала:

– Ну, что же, давайте выпьем за вашу мечту и за удовольствие ею быть!

Они чокнулись, и из его бокала на скатерть красным цветком выплеснулось вино. Ей так это понравилось, что она чокнулась с ним еще раз, и теперь на скатерти красовался еще один цветок.

– Расскажите мне о себе, – попросил он.

Но ей не хотелось рассказывать о себе: это могло спугнуть очарование неожиданно подаренного им вечера, поэтому она сказала:

– Зачем вам подробности, если нам и так хорошо, лучше попробуйте сациви, а то Вы ничего не едите. Можно я Вам положу?

И, не дожидаясь ответа, взяла его тарелку и начала накладывать на нее по очереди все, что было на столе.

Он послушно взял вилку и начал есть, но быстро отложил ее:

– Знаете, у меня сегодня странный день. Я проснулся с ощущением счастья – понимаете? – и весь день ждал его, поэтому, когда я увидел Вас в метро, я не удивился, а просто пошел за Вами и сел в Ваш вагон. Вы не думайте, я не неудачник, который от одиночества цепляется к Вам вот уже столько лет, – поспешил добавить он, – я вполне успешен, я доктор наук, у меня хорошая жена и очень способный сын...

– Я ничего такого не думаю, – примирительно сказала она.

–... просто, – продолжал он, – мне нужны Вы. И теперь, я знаю, все будет по-другому, мы начнем видеться...

Тут он замолчал и начал сосредоточенно отрывать кусочки от лаваша и складывать их горкой рядом с тарелкой. Ей стало жалко его, и себя тоже, но что можно было поделать? Она вздохнула:

– Я уезжаю через неделю в Америку...

Он перестал строить горку:

— Надолго?

— Навсегда, иммигрирую туда с детьми.

Даже в ресторанной полутьме было заметно, как он побледнел:

— Зачем?

— Затем, что я уже три года как в отказе, затем, что меня выгнали с работы, затем, что из-за всего этого я зарубила моим детям да и себе тоже будущее. А теперь пришел Горбачев — вы же знаете, новая метла по-новому метет — и нас выпускают.

— Что же нам делать, любимая? – тихо спросил он.

— А ничего не делать, делать нам с Вами нечего.

Она посмотрела на скатерть всю в винных пятнах: пора было уходить. Они поднялись из-за стола одновременно, надели в раздевалке пальто и вышли в сырую темень. Подъехало такси. Перед тем, как сесть в машину, она оглянулась и на прощанье махнула ему рукой.

ОХ, ЛЕТО, ЛЕТО...

Она всегда начинала готовиться к этому заранее, сразу после новогодних праздников с их утомительной, хотя и приятной суетой, когда, просыпаясь первого января в своей комнате, носящей следы разора после гостевого пиршества, которое, кстати, было везде — и в детской, и в комнате родителей, самой большой в их отдельной квартире, где всегда ставили елку, и потому там всегда нежно пахло хвоей и мандариновыми шкурками, — она начинала думать о лете, и даже не о самом лете, а о так называемом отпуске, одна мысль о котором приводила ее в трепет. Отпуск у нее, как и у всех преподавателей, был длинный, два с половиной месяца — эту привилегию она получала за счет зарплаты, которая в месяц была эквивалентна полуторам парам зимних сапог, купленных у спекулянтки по случаю, — так что хочешь не хочешь, а надо было куда-то ехать, то есть вывозить, не себя, конечно, а детей на свежий воздух. Вывоз детей на свежий воздух из загазованной Москвы был априори, то, что не подлежало обсуждению, как, например, не подлежали обсуждению чистка зубов по утрам и беготня с куриным бульоном и домашним творогом по больницам, где лежали больные родственники, дабы спасти их от неминуемой голодной смерти, должной наступить после содержания их на казенном коште в восемьдесят копеек в день с вычетом, примерно, половины на воровство, творимое поварами и поварятами, то есть всеми, кто был приближен к пищеблоку.

Поэтому, какой бы ужасной ни была перспектива провести лето в чужой маленькой комнате где-нибудь у черта на рогах, в чужом доме или квартире (в большинстве случаев с удобствами на улице), нашпигованных такими же страдальцами, приехавшими туда из своих городов и весей, снедаемых одной заботой – оздоровить детей, она собирала чемоданы, брала детей и, сжав зубы, ехала выполнять свой долг, как едет солдат, посланный начальством в одну из горячих точек и не знающий, вернется он живым или нет. Последние несколько лет она приспособилась ездить в Пярну, чистенький приморский городок в Эстонии в двух часах от Таллина. И все было бы неплохо – и молочные продукты хорошие (хотя, чтобы их заполучить, надо было приходить в магазин к открытию, иначе разберут); и море (хоть и холодное, но все равно купабельное) было в пределах досягаемости; и в кафешках можно было заказать невиданные в Москве взбитые сливки и пирожные с фруктами – все было бы неплохо, если бы ненескрываемая ненависть местного населения к русским, за счет которых, несмотря на эту самую ненависть, они каждое лето обогащались, сдавая им все, что можно было сдать: от домов до сараев; и не страсть ее детей к заплывам за буйки. И если исторически чувства местного населения были ей хоть и не приятны, но, по крайней мере, понятны: кто же любит "освободителей", которые в 1939 году по договоренности с Гитлером сначала без спроса освободили эстонцев, равно как и литовцев, и латышей от их собственных правительств, а потом присоединили эти три прибалтийские республики к СССР (хотя она-то была в этом совсем не виновата, так как родилась на десять лет позже), – то безрассудные заплывы детей в морские дали сводили ее с ума днем и не давали заснуть ночью.

Конец прибалтийским каникулам положил случай, который чуть не стоил ей жизни. Она, как всегда, сидела на берегу, окруженная компанией случайных пляжных знакомцев, не сводя глаз со своих близнецов, которые на сей раз, слава тебе Господи, не

ПРОЗА

плавали, а хлопотали недалеко от берега, роясь в песке и обливая друг друга водой. Один из отдыхающих, пианист из Ленинграда, которому она, как ей казалось, нравилась, окликнул ее, она повернулась на звук его голоса, что-то ответила, а, когда вновь взглянула на море, детей не было. Серенькая вода, совсем не похожая на морскую, еще такая спокойная за минуту до этого, обратилась в бушующую стихию, и эта стихия вздымалась на высоту двухэтажного дома и рычала так, что закладывало уши. Не успев испугаться (так все было неожиданно!), она вошла в воду, зовя детей по имени, уверенная, что вот-вот они появятся; и только когда на третий или четвертый раз они не отозвались, она вдруг осознала, что они пропали по-настоящему. Купальщики, спасаясь от внезапного шторма, бежали к берегу, она хватала их за руки, крича:

— Две девочки в синих купальниках, в красных шапочках, одинаковые, видели?

— Не видели! — отвечали они, а она, все дальше погружаясь в воду, которая захлестывала ее с головой, уже сорванным, охрипшим от невероятного напряжения голосом продолжала выкрикивать их имена, все еще не теряя надежду спасти. Никто не откликался, и тогда ей пришло в голову, что просто так море их не отдаст, что детей надо у него выкупить, но чем? На ней был только старенький купальник и подаренные ей в разное время два нехитрых кольца. Она начала срывать их с пальцев, пытаясь выбросить в море, заплатить ими за детей, которых море не хотело ей отдавать. Но кольца, которые в нормальной жизни были ей велики и которые она даже несколько раз теряла, в этот раз не снялись, и тогда она поняла, что жизнь кончена — была и вдруг в один момент кончилась, — и поэтому незачем выходить на берег. Все стало все равно, она была одна в пустом океане, и он должен был стать конечной точкой в ее жизни. Волны заливали ее всю, волокли прочь от берега, который был уже ей не нужен: скорее, только бы скорее. Вдруг ей показалось, что кто-то выкрикивает ее имя. Она не отреагировала: галлюцинации погибающего. Кто-то продолжал надрываться. Она с трудом повернула голову. Пианист, которого она подозревала в тайных к себе симпатиях, тяжелый сердечник, задыхаясь, бежал к ней по воде, таща за руку одну из девчонок: они здесь, они здесь, все хорошо, выходи! Но выйти она уже не могла: волны играли ею, как мячиком, вверх-вниз, вверх-вниз; они не хотели отпускать ее, ведь она обещала заплатить! А она, коварная, забыв о своих обещаниях, из последних сил била руками и ногами по воде, пытаясь выбраться из их плена, била до тех пор, пока не почувствовала под ногами дно. И это было все, выйти у нее уже не было сил. Подбежал пианист и с усилием выволок ее на берег. Ее дочки, те, для кого она и жила на этом свете, подбежали к ней.

– Где вы были, дуры, – выплевывая остатки воды из легких, прохрипела она.

– Мы вышли, когда начался шторм, и просто сидели на берегу.

– Убила бы вас! – сказала она вяло. – Ладно, не трогайте меня, дайте прийти в себя. И она легла на холодный песок, а они тихо сели рядом, и жизнь постепенно вливалась в нее, наполняя прежней силой. После этого случая холодная неприветливая Прибалтика ей совсем опротивела, и в конце лета, сложив чемоданы, она с облегчением погрузила девчонок и себя в поезд и покинула негостиприимный берег, чтобы никогда туда больше не возвращаться.

В Москве она сразу окунулась в привычный быт: невыспавшиеся по утрам дети, каша, которую они не хотят есть, серый школьный вестибюль: пальто сюда, лыжи в угол (на третьем уроке физкультура), ранец в руки, скорее в класс, а то опоздаете – ее институт, лекции – любовная лирика Пушкина ("... и если бы Пушкин не написал ничего другого, а только вот эти стихи о любви, то он все равно вошел бы в мировую поэзию как гениальный поэт, потому что, послушайте, разве можно написать лучше: "Что в имени тебе моем, Оно умрет, как шум печальный Волны, плеснувшей в берег дальний, Как звук ночной в лесу глухом...", какая пронзительная грусть!"); глаза почти ее ровесников (всего- то пять-десять лет разницы!), с интересом на нее устремленные, горы сочинений на проверку; вечером, глядя в заснеженное окно: скоро Новый год, а там и лето...

В тот послеприбалтийский год ее близкие друзья решили поехать на лето в Черкассы, на Украину, тогда еще свою, родную,

ПРОЗА

без визовых заморочек и, не жалея сил, уговаривали и ее поехать туда же, прельщая горами свежих фруктов, благодатным теплом и купанием в море, на котором никогда не бывает штормов и поэтому совершенно безопасном (море было искусственным, вырытым для того, "чтобы сказку сделать былью", превратившимся, кстати, через несколько лет в огромное, подернутое зеленой ряской заболоченное пространство, которое облетали стороной все виды водоплавающих). И она, подумав-подумав (а что было делать, все-таки с друзьями, а не одной мыкаться!), согласилась. Сказать, что ей очень хотелось ехать на "ридну Украину", было бы неправдой: теплая погода, а на самом деле жара ее не прельщала; горы фруктов тоже (дети их и в Москве-то не особенно ели), но других вариантов не подворачивалось, и она купила билеты на поезд.

Все оказалось даже хуже, чем она предполагала. Комната в большом деревянном доме, которую она сняла, просто-таки дымилась днем от жары; в саду же, в тени абрикосового дерева, тоже не представлялось возможным отсидеться из-за мух, которые с радостью перекидывались с двух кабанчиков, Катьки и Федьки, на вновь прибывших; ассортимент продуктов в магазине исчерпывался хлебом, консервированным частиком в томате и слипшимися от жары карамельками, и если бы не мамины посылки с копченой колбасой и топленым маслом, которые дружно съедались в компании с хозяйкой Машей и ее волоокой дочерью, то было бы совсем плохо; а тихое море надоело в конце концов так, что глаза бы на него не глядели.

Два месяца прошли в борьбе с обстоятельствами и с самой собой, и, наконец, пришло время уезжать. Оставив детей на попечение друзей, она отправилась на станцию за билетами. Станция гудела хором людских голосов, переходящих в мощное крещендо по мере приближения к билетной кассе, которая была закрыта. Густая толпа роилась вокруг, выставляяя напоказ руки с номерами очереди, жирно написанными чернильным карандашом. Номера были четырехзначные. Ввинченная в водоворот толпы, она послушно дала кому-то запечатлеть на своей руке номер, побарахталась немного, отпихиваясь от множества чужих спин, липших со всех сторон, наконец, с трудом выбралась и пошла домой, твердо уверенная, что остаток жизни ей суждено прожить здесь. Но на следующий день, стараясь переломить злодейку судьбу, она опять пошла на станцию и опять дала написать себе номер чернильным карандашом, уже другой, потому что вчерашний был смыт в море, и опять ушла ни с чем; и назавтра все повторилось опять с той только разницей, что больше на вокзал она решила не ходить. И тут в дело вступила хозяйка Маша, которая, видя невероятные страдания своейжилички по поводу железнодорожного билета, решила пустить в ход свои связи.

— Дашь денег начальнику станции, не бойся, я пойду с тобой, и он тебя посадит.

— А сколько дать, у меня только сорок рублей?

Рублей было шестьдесят пять (большие по тем временам деньги!), но не могла же она отдать все, детей-то ведь надо было кормить!

— Хватит с него и сорока!

На следующий день принаряженная, с отмытыми пятками Маша и она сама в кофточке с закрытыми плечами, а не в открытом сарафане, в котором она все время ходила, сжимающая в потном кулаке деньги, стояли в кабинете начальника станции, толстого в расстегнутом форменном кителе человека с лицом хряка Федьки. Разговор был короткий: завтра в шесть на станции останавливается поезд на Москву, будьте на перроне заранее, я договорюсь с начальником поезда, он вам даст три места — после чего она, стесняясь, положила ему на стол четыре бумажки, которые он, зорко на них глянув (ой, сейчас скажет мало!), небрежно смахнул в ящик стола. Аудиенция была закончена, и она побежала собирать чемоданы. А на следующий день она, дети и верная Маша стояли на перроне, ожидая обещанного поезда на Москву. Настроение у нее было радостное, какое может быть только у узника, которого вот-вот должны выпустить на свободу, несколько, правда, омрачавшееся видом тысячной толпы, которая вместе с ней ждала этого же поезда. И когда он подошел, толпа рванула к нему, сметая на своем пути стоявших в открытых дверях проводников, ломясь мимо них в вагоны, швыряя в окна в протянутые руки тех, кто уже прорвался, уз-

; ПРОЗА

лы и чемоданы. Она стояла, как сторонний наблюдатель, судорожно прижимая к себе детей, остатком сознания надеющаяся на то, что кто-то сейчас подойдет и выдаст ей обещанные билеты (ведь она же заплатила!), но никто не подходил. Она посмотрела на часы: десять минут, отпущенные на остановку поезда, подходили к концу, оглянулась на Машу:

— Прыгай в вагон, — крикнула та, — а я буду кидать тебе туда вещи!

И она, больше не раздумывая, схватила детей и прыгнула с ними в вагон, а бедная Маша начала с натугой швырять туда чемоданы и сумки с южными фруктами (проклятая привычка отдыхающих на юге: тащить домой фрукты!). И как будто ждавший окончания погрузки ее багажа и, наконец-то, ее дождавшийся паровоз пыхнул парами, издал длинный натужный гудок и тронулся. Мелькнули Машино красное, не отошедшее от напряжения лицо, начальник станции в на сей раз застегнутом кителе — откуда он взялся? — и все пропало; поезд, набрав скорость, резво пробежал мимо городских построек, оставив их далеко позади, и теперь уже минут тридцать ему навстречу неслись поля и леса, а она вместе с детьми продолжала стоять в тамбуре, и начальник поезда не шел к ней с обещанными билетами, шли только пассажиры, шли мимо, спотыкаясь о ее сумки с фруктами и чемоданы, загородившими проход, и награждая ее за это отнюдь не лестными эпитетами. Поэтому, когда в череде пассажиров она увидела мужика в железнодорожном кителе, она схватилась за него, как за родного.

— Помогите, пожалуйста, начальник поезда обещал нам три места.

— Я начальник поезда, — дыхнуло винным перегаром, — но я ничего вам не обещал.

— Но как же, начальник станции говорил, что Вы...

— Сколько? — перебил он ее.

— Что сколько?

— Сколько денег дадите?

— У меня только двадцать...

— Давайте! Идите в десятый вагон, там есть два места, пятое и шестое.

— Но нам нужно три.

— Я сказал два места, больше нет, хотите берите, хотите..., — он сделал вид, что хочет отдать ей деньги.

— Беру, беру. Вы сказали десятый вагон, а это какой?

— Это второй.

— Второй!

И начался ее крестный путь через восемь вагонов. Везде тяжело пахло людьми, со вторых и даже с третьих полок, где положено было быть багажу, свисали ноги, часто босые, а сам багаж, такие же как у нее чемоданы и сумки с фруктами, баррикадами высился в проходе, не давая пришлым пробиться к свободным местам, которых на самом деле уже и не было. Такое она видела только в фильмах про войну, но сейчас вот уже сорок лет как было мирное время, а борьба, нет, не за жизнь, а за каждодневное выживание все еще продолжалась, и она была участником этой борьбы, и она должна была выжить. Обещанные места, как ни странно, ждали их (а она-то, честно говоря, думала, что это опять обман, вытягивание денег), одно было в углублении, долженствовавшее означать как бы открытое купе в плацкартном вагоне, а второе было в проходе, на него-то она сразу и рухнула: проклятые босоножки на высоченной несгибающейся деревянной платформе, настоящие котурны, давали себя знать. Не успела прийти в себя, как дети заныли:

— Жарко, пить хотим.

— Подождите, скоро, наверное, чай будут разносить.

С трудом стоящая на ногах проводница удивилась:

— Какой чай, сто раз говорила: титан не работает, воды нет. Вот люди! — и ушла, распространяя вокруг себя смешаный запах водки, лука и чего-то трудноопределимого.

Так, понятно: окна закрыты намертво, воды нет, проводники пьяные, ехать до Москвы двадцать часов.

— Слышали, воды нет, потерпите, съешьте яблоко.

— Сама ешь свои яблоки, пить хотим!

На соседней скамейке залилась тихим плачем маленькая беленькая девочка, сидевшая у матери на коленях: "Мама, пить!"

Мать девочки перегнулась через нее:

ПРОЗА

— Давайте спросим, когда следующая станция и сколько там стоит поезд, если долго, то выскочим и купим воды, там наверняка есть буфет.

— Давайте!

И, как бы в подтверждение их решения, поезд начал замедлять ход.

— Сколько стоит?

— Двадцать минут.

— Побежали!

Они выскочили на перрон. В самой середине торчал ларек с бутылками в окне. Ринулись к нему: ларек закрыт, в бутылках уксус. В глубине белело здание с надписью "Буфет". Не сговариваясь, они припустили туда. Там было полутемно и приятно прохладно, на полке отдыхали бутылки с лимонадом "Буратино", буфетчица, не спеша, резала колбасу, длинная очередь, состоящая главным образом из украинских дидьков, терпеливо ждала. Делать было нечего, надо было просить об одолжении.

— Извините, пожалуйста, вы не могли бы пропустить нас без очереди, мы с поезда.

Дидьки закивали:

— Давайте, давайте!

Первой купила три бутылки лимонада мать беленькой девочки и сразу побежала обратно. Следующей была она. Протянув продавщице последнюю пятерку, полная благодарности за разрешение купить без очереди, она повернулась к дидькам и сказала:

— Спасибо вам большое, воды в поезде нет, а он скоро уходит...

Один из дидьков неторопливо повернулся к окну, понаблюдал за чем-то, а потом также неторопливо ответил:

— Та, ваш поезд уже ушел.

— Как ушел?

Она в панике глянула в окно: ее поезд действительно, если еще не ушел, то уходил, оставляя ее на неизвестной станции, увозя ее детей, одиноко сидящих на жесткой скамейке среди чужой толпы и ждущих ее с лимонадом. Забыв про последнюю пятерку, отданную ни за что, она выскочила на перрон. Поезд неслся уже на всех парах, все двери во всех вагонах были плотно закрыты, и только в последнем вагоне была открыта последняя дверь, и в ней стоял кто-то в ярко-голубом. И понимая, что ей его не догнать, она все-таки побежала, побежала на своих ужасных котурнах, на которых и ходить-то было почти невозможно, и успела добежать до последнего вагона, как раз в том месте, где заканчивалась платформа, и уцепиться за поручни (а не уцепилась бы – рухнула бы вниз головой на пути), но подняться по ступенькам уже не могла: висела как куль с мякиной, ноги болтались над бездной, и думала лениво: как глупо умереть под колесами поезда. И слышала, как кто-то истошно кричит над ее головой и пытается втащить в вагон, но схватить ее было не за что: проклятый сарафан начинался где-то почти у пояса – за голую спину не больно-то и ухватишь, да и стрижка под мальчика этому не сильно способствовала. Конец, подумала она, но почему-то без страха: на страх уже не было сил. Но, видно, до конца ей все-таки еще было далеко, потому что чья-то длинная рука все-таки ухитрилась дотянуться до того места на спине, где начинался сарафан, схватить за него и, обдирая ей ноги, руки и лицо о железные ступени, втянуть ее в вагон. Она стояла в тамбуре, ободранная, без лимонада, но живая, и к ней по коридору бежали ее перепуганные дети. Подбежали, прижались крепко, в глазах ужас:

– Мы думали, ты потерялась и мы тебя никогда не найдем.
– Я не потерялась, все хорошо, не бойтесь, я с вами.

И они медленно пошли в свой вагон, и сели на свои две скамейки, и мать беленькой девочки напоила их лимонадом «Буратино», и до Москвы оставалось ехать только двадцать часов.

И много лет прошло с тех пор, и постепенно ушли воспоминания о тех несчастных летах: выжгло их солнцем, засыпало снегом, размыло дождями – и на смену им пришли другие лета, да и зимы тоже; и только иногда напоминают они о себе, приходя к ней во сне, где она, молодая и сильная, бежит вслед за уходящим поездом и догоняет его. И подушка наутро мокра от слез.

Георгий ЖАРКОЙ

Родился 15 июля 1956 года. Называет себя «русским провинциалом», потому что родился в Бурятии, а вырос и повзрослел на Урале. Получил педагогическое образование и преподавал в институте. Написал книжку - "Книги и судьбы", в которой рассмотрел литературный процесс с позиций философии Николая Бердяева. Примерно с 2018 годы начал писать миниатюры из своей жизни. "Мне захотелось попасть в оппозицию современным СМИ, которые ориентируются исключительно на негатив, - говорит писатель. - Они полагают, что современного человека только это и может заинтересовать. Я же полагаю, что надо искать в жизни светлые стороны, иначе можно ослепнуть в темноте".

НЕ ПОЛУЧИЛОСЬ

Несколько лет назад меня познакомили с очаровательной шведской парой. Они приехали к нам, чтобы открыть совместное с россиянами предприятие. Ну как же без русского языка? И меня пригласили как преподавателя. Тонкость процесса в том, чтобы работать без языка-посредника. Есть такая методика. Только в крайнем случае я прибегал к немецкому, когда мы оказывались в речевом тупике. Но речь не об этом.

Наши встречи проходили в гостиничном номере. Я приезжал к 19 часам, когда мужчина возвращался с работы. Дама терпеливо ждала его весь день, даже по городу не гуляла. Он улыбался, садился за стол, открывал баночку пива. И урок начинался. Я сразу заметил, что шведу наши вечерние занятия три раза в неделю были в тягость. Его мысль, как выражался Гончаров, «летала далеко», избегая языковую территорию. А подружка, напротив, была очень прилежной. Мы подружились. И она как-то мне призналась, что приехала в Россию по двум причинам. Первая — не хотелось расставаться с любовником. Она допускала, что он забудет ее в далекой стране. Вторая, как это ни странно, — мечта овладеть русским языком. И показала мне роман Достоевского «Идиот» по-шведски: «Хочу его читать на его языке».

Так продолжалось примерно месяца три. Меня тревожило, что швед в овладении языком не продвигался ни на шаг. Не будешь же ему делать выговоры и читать нотации! Ситуация не та! В конце концов у меня осталась только одна ученица. И лицо ее становилось все печальнее. Я видел, что она страдает. Чужая страна. Гуляющий где-то любовник, классически объясняющий свое отсутствие по вечерам занятостью. Одиночество. И ей, конечно, было не до спряжения русских глаголов. И мечта прочитать Достоевского в подлиннике угасла, как пламя в костре, если не класть в него хворост.

Когда мы расставались, дама пожала мне руку и сказала, что она в своей дальнейшей жизни обойдется без любви. И добавило фразеологизм с нашего последнего занятия. Она сказала так: «Я несолоно хлебавши». А мне вспомнилась строчка из нашей песни: «А там, в стране далекой, чужая мне не нужна». Сколько веревочке не виться … Чужое есть чужое.

ПРО БОГИНЮ ТИХЕ

О случайности много написано разного. Древние думали, что это не что иное, как проделки богини Тихе; разного рода провидцы и экстрасенсы пытались и будут пытаться разъяснять своим клиентам таинственную детерминированность случайности, а философы скажут, что это просто пересечение каких-то независимых друг от друга событий.

Мы ходили в лес за ягодами. По сибирской тайге, которая, как правило, непроходима, обычно передвигаются гуськом. Впереди шагает самый сильный, предпоследний — самый слабый. Замыкает шеренгу — «смотрящий». Его задача — ситуацию контролировать.

Мы за полдня собрали голубику — сколько надо было — и отправились домой. Вел нас мой отец — он чуял лес нутром — прекрасно ориентировался на местности. За ним пара моих двоюродных братьев. Четвертым ковылял я — восьмилетний пацан. Последним дядя Кеша — муж родной сестры моей матери. И надо было такому случиться, что отец наступил на гнездо земляных ос. После него по раздавленному дому обезумевших от горя насекомых прошлись сапоги братьев, за ними я «вставил свои пять копеек». Мы, как говорится, спаслись. А вот дяде Кеше не повезло: его лицо после жутких укусов в норму приходило в течение недели. До этого взрослые поспорили, кому идти впереди. И почему-то отец настоял на своем, а темпераментный дядя Кеша ему уступил. Вот так. Богине Тихе, видимо, мой родственник не нравился.

А бывает «встреча» двух случайностей — разных по своему проявлению. Что заставляет задуматься. Вчера утром на Уралмаше столкнулся с существом женского пола: синее от сивухи, сгорбленное и жалкое. Ему, наверное, было лет сорок от роду. Существо спросило, какой на дворе месяц и какое с утра число. Во второй половине дня судьба свела меня с сорокалетней дамой. Она пишет стихи, слушает Шнитке и иногда утомляет знакомых своим оптимизмом. Дама заметила, что у меня недовольный вид. Это ее не остановило, и она минут семь читала мне лекцию, как надо управлять эмоциями. В конце концов дама посоветовала послушать первый концерт Рахманинова для форте-

ПРОЗА

пиано с оркестром. "Только нужно лечь на диван, не спать и ничего не жевать. Просто слушать". Рахманинову, поучала меня дама, было всего 17 лет. И это «взрыв» молодого гениального энтузиазма с необыкновенной энергетикой.

Я пришел домой. Включил музыку и лег. Слушал. Особенно, как мне показалось, хороша первая часть концерта. Хотя так говорить грешно — там все хорошо. И думал, что в далеком 1890 году семнадцатилетний студент консерватории начал писать свой первый концерт. Столько лет пролетело, и его слушают. Вот и я слушаю. И что есть на свете гениальность, которую нельзя случайностью назвать, чтобы ее не обидеть. А еще думал, что в этом же году вышла повесть «Отец Сергий», которую я впервые прочитал в возрасте Рахманинова. И светло стало на душе. В музыке юного композитора действительно потрясающая энергетика.

Говорят, что мы сами являемся строителями своего мироощущения. «Всё в человеке», — Горький утверждал. Так оно. Но и случайность-то куда девать? Вон она — рядом. Осы покусают, существо встретится и спросит, какой век на улице. И ведь подумаешь, что мир — не светлая бесконечность, а наглухо заколоченная старая изба. А вторая случайность? Как будто кто-то мне ее послал — Тихе или не Тихе — как будто специально приготовил. И музыка все развеяла на душе — застоявшееся — как весенний ветер. Все-таки мы в одиночестве мироощущение не можем строить, как бы ни старались. Важно, кто рядом с тобой — существо или Рахманинов. Или просто тот, кто тебя любит, ценит. Тогда и нехорошие случайности легче пережить.

ПЛЕБС

Владимир Одоевский писал: «Наше ухо загублено от стука паровой машины; на пальцах мозоли от ассигнаций, акций и прочей подобной бумаги; говорить ныне об наслаждениях искусства то же, что рассказывать о запахе кактуса лишенному обоняния …». Цитату я сократил. А дальше Владимир Федорович как романтик уж очень сокрушался о гибели чувства изящного в современном ему человеке. Не больше и не меньше. Только впереди золотой век русской литературы. А еще «Серебряный век».

В субботу моя сестра решила поостроумничать. Она стала горячо говорить, что наша молодежь ничего не читает — ну, вы знаете подобные рассуждения. Сейчас это модная тема. Помню своих бабушку с дедушкой. Теплым вечером они усядутся на скамейку и сидят до ночи. Если мимо пробежит собачка — ласково подзовут погладить. Если молодые люди пройдут — нахмурятся. Они полагали, что любовь к труду умирает вместе с их поколением, а у молодежи только одно желание — «улицы красить», то есть красоваться. Вот так.

В моем классе читало примерно 3-4 человека. Затем пребывание в ПТУ. Я учился на слесаря КИП и автоматики. В нашей группе не читал никто. Никто! И таких училищ в СССР было пруд пруди. Масса парней, как тогда говорили, в болоньевых куртках советского производства с пакетами под мышкой, в которых лежали грязные тетради, с жирными немытыми волосами рассекали по улицам рабочих городков. И громко матерились в подъездах.

А еще у Владимира Одоевского есть такое рассуждение: «Причина падения народов не в одних политических происшествиях, но в нем самом, в том роде жизни, который он сам для себя избрал». Чувствуете горечь?

Ты проснешься ль, исполненный сил, /Иль, судеб повинуясь закону, /Всё, что мог, ты уже совершил ...? Это уже Некрасов о народе писал. Только позже. Спит, мол, — не разбудишь. Подобными идеями переполнена русская социологическая мысль. Недавно посмотрел интервью, которое взяла Собчак у Аллы Пугачевой. В конце разговора наша «телеведущая и светская львица» назвала русский народ «плебсом». Я не удивился. Для тех, кто у власти, и для тех, кто ее — власть — обслуживает словом и делом — народ есть плебс. А они, конечно же, патриции. У них деньги, у народа — огородная грядка.

Вот только ворона нацепит павлиньи перья, которые она умудрилась украсть, так сразу народ — плебс. И так всегда было и будет. Чему удивляться? Мне кажется, что критическое отношение к молодежи — это закономерность. Никуда не уйдешь. Как и презрительное отношение к народу либерально настроенных деятелей. Только никто не знает, в какую эпоху молодежь

ПРОЗА

была такой хорошей, что не привяжешься. И тот, кто народ плебсом называет, как правило, сам плебей, только духовный. И еще: современность ругать всегда модным было. Чем остроумнее — тем лучше. А вот видеть в своем времени несомненные достоинства — признак недалекости. Критиковать легко.

МЫСЛИ ПО ПОВОДУ

В советские времена впервые приехал в Москву. Вышел из поезда — думать ни о чем не мог, в голове только одно крутилось и вертелось — Красная площадь! Мне подсказали, как доехать. Помню первую встречу с эскалатором — пугающую встречу. Поднялся наверх. Кремлевские башни ошеломили своей реальностью и одновременно какой-то пряничностью. И я, начитанный человек, много знавший про литературную и театральную Москву, первым делом встал в бесконечную очередь к Мавзолею. Что это было?

Сегодня легко найти аргументы: так воспитали. Но однозначность не совсем уместна. В интеллигентских кругах к Ленину относились как к персонажу из романа Достоевского — как к человеку, охваченному идеей. Казалось, что идеологическая близость к нему — спасение от поглощающего быта и однообразия жизни. Романтическое отношение. Конечно, сегодня его фигуру видишь иначе, но что-то осталось от того времени, как запах духов в старом пузырьке. Пересмотрел кадры, как сносили памятник Дзержинскому. Многие у экранов телевизора не одну пуговицу оторвали на своих рубашках от нетерпения. И я в том числе: хотелось, чтобы истукан поскорее пал на землю. Хотелось перемен — резких и быстрых. Уже неловко вспоминать собственную страстность, которая парализовала ум. И начинаешь думать, что политические страсти — сильный порыв ветра из-за угла — можешь не удержаться. Опасаться их надо — так иногда кажется. Сегодня.

Зашел в нашу районную библиотеку, и рука сама потянулась к «Ярмарке тщеславия» Теккерея. Не о нашем ли это времени? Не ярмарка ли тщеславия управляет нами? Политики часто напоминают чиновников — великое слово «карьера». За счет другого человека, или группы людей, или всего общества — добиться для себя, для любимого. Утолить тщеславие — свое — личное. И это повсеместно.

Я тогда к Ленину стоял часа четыре. С девушкой красивой познакомился — мы читали друг другу стихи Блока. Соревновались: кто больше знает. Опомнились у тяжелых дверей. Да, страстей, наверное, надо побаиваться, но, может, бесстрастие страшнее? Сам за себя и для себя. «Свету ли провалиться, или вот мне чаю не пить? Я скажу, что свету провалиться, а чтоб мне чай всегда пить». И Теккерей об этом же!

ПРО НАСТОЯЩЕЕ

В середине 80-х наша молодая семья смогла отправиться в Крым. В отпуск. Приехали в небольшой поселок, сняли комнату, бросили в угол вещи и бегом на море. После однообразной жизни на Урале это безбрежное чудо звало — криком.

Километра полтора — узкая извилистая дорожка до пляжа. Мы бежали по ней так, что пятилетняя дочка начала задыхаться. Дедушка поднимался навстречу, остановился, головой покачал и сказал: «Ребенка пожалейте — море не убежит».

Что такое две недели в Крыму! Мы жили на пляже — с утра до вечера, и только ночевать уходили в свою комнату. Когда допекал жар — отправлялись в тенистые аллеи парка, что на берегу. Несколько вареных картофелин и яиц, персики, кипяченая вода — обед.

Всё было отлично, кроме вечерней дороги от пляжа до поселка. Подниматься по ней, преодолевая поворот за поворотом, — сущее мучение. Жарко, душно, а конца не видать — мучительные дорожные круги. Как-то впереди нас оказались молодые люди с магнитофоном — настоящим чудом для советского человека. Магнитофоны мы видели издалека или по телевизору. Иметь такую штучку — невозможная, граничащая с нахальством фантастика, особенно для начинающего учителя. Но этого было мало: ребята слушали Высоцкого. Волшебство окутало душу и захватило ее. Ни жары, ни духоты — только страх, что дорога быстро закончится, а вместе с ней и песни.

ПРОЗА

Ребята шли быстро. И мы за ними, боясь отстать. Как привязанные. И дочка не капризничала. Видимо, поняла, что нам важно, не отвлекаясь, впитывать в себя эти звуки. Тогда я в первый раз услышал Владимира Семеновича. Конечно, не считая тех песен, которые милостиво выпустило в народ тогдашнее правительство.

Сколько лет прошло. И не надо уже магнитофона, чтобы послушать Высоцкого — только руку протяни. И многое с тех пор потеряло для нас свою ценность, кроме музыки этого удивительного человека. Потому что его творчество — настоящее, как искренность, как преданность, как братство.

ЖЕМЧУЖНОЕ ЗЕРНО

Внук моей старшей сестры-пенсионерки — мальчик веселый и общительный. Он всегда чем-то увлечен, ему всегда есть чем заняться и вокруг него всегда много друзей. Двор, школьный класс или спортивная секция — всё это интересно и занимательно. Тем не менее, как-то раз, собираясь на уроки, он с тоской сказал моей сестре: «Тебе-то хорошо — в школу ходить не надо». И я вспомнил свои школьные годы. Идешь по улице и думаешь про ненавистную математику, а бабушки на скамейках сидят — и нет у них никаких контрольных работ — благодать! За отвращением к контрольным работам пряталось еще одно: повторяемость событий. Мне казалось, что я так и состарюсь по дороге сначала в школу, а затем на работу, а жизнь с ее карнавалом, с радостными неожиданностями и праздничными красками останется в стороне. Я боялся событийного однообразия, как боятся несправедливого наказания или клеветы.

В конце 90-х отправил статью в журнал «Посев» и забыл про нее. Дорога на работу и с работы. Облупленная стена соседнего дома за кухонным окном , «разговоры все об одном и том же». И вдруг почтовый конверт, а в нем гранки статьи! Это было похоже на сказку! Мне вдруг стало тесно в комнате. Ходил по улице, грудь распирало от радости, я забыл о времени и о пространстве — полет!

Следующий «полет» тоже был неожиданным для застоявшейся души. Я, молодой преподаватель, получил приглашение выступить на престижной международной научной конференции в Москве. Командировку оформил в течение двух часов, а через пару дней — иная атмосфера, столь не похожая на кафедральные будни. И после этих событий я стал искать ярких впечатлений, но они были до обидного редки, как «жемчужное зерно в навозной куче». Наверное, нечто подобное испытывают парашютисты, которые вместо прыжков месяцами вынуждены перебирать картошку на овощной базе, глядя через грязное оконце на синее небо.

Поиски неожиданного в повседневности могут превратиться в страсть, если вовремя себя не остановить. Разочарование — короткий путь к озлобленности, к алкоголизму или к семейной тирании — это дорожка для уязвленного самолюбия. Женечка мне по телефону сказала, что у нее душа волнуется: боится ошибиться в выборе профессии, поскольку тогда радости в жизни не будет. И это в пятом классе! Мне хочется, чтобы она поняла: не нужно бояться ошибок, что поиск себя — признак натуры интересной и незаурядной. Главное, чтобы в душе не проросло убеждение, которое было иконой недавнего прошлого — всю свою жизнь положить на алтарь раз и навсегда выбранной профессии. Ведь нельзя же жертвовать собой ради «не твоей» работы или нелюбимого человека! Тогда остается одно — завидовать сидящим на скамейке бабушкам, «которым не нужно идти в школу».

ДЕНЬ СУРКА

Привыкаешь к ежедневным заботам, начинаешь роптать на судьбу: мол, всё одно и то же — день сурка. Я в пятницу утром отправился на работу, после обеда — скорая помощь, каталка, кардиология, больничная палата. Лежишь под капельницей, а она надолго — больше трех часов, и тоскуешь по «дню сурка». И, как в детстве, изучаешь потолок, прислушиваешься к звукам из коридора. Сестра с таблетками и шприцем уже событие. Приход врача — почти эпоха.

ПРОЗА

В больнице старичков и старушек, наверное, поровну. Бабушки почти все толстые, нет «бабушкиного обаяния», они все недовольны, требуют участия от медперсонала, с трудом передвигаются и кряхтят.

Старики веселы, они шутят и делают вид, что больничная палата — приключение. Если один из них нечаянно стал предметом шуток, то ему уже не поменять имиджа. Дедушка-садовод, у него в домике на даче — яма, а в ней бидон с бражкой. Решил порадоваться, потянулся не так — и старые кости загремели в небольшой погреб. Ничего не сломал, но сердце дало сбой. И все шутят над ним, а он не обижается — тихо улыбается. Кто-то ходит по коридору туда-сюда, а потом хвалится: до обеда 20 раз от одного конца к другому. И радуется маленькому достижению. Кто-то режется в карты до глухой ночи, смеется и спорит. А бабушки утром жалуются доктору: дедушки спать не дали. Хорошо, что не видел молодых лиц: молодость и убогость больницы несовместимы.

Уколы, кардиограммы, разные процедуры — это как бы «дорога домой». Каждый верит, что немного осталось потерпеть, что болезнь — это случайность — пришла и ушла. Всем домой хочется. Человек всегда надеждой живет, мистически верит в силу таблетки и безоглядно доктору верит.

А сегодня мне разрешили уйти домой на ночь. Старички шутят, называют меня «дембелем», смеются, что я «с девками загуляю и опоздаю к утренним уколам».

Приехал домой, открыл дверь — и такая радость! Пусть день сурка, пусть заботы одни и те же, только бы не больница, особенно наша, российская. Уж очень много в ней тоски и безнадеги.

НЕТ ОТВЕТА

Встречи с людьми, с которыми давно не виделся, иногда важнее горы прочитанных книг. Их изменившиеся лица и прожитые годы много расскажут о нашем существовании — его закономерностях, если можно так выразиться. Не случайно поэт сказал, что «большое видится на расстоянье». А что может быть «больше» жизни?

Первого января мы с Женечкой отправились подышать новогодним воздухом. В лесопарке столкнулись с молодыми людьми: подтянутые фигуры, «хорошие» лица, правильная русская речь без накипи сленга. Один из них меня окликнул — пахнуло преподавательским прошлым. В молодом спортивном мужчине с трудом угадывался юный первокурсник, которого я когда-то учил. Разговорились. Он поведал, что у него на первом месте — свобода. Поэтому и не женится, как и все другие в их компании. Увлечение профессией, спорт, путешествия, познание нового — содержание жизни. Никакого алкоголя и курения — пошлость! На мое замечание, что я покинул преподавательскую дорогу и ушел в журналистику, он скромно заметил, что их компания далека от СМИ, поскольку они своими новостями напоминают «тревожное воронье карканье». Жизненный оптимизм — основа всего. Мне было приятно смотреть на них — не скрою. Есть что-то благородное в этом рыцарско-бердяевском служении свободе.

В первом новогоднем дне всегда есть место необычному. Недалеко от нашего двора мы почти столкнулись с фигурой. Прошли несколько шагов, и я услышал свое имя-отчество. Оплывшее лицо, как у снежной бабы в апреле, вместо морковки — баклажан, плечи в трубочку, в руках пакеты с разливным пивом. Бывший частный ученик. Сказал, что у него жизнь тяжелая. Я бросил ему привычное «всего хорошего», и мы дальше пошли. Женечка посмотрела на меня вопросительно — я пожал плечами.

И здесь напрашивается изношенный вывод, что каждый из нас сам отвечает за себя, и прочее, прочее, прочее ... Штамп привычен, как старые сапоги. Я знал родителей этих молодых людей. Мама первого — учитель физики, завуч. Папа — слесарь на Уралмаше. Добрые порядочные люди. Мама второго — вузовский преподаватель — одна воспитывала двоих сыновей, с одним из которых мы с Женечкой и встретились в подворотне. В их домах никогда не гнездились злоба и зависть, как и отчаянье с разочарованием. Наверное, лет пятнадцать назад я бы легко изрек приговор в духе привычного штампа, чтобы научить Женечку уму-разуму. А сегодня не решусь — нет ответа на внутренний вопрос. Да и ребенка не хочется учить высокомерию — гадость это, как дешевый алкоголь.

НЕ ДАЙ МНЕ, БОГ, СОЙТИ С УМА

Странные люди часто встречаются в транспорте. В любом. В троллейбусе рядом со мной угнездилась дама. И сразу спросила, приходилось ли мне бывать в Петербурге. А затем вдруг и предложила: «Давайте представим, что следующая остановка будет Невский проспект. И засмеялась громко и неестественно — "Га-га-га'! На весь троллейбус. Меня не смутило, что все на нас смотрели с нескрываемым любопытством. Смущали глаза этой дамы. В них какие-то нездоровые огонечки горели. Что может последовать после «Невского проспекта» — я и предположить не мог. На остановке пулей вылетел на улицу. Неприятно.

... Еще до школы попал в больницу. Было лет шесть. Стянул у мамы бутылку сиропа из шиповника и выпил. Ночью температура поднялась — и стационар. Истопником и уборщицей там работала девушка лет 16. Я ждал ее с утра. Она появлялась с охапкой дров, вываливала ее с грохотом на пол и топила печь. Мы сидели рядышком на полу, смотрели на огонь и молчали. Потом она начинала мыть полы в палатах. Затем в коридоре. Я терпеливо ждал. А далее начиналось главное. Девушка подавала мне палку, которую я держал у плеча, как стойкий оловянный солдатик, а сама хватала швабру с мокрой тряпкой, объявляла меня министром образования, а себя — министром здравоохранения, и мы важно шагали по коридору — я с палкой, а она со шваброй. Шагали примерно с полчаса. И затем она уходила домой. До следующего утра. Боже, как я ждал ее всю ночь! И все ради того, чтобы походить с ней министрами по коридору. Это одно из самых радостных воспоминаний. А ведь девушка-то была с явным психическим расстройством.

К концу второго курса мне казалось, что я чувствую настоящую поэзию с первого взгляда. Этим своим «даром» я делился с каждым, с кем сталкивала меня судьба. Ну отчего же не продемонстрировать всем-всем, как я хватаю поэтическую строку, тут же выворачиваю ее наизнанку и показываю, что она из себя представляет. Но только до одного случая. Из Улан-Удэ поездом я возвращался в Свердловск. В Иркутске в вагоне появилась щупленькая живая старушонка. Помню, что у нее постоянно менялось выражение лица — одно чувство быстро сменяло другое. И говорила она красиво и правильно, изящно. Такая речь, наверное, была у дореволюционной интеллигенции. Между прочим, она прочитала мне пару своих стихотворений. Помню, там шла речь о ее далекой родине — Польше. Оказалось, что моя странная попутчица — полька, что ее семья не по своей воле попала в Сибирь, что все ее родственники давно померли, а она на старости лет решила попасть на родную землю. Нужно только доехать до белорусско-польской границы и переплыть реку Буг. Только и всего! Ночью надо это сделать, чтобы пограничники не видели. Конечно, я был потрясен! Героиня! Неординарная личность с горящей душой. Старушонка и рассказывала о себе, и стихи свои читала. Я, конечно, восхищался, пока не покритиковал пару ее строчек! Мгновенно она оказалась в углу. Вдавилась в него худой спиной, а глаза загорелись зловещим светом, как у той дамы в троллейбусе. И больше ни одного слова. Она следила за мной глазами, когда я выходил и входил в купе, я чувствовал ее взгляд постоянно. Боялся заснуть, боялся отвернуться — всюду два нездоровых глаза.

В сегодняшней жизни встречи с «больными» людьми бывают, к счастью, редко. То статью в редакцию пришлют с припиской, что это «Космос надиктовал», то в трамвае или на улице прокричит кто-нибудь, как юродивый у Пушкина. Но никто не застрахован от странных встреч. И не знаешь, как вести себя, что говорить и куда смотреть. Только я давно заметил: пьяный или юродивый, войдя в пустой троллейбус, обязательно сядет рядом со мной. Сядет, повернет к тебе лицо свое и вопрос задаст, странный, с ознобом каким-то ненормальным. Но таких, как министр здравоохранения из моего детства, не встречал больше. Сейчас агрессивные в основном.

НЕСДУВАЕМОЕ

У меня дядя был. Инженер в летных войсках. Служил одно время в Польше, а затем его с семьей перевели в Западную Украину. В наше сибирское село, заброшенное в горы, он приезжал раз в год в отпуск. Нам тогда казалось, что он спускается к нам с Олимпа — не иначе. Мы смотрели с восхищением на его мундир, на не деревенское лицо, слушали непривычную городскую речь. Инопланетянин! Он с женой гулял по сельским улицам, разговаривал с земляками неторопливо — со знанием дела. И родня, конечно же, им гордилась. А как иначе? Столкнется лоб в лоб с Ванькой-Петькой-Колькой — бывшими одноклассниками. Он офицер, от которого заграницей пахнет, и они — местные деревенские алкоголики — сморщенные, вонючие, в каких-то драных телогрейках.

Помню один из его приездов. Я к тому времени, наверное, перешел в пятый или в шестой класс. Мечтатель и романтик. За спиной горы прочитанных книг — сказок и легенд, романтических происшествий и рассказов о дальних-предальних странах. И все эти книги звали меня в дорогу днем и ночью. И таким наш Цакир представлялся мне невзрачным, скучным и серым, что не высказать. И лежало-то село в кольце гор, за которыми, как мне представлялось, иной мир — светлый и чудесный. И люди там живут другие — смелые и гордые деятели. Не то, что наши, цакирские — скучные и узкие. Мещане, короче говоря. Если бы кто-то подговорил меня бежать, я бы, наверное, запросто составил ему компанию.

И вот дядька погостил-погостил и стал собираться в дорогу. Вся родня дружно его провожала до аэродрома в Закаменске. Километров в тридцати от нашего села. А летали тогда "кукурузники" — маленькие самолетики, которые с земли казались волшебными птицами. Попасть внутрь самолета, подняться над горами, посмотреть сверху на то, что вызывало во мне тоску, и умчаться в даль манящую! Боже, это не мечта, не греза! Нет слов, как все это назвать. А дядька летел сначала в Иркутск, а оттуда уже до Москвы. Он заметил мои глаза. Видимо, они его обожгли. Так мне показалось. И вдруг он, повернувшись к моей матери — своей сводной сестре, говорит: «Парня отпусти со мной. Пусть до Иркутска со мной полетит. Там у бабушки поживет, и старшая сестра его потом до дома доставит». Мама молчала. И это ее молчание, небольшая пауза, показалась мне страшной, жуткой пыткой. Как будто ты просидел в заточении четверть века, и вдруг перед твоими глазами приоткрылась дверь, а за ней — что-то солнечное, сверкающее, манящее. «Не отпущу», — отрезала мама. И дверь в солнечную долину захлопнулась, как мне тогда казалось, навсегда. Ноги свинцом налились, силы оставили тело после напряжения. Но на меня никто не смотрел. И дядька не смотрел. Он с родней прощался.

Много лет пролетело. Ветер пронесся по памяти — мало что осталось. Ровная степь. И только этот случай, как камень: ветер не сдвинет. Так странно.

Неожиданная встреча

Сентябрь 1990 года был холодным и ветреным. Меня отправили в командировку в городок Верхняя Салда, чтобы провести вступительное сочинение для абитуриентов-вечерников. Там было небольшое отделение пединститута.

Поселили в номер казарменного типа — длинное помещение на первом этаже двухэтажного барака. Два десятка кроватей под тонкими солдатскими одеялами говорили, что радости нет и не будет. Холодно и голодно, тоска, как зубная боль, не давала покоя. На одной из кроватей лежали вещи — спортивная куртка и мужской шерстяной шарф.

Экзамен закончился. Нужно было переночевать, чтобы на другой день провести еще один. Я прогулялся по мокрым городским улицам и пришел в «номер». Сосед, закутанный до ушей в солдатское одеяло, сидел на своей кровати и читал. Мы поздоровались. Оказалось, что это преподаватель философии, «сосланный» в Верхнюю Салду, чтобы принять экзамены по предмету у местных студентов.

Разговор возник как-то сразу — без подготовки. Легко и просто. Мой собеседник сказал, что он только что вернулся из Питера. Его интересовали места, связанные с Анненским. Я сделал вид, что фамилия мне знакома. На самом деле, на провинциальных филфаках того времени о таком поэте не слыхали. Мне не хватило духа сказать правду. В заключение он рассказал, что в Царском Селе на кладбище искал могилу своего кумира. Не нашел. И ему хотелось на все кладбище крикнуть: «Иннокентий Федорович! Где же Вы?». Я интеллигентно молчал. Выражения «Кипарисовый ларец», «трилистник» — волновали душу, как незнакомые ветры, налетевшие откуда-то.

Утром я ушел на экзамен. А вечером обнаружил на своей кровати небольшой сборник стихов Анненского, который был издан в 1989 году журналом «Полиграфия». Философ оставил. Для меня.

Прошло некоторое время, и я узнал: Иннокентий Федорович преподавал литературу. Странно, но меня совсем не удивило, что Гумилев учился в Царскосельской гимназии, директором которой был Анненский. Меня удивило другое. Это другое перепахало душу, изменило мышление, сделало меня внутренне богаче, чем раньше. Я готовился к лекции по Гоголю и прочитал, что Иннокентий Федорович у каждого человека выделял две сущности. Так, «первый человек — голос, поза, движение, смех». «Первый ест, спит, бреется, дышит и перестает дышать, первого можно сажать в тюрьму и заколачивать в гроб».

«Второй» — это то, что принадлежит каждому из нас нераздельно, что составляет неповторимую индивидуальность каждого из нас: «... только второй может чувствовать в себе Бога, только второго можно упрекать, только второго можно любить, только второму можно ставить моральные требования». И еще: «Гоголь оторвал первого из двух слитых жизнью людей ... Люди вышли у него столь ошеломляюще-телесными, что тот, второй человек, оказался решительно затертым». Причем здесь критика крепостного права? Причем насмешка над помещиками? Причем те штампы, которые я «кидал» в аудиторию, как пропагандистские листовки из самолета? Все гораздо глубже.

Сокровенная тайна в том, что «второй» человек может «умереть». И некого любить, некому ставить «моральные требования». А почему? Так вот, «моральное требование» можно предъявлять только себе самому. В первую очередь самому себе. Только тогда «первый человек» не «будет господствовать, смеясь». И в этом смысл русской словесности.

Я посмотрел на свое прошлое и настоящее другими глазами. И я научился размышлять и наблюдать. Я научился мыслить.

...Сентябрь в 1990 году был холодным. В Верхней Салде не работало отопление. Мы с философом поделили поровну холодный кисель, который сунула мне в сумку жена. А еще у нас был батон. И я слушал о человеке — мудром, скромном, писавшем хрустальные стихи. И душа волновалась: предчувствовала, что в моей жизни что-то должно поменяться.

Вера ЗУБАРЕВА

Доктор филологических наук Пенсильванского университета. Родилась в Одессе, проживает в Филадельфии. Основатель новой теории драматического жанра и чеховской комедии нового типа. Автор литературоведческих монографий, книг поэзии и прозы на русском и английском языках. Главный редактор журнала «Гостиная», президент проекта «Русское Безрубежье». Первый лауреат Международной премии им. Беллы Ахмадулиной, лауреат Муниципальной премии им. Константина Паустовского и других международных литературных премий. Публикации в журналах «Арион», «Вопросы литературы», «День и ночь», «Дружба народов», «Зарубежные записки», «Знамя», «Интерпоэзия», «Нева», «Новая юность», «Новый мир», «Новый журнал» и других.

ЛИК ОДИНОЧЕСТВ
(ИЗ КНИГИ «АНГЕЛ НА ВЕТКЕ»)

БЕДНЫЙ СТАРИК

Бедный старик, он, всякий раз принимает меня за сиделку.
— Ты кто?
— Невестка Вашего сына.

Он строго окидывает меня взглядом, прикладывает ладонь к уху и «звонит» сыну.

— Алё! Гошка? А у меня тут сиделка. Хорошая. Это ты прислал? Ну, спасибо тебе. — Он кладёт «трубку» и сидит так некоторое время, уставившись в пространство.

— Где сын ваш? — спрашиваю просто так, чтобы проверить.
— В трубке, где ж ещё. — Он разжимает кулак. — Сейчас, наверное, погулять пошёл. Потому и не звонит. — Он смотрит на меня вопросительно, явно ожидая подтверждения.

— Да, наверное, пошёл погулять.
— А ты знаешь, куда?
— В магазин, должно быть. Рождество сегодня.
— Чьё?
— Ну... всеобщее.

Он качает головой и удаляется в тёмный коридор памяти.

Через некоторое время возвращается, волоча за собой спутанные новогодние ёлки с мишурой и игрушками, которые звенят, но не бьются.

— Эту вот, кажется, купили, когда мне исполнилось три года, — говорит, указывая на узел с ёлками. — Или нет, вот эту... — Он пытается распутать узел, но почему-то начинает плакать. Наверное, иголки колются.

— Не плачьте, — прошу я его. — Может, это вовсе не она. Та была другая.

Он с надеждой смотрит на меня:
— Правда? Ты точно знаешь?
— Точно.

— А я-то думал, почему она не распутывается никогда. Значит, из другого времени, вот почему. А того времени мне никогда уж и не вспомнить. Ну пусть лежит себе запутанная. Может, кто-то когда-то её и распутает. Какой-нибудь историк. Историки они всегда что-то распутывают и что-то запутывают. На то они и историки.

Кто-то хихикает у него за спиной. Я делаю знаки, чтобы Светка удалилась, и она тут же скрывается в гостиной, откуда доносится звяканье посуды.

— Не обращай внимания, — говорит он. — Это тётя Бетя на кухне мацу жарит.

Светка, сложенная пополам от беззвучного хохота, проползает мимо дверей. Подслушала-таки, паршивка!

— Беатрис Самойловна! — говорит он внушительным тоном. — Оставьте сковородку в покое и дайте отдохнуть вашим грешникам. Рождество уже на носу!

Беатрис Самойловна всплёскивает руками:

— Да неужто? — и бежит к окну.

Там расцветает хризантемой невиданная звезда.

— Вот это да! — восхищается тётя Бетя.

— А я помню другую звезду, — говорит он смущённо.

— Ну и помните себе на здоровье. Они не подерутся, — парирует тётя Бетя.

Звезда распускается как замедленный салют, завораживая пространство вокруг себя. Мы стоим и смотрим на это чудо, а я думаю, сколько ещё гостей он наприглашал из своей жизни.

Незадолго до полуночи он засыпает. Я иду к столу, открываем шампанское, оно вырывается звёздами из коридора горлышка. Каждая — сияет на одной из его ёлок.

— Мы распутаем их, не беспокойся, — обещаю на прощание шёпотом у его кровати.

— Ты кто? — бормочет он во сне.

— Я ангел, спи.

— Так я и думал... А ёлка распуталась...

Я поправляю одеяло и на цыпочках выхожу из комнаты. Вслед мне смотрит с тумбочки военное фото, на котором он стоит со своей первой любовью возле ёлки. На вершине красуется шишка, а внизу подпись: «Январь, 1943».

ПРОЗА

СВОЛОЧЬ

Рэй парил в невесомости неба. За спиной у него только что раскрылось облако. Оно слегка покачивалось от ветра, и тело Рэя накренялось то вправо, то влево. В этом покачивании он летел над землёй, напитываясь блаженством. Его ноги болтались в воздухе, живые, связанные с каждой клеточкой его тела. Он расставил руки в стороны и стал махать ими, как крыльями, а голову задрал ввысь, чтобы не видеть земли. Только бы не приземлиться, только бы не приземлиться! А то всё мгновенно переменится — тело станет беспомощно тяжёлым, а ноги отомрут.

Мысль о ногах подстегнула его. Он замахал руками сильнее, словно гусь, отбившийся от стаи. И тут свершилось непоправимое. Он резко начал снижаться, хватаясь руками за обрывки туч, за ветки деревьев, пока наконец не упёрся лицом в ковёр.

Рэй лежал на полу возле кровати, и на него пялился пёс. Несколько минут Рэй тоже пялился на пса в надежде на то, что тот залает и разбудит жену, спящую двумя этажами выше. Не тут-то было. Пёс не залаял, а лишь издал какой-то глумливый звук и продолжал глазеть.

— Сволочь, — сказал ему спокойно Рэй, — ты можешь потявкать так, как это обычно делаешь, когда я отправляюсь без тебя на прогулку?

Пёс внимательно посмотрел на него, но не издал больше ни звука.

— Сволочь! — заорал Рэй. — Позови её, позови её сейчас же!

Он стал бить руками по полу. Перспектива валяться на полу до утра сулила мало приятного.

— Аннета! — закричал он низким глухим голосом, понимая всю безнадёжность этого надрыва. — Аннета, проснись, чёрт бы тебя побрал! Проснись, дура! О Господи, как же она крепко спит... Ты можешь полаять? Полай, прошу тебя. Сволочь!! Сволочь, сволочь, сволочь! Помогите! Помогите!

Он орал в полной тишине каждые десять секунд, как делал это двадцать лет назад, неудачно спрыгнув с парашютом и оказавшись в безлюдной зоне с бесчувственными ногами и болью в пояснице. Тогда его разыскали относительно быстро, в течение нескольких часов. До рассвета оставалось тоже несколько часов, но мысль о том, чтобы встретить его, упершись носом в ковёр, была нестерпимей той боли в пояснице, от которой навсегда отказали ноги.

Через полчаса из его глотки вырывалось уже что-то наподобие сдавленного мяуканья.

— Сволочная кошка, — пробурчал сосед за стенкой, пробуждаясь от кошмара, навеянного стенаниями Рэя. — Пойду спрысну сад, чтоб не приближалась к нам.

— Да это не кошка, — сказала, прислушиваясь, жена.

— А кто же?

— Это кто-то зовёт на помощь. Похоже, Рэй с кровати свалился. — Она вновь прислушалась. — Рэй это.

— Скажешь тоже… — Он подошёл к стене и приложил ухо. — Да кошка это!

— Тогда б пёс залаял. А он молчит. Точно Рэй.

— Сейчас проверим. — Сосед открыл дверь на веранду и вышел в сад. Там было тихо. — Не, не Рэй.

— Да Рэй же, говорю тебе! Он орёт, а жена его храпит.

— А собака?

— При чём тут собака? Эта сволочь орёт только, когда его на лечение увозят. Ты будешь звонить его жене или нет?

— Вот разбудим человека ни за что ни про что, а ей утром на работу… — Он набрал номер. — Не отвечает.

— Дрыхнет. Иди к нему через сад, у него дверь всегда открыта. Да сколько можно прислушиваться? Хочешь, чтобы он замолчал?

— А что?

— А то! Если замолчит, тогда плохо дело. Так, или ты идёшь, или я…

— Ну ладно… Сиди здесь.

Рэй тоже услышал шевеления за стенкой и стал подавать голос с учащённой периодичностью. Но оттого, что он лежал на животе, звуки выходили всё сдавленней и сдавленней. Пёс заинтересовался такой переменой в голосе хозяина и поднял одно ухо, всякий раз кивая мордой, когда звук выходил на волю.

— Попомнишь ты это у меня, сволочь, — так же сдавленно пообещал Рэй псу, но силы решил экономить и больше к нему не обращался.

Вскоре в дверях появился сосед.

— Ты как, Рэй, — спросил он уткнувшегося лицом в ковёр Рэя. — Чем я могу тебе помочь?

— Позови Аннету, — заскрежетал зубами Рэй.

Сосед с радостью, что ему не нужно самому тянуть на себе Рэя, отправился выполнять поручение. Пёс наблюдал за ним, пока тот не скрылся за дверью, ведущей на второй этаж.

Комнаты соседского дома располагались в зеркальном порядке, от чего продвижение по ним в ночи было особо затруднительным. Всё время хотелось повернуть не в ту сторону, и сосед несколько раз возвращался к двери, ведущей вниз к Рэю. Наконец, пройдя через тёмное, загромождённое неясно очерченными вещами пространство, он нашёл лестницу на третий этаж. Поднявшись, он вновь свернул не туда, попав сначала в туалет, затем в кабинет, а затем в пустую спальню, заставленную грудой бесформенных теней. После третьей попытки он постучал в дверь Аннеты.

Аннета спала крепко. Обычно она видела только два сна. Один сон был о гулянке, на которую она вырвалась из дому, оставив Рэя с псом. Этот сон так возбуждал её, что она просыпалась на несколько минут, пила воду, шла в туалет и потом укладывалась на другой бок. Второй сон был о том, что у неё красивые ноги, длинные волосы, и вообще всё впереди. Этот сон успокаивал её, и наутро она просыпалась в блаженном состоянии духа.

Аннета была как раз в середине второго сна, когда в дверь её спальни постучали, и на пороге появился мужчина. Не понимая, снится ей это или нет, она взглянула на часы. Время было раннее, значит это сон. Она признала в мужчине соседа и подивилась прихотливым вывертам снов.

Сосед откашлялся.

— Аннета, — сказал он, — не бойся, это я, твой сосед.

— А я и не боюсь, — то ли подумала, то ли пошевелила губами Аннета, сожалея, что сон дал крен в сторону её безрадостного настоящего. — А что ты здесь делаешь?

— Меня послал Рэй.

— Сон протух, — пробормотала Аннета. — Не знала, что и у снов есть срок годности…

— Что?

— При чём тут Рэй? О боже! Рэй! Что с ним?

— Он упал с кровати.

— Когда?

— Сегодня.

— Когда?!

— То есть, ночью, пару часов назад, похоже. Он попросил, чтобы ты спустилась. Я тебе звонил, но телефон был отключён.

— Боже, Рэй!

Она понеслась вниз, как боеголовка, пробивая навылет груды картонных коробок. Когда она влетела, Рэй даже не повернул в её сторону головы. Она быстро и ловко взяла его под мышки, и через минуту он уже был в объятиях кровати. Пёс тихо улёгся рядом и закрыл глаза.

— Ну как, — спросила соседка, когда муж вернулся.

— Порядок. Уже в постели.

— Свалился во сне, да?

— Точно.

— Вот видишь, я же говорила! А ты — «кошка», «кошка»… — заворковала она. — Как ты втащил его обратно? Он ведь тяжёлый кабан! — Она погладила мужа по голове, и дом погрузился в истому сна.

Наутро Рэй надел майку и сникерсы и, дождавшись, когда Аннета укатила на работу, двинулся в инвалидной коляске к входной двери. Пёс настороженно следил за ним.

— Чуешь, сволочь? — спросил Рэй и показал псу средний палец.

Пёс обнюхал палец, и тревога его только усилилась.

— Сидеть! — скомандовал Рэй и ловко захлопнул дверь от комнаты прямо перед носом пса.

Пёс забегал у двери, слегка подвывая.

— Молчать! — злорадно приказал Рэй и нажал на рычаг своей дорогостоящей коляски.

Пёс услышал, как открылась входная дверь и коляска тяжело перекатила через порог. Рэй приостановился и взглянул на небо. Там висело его парашютное облако. А вся его военная карьера сидела парализованная в его коляске. Пёс тоже приостановился и слушал с той стороны. Рэй усмехнулся и отправился в путь.

Он ехал по направлению к парку. Руки его были свободны, никто не путался у него под колёсами, не лаял на проезжающие машины, не пытался сбежать.

— Сволочь! — орал ему вслед пёс, выскочив в коридор. — Сволочь-сволочь-сволочь! — негодовал он, став на задние лапы перед входной дверью и глядя в ту сторону, куда покатил Рэй.

Рэй слушал удаляющийся лай, ныряя в гущу деревьев вниз по склону, и улыбался.

Через полчаса он вынужден был прервать прогулку, так как кто-то из соседей позвонил его жене и пригрозил настучать на него в бюро охраны животных.

— Возвращайся домой! — приказала Аннета срывающимся на истерику тоном.

Он хотел было напомнить ей, как драл глотку прошлой ночью, и это никому не мешало спать, но Аннета уже повесила трубку.

Рэй понуро подъехал к дому. К его удовольствию, пёс по-прежнему неистовствовал, переходя от злобной ругани к протяжному вою. Делая вид, что ищет ключи, он медлил, наслаждаясь моментом и оглядывая улицу. Из дома напротив за ним наблюдала пожилая соседка.

— Молчать! — скомандовал Рэй, отпирая дверь. Но пёс уже и так затих, заслышав стук коляски.

Толкнув дверь, словно она была той самой соседкой напротив, настучавшей на него Аннете, Рэй двинулся в комнату прямо на пса так, что тому пришлось отступать задом.

— Что, сдрейфил? — ухмыльнулся Рэй, продолжая надвигаться, как танковая дивизия.

Пёс зыркнул в сторону, сделал обманный манёвр и, пронырнув между коляской и дверью, вырвался на улицу.

Он бежал под аплодисменты птичьих крыльев прямо в парк, распугивая белок и налетая на коряги. Он рвал их зубами, хватал, отбрасывал, снова хватал, облаивал скунсов, дрался с бабочками.

— Назад! — орал ему вслед Рэй. — Назад, сволочь!

Но пёс не останавливался и реагировал на команду хозяина ещё пущими скоростями.

К вечеру его всё же изловили. Он виновато, почти на цыпочках, прошёл в комнату, выслушал всю тираду в свой адрес, затем шумно набросился на еду и, уже не обращая внимания ни на кого, удовлетворённо предался отдыху.

Наступила ночь. Аннета уложила мужа в постель, дала ему сотовый на всякий случай и удалилась на третий этаж смотреть свои два излюбленных сериальных сна.

Рэй долго лежал с открытыми глазами, слушал дыхание пса, вертел в руках пульт от телевизора и щёлкал таблетки.

Утром Аннета спустилась вниз, чтобы помочь ему с утренним туалетом, но он спал, и она, стараясь не шуметь, собралась и ушла на работу. Через полчаса пришла медсестра, разбудила его, чтобы сделать процедуры. Он открыл глаза и снова уснул.

— Эй, проснись! — похлопала она его по щекам. — Время делать процедуры.

Рэй приоткрыл глаза. В них плавали облака.

— О боже! — засуетилась медсестра. — Что он принял?

Пёс заволновался, переминаясь с лапы на лапу.

Она набрала скорую, вызвала дочь Рэя, которая жила неподалёку, и бросилась к тумбочке с лекарствами.

Через минуту скорая стояла у дома.

Рэй тяжело открывал глаза, на вопросы не отвечал и вновь проваливался в таблеточный рай. Его погрузили на носилки и вместе с кульком медикаментов и дочерью забрали в машину. Пёс остолбенел. Это уже слишком! Два дня подряд без него!

Машина тронулась.

— Сволочь! — заорал пёс изо всех сил. — Ну какая же ты сволочь! Накупил мне поводков и сомнительных намордников, а сам... Вернись! Немедленно вернись!

— А ты, оказывается, умеешь разговаривать, — слабо тявкнул Рэй.

— Я-то умею, а вот ты… ты потерял всякий человеческий облик. Перед соседями стыдно! Тявкаешь, тявкаешь, ночью спать никому не даёшь, из дому убегаешь. И жена твоя построила себе будку на крыше, чтоб от тебя подальше. Только я тут один и мучаюсь с тобой. Вернись, я сказал!

— Не вернусь, отстань, — заскулил Рэй. — Мне на облаках лучше. Я лечу и ногами болтаю в воздухе. Тебе не понять…

— Что с ним? — спросила дочь, склонившись над носилками.

— Да ничего особенного. С лекарствами перебрал. Скоро оклемается.

ВОЛНА

Она — волна. По утрам в ней зажигается солнце, и пока она моется в душе, радуги так и плещутся, забрызгивая пол и зеркало и подрагивая на потолке. Во всём доме она одна проводник света. Может быть, и во всём квартале. Когда она заводит машину и трогается с места, блики от ветрового стекла зажигают окна напротив, и весь многоэтажный дом становится похожим на магический кристалл.

Он — ящик с неотправленными вещами, среди которых пара фиолетовых кроссовок, зелёная растянутая майка, неопределённого цвета застиранные шорты и потёртая синяя кепка. Такого добра никому не надо.

Он оставил её почти вскоре после переезда в Канаду, когда выяснилось, что у их новорожденного сына аутизм. К тому времени тяжело заболела её мать и приехал в гости брат, который не собирался возвращаться на родину в Одессу. Цепь родственных отношений с вытекающими из этого переселения заботами замкнулась на ней, и разорвать её не было никакой возможности.

Канаду она невзлюбила сразу, с первого взгляда. Убежав из одного режима, она оказалась в тисках другого, ещё более жёсткого, прикрывавшего чиновничью бессердечность идеями человеколюбия. Человеколюбие состояло в догме равенства — почти арифметического, когда человек превращался в цифру, номерок, по которому выдавали пособие по безработице, ставили в очередь на приём к адвокату, врачу и т.д. Её номер был всегда в конце.

Поначалу в ней жила надежда, которая появлялась, как Лорелей у Гейне, в предвечерних солнечных лучах, и обнадёживала, зажигая золотистую каёмку в глубине бокала. Это были часы тайны, разгадывание связей всего со всем, и она поддавалась этим вибрациям, глядя на закат сквозь кухонное окно, когда готовила ужин маме и сыну или мчалась на подработки, подворачивающиеся благодаря её агенту из бюро для моделей. Подработки выпадали на конец недели, так что ей редко приходилось отпрашиваться с основной работы в магазине одежды.

Однажды, когда она пересекала границу французской Канады с другими моделями и надежда нашёптывала ей невнятные обещания, что-то перевернулось в ней. Она внезапно осознала всю никчемность этих мероприятий, этих мелких игр в значимость происходящего, этого блеска и нищеты полукуртизанок. Ей захотелось повернуть назад и больше никогда не принимать ни одного предложения от своего агента.

Было холодно, слякотно, и город за забрызганными автобусными стёклами нахохлился, как воробей. Съёмки должны были быть в костюмах семнадцатого века, в замке, а дома ждал маленький Санька, такой любимый и тёплый, утыкающийся носом в её ладони по вечерам и не желающий отпускать её от себя ни на минуту.

— Живей, живей, девочки, поторапливайтесь!

Они уже прибыли на место, и менеджер подгонял их, когда они, спрыгивая с автобусных ступенек, застывали в изумлении перед замком, освещённым прожекторами по случаю костюмированных съёмок. Заказ поступил от какого-то француза, рекламировавшего новую парфюмерную линию, — это всё, что им было известно.

В замке их встретила суета, она втолкнула их в гримёрную, сорвала с них джинсы и майки и облачила в парики и бальные платья. Манекенщицы двигались по конвейеру, каждую макали лицом в бочку со снежной пудрой, штамповали мушки на глубоко декольтированной груди или на щеке и накладывали трафаретные красные губы разных форм. После этого их выбрасывали в зал, и они трепыхались, как бабочки у огня, совершенно ослепшие и ошалевшие от света юпитеров, автоматически выполняя какие-то указания режиссёра.

Она тоже что-то выполняла, ей даже аплодировали, и она улыбалась и приседала, и каждая её поза вызывала одобрительные возгласы у присутствующих. Наконец, всё было кончено, весь этот маскарад, цель которого — оплата за квартиру и новая игрушка для Саньки. Она выпорхнула из зала, осыпаясь пыльцой пудры, быстро переоделась, смыв с лица столетия, вышла из гримёрной и направилась к выходу. Ей преградил путь какой-то молодой человек, должно быть из съёмочной группы, и начал что-то быстро говорить по-французски. Она снова улыбнулась, не понимая, и вспомнила единственную фразу, которую знал почти каждый из её бывших соотечественников. Она тут же выпалила её, начисто забыв, что эта фраза означала.

— Мосье, же не манж па сисжур[1].

У француза вытянулось лицо, он на минуту замер, затем резко схватил её за руку и потянул куда-то. Они сбежали вниз по мраморной лестнице, завернули направо и оказались в ресторане.

Официанты накрывали банкетные столы, предназначавшиеся для хозяина парфюмерной линии и его друзей. Никого ещё не было. С горячностью, грозящей перерасти в скандал, француз стал объяснять что-то официанту. Тот развёл руками и побежал за менеджером, который не заставил себя ждать и, протянув обе руки навстречу французу, пожал их с улыбкой доброго знакомого. Всё, что она поняла, это имя её спутника. Его звали Поль.

Стол был накрыт немедленно, и на нём стали выстраиваться сказочные яства. Она отпрянула, замотав головой и давая понять, что ни за что не сядет и что ей нужно спешить. Тогда Поль встал на колени и принялся умолять её остаться отужинать вме-

---

[1] Мосье, я не ел шесть дней (фр.). Фраза из «12 стульев», произносимая Кисой Воробьяниновым.

сте. И только тут до неё стало доходить, что именно послужило причиной его эксцентричного поведения. Боже мой...

— Поль, — выдавила она, пытаясь затолкать смех вовнутрь. Но смех только того и ждал. При первых же словах он выпрыгнул из неё, как чёртик из табакерки, сметая все правила приличия на своём пути.

Официанты остановились на полдороге, заколыхалось пламя в канделябрах, кто-то уронил вилку, и она долго и резко чертыхалась, скользя по паркету и подпрыгивая, пока на неё, наконец, не наступили ногой.

Поль по-прежнему стоял на коленях, пытаясь удержать её, и не понимая причины такого гомерического хохота. Он решил, что это просто нервное потрясение после дней, прожитых впроголодь, и ждал, чуть придерживая её за щиколотки.

Наконец, она пришла в себя и, вытирая слёзы, сказала:
— Я пошутила. Я просто забыла, что эта фраза означает.
Он смотрел на неё, словно не слышал того, что она сказала.
— Вы говорите по-английски? — спросила она.
— Нет.
— Простите, здесь есть кто-то, кто говорит по-английски? — обратилась она к официантам.
— Я из английской Канады, — ответил официант, с которым Поль разговаривал поначалу.
— Переведите ему, пожалуйста, что я сейчас сказала.
Официант кивнул и тот час же перевёл.
Поль встряхнул головой.
— Ничего не понимаю...Откуда вы знаете эту фразу?
— Из одного известного русского романа.
— Ясно...

Теперь настал его черёд. Раскачиваясь, как судёнышко во время шторма, Поль преодолевал обрушившийся на него шквал смеха, одновременно пытаясь подняться с пола. Она подала ему руку и стала тянуть его вверх, но на последнем всхлипе он грохнулся вновь и увлёк её за собой. В этот момент стали появляться гости.

— Бежим, — шепнул Поль.

ПРОЗА

Она больше не нуждалась в переводе. Они вскочили одновременно с пола и выбежали из ресторана, продолжая хохотать.

У выхода уже ждал автобус с моделями.

— Мне пора, — сказала она.

— Нет…

— Да.

— Как вас зовут?

— Светлана.

— Светлана, Светлана, — торопливо произнёс он на французский манер, делая ударение на последнем слоге. — Светлана, не уходи! Я представлю тебя своим друзьям… Вон там, у входа, Альберт, автор новой парфюмерной линии… Он мой кузен. А там… Куда же ты? Останься!

— Я не могу…

— Почему? Ну почему? Ты боишься меня?

— Нет, дело не в этом.

— А в чём же? В чём?

— В том, что мне нужно идти. Меня ждёт… мама. Она нездорова.

Они улавливали ключевые слова, и диалог налаживался.

— Мама. Понимаю… Ну хорошо. Тогда оставь мне свои координаты. Куда я могу позвонить?

Она кивнула и достала из сумочки какую-то салфетку. Он быстро протянул ей ручку из нагрудного кармана.

Автобус загудел, давая понять, что их время истекло.

***

Однажды, на заре своей юности, он решил со всем этим покончить. Он даже не бросил Францию, он просто схватил свой оранжевый рюкзак и исчез навсегда — для матери, для знакомых и для всех этих памятников русской культуры, о которых он знал с детства, и часть которых украшала стены их изысканного загородного фамильного поместья, где изредка устраивались приёмы для каких-то высокопоставленных лиц или знаменитостей. Мать, выросшая в аристократической обстановке, давно переселилась в город, где купила с отцом апартаменты.

Она преподавала в Сорбонне русскую литературу. Отец — заблуждение её нигилистской юности — политэкономию. Дом для него был ночлежкой, а жена не интересовала его вообще. Иногда он ломился к маленькому Полю в спальню после ночной гулянки, очевидно, путая двери, но Поль всегда запирался изнутри, не вынимая ключа, как научила его прислуга. Когда в детстве Поль слышал поздно ночью нестерпимый скрежет ключа, дёргающегося в его замочной скважине, он мысленно желал, чтобы однажды этот звук прекратился навсегда. И однажды он прекратился. Отца убили после какой-то очередной встречи-попойки, и никто не стал разбираться в этом тёмном деле.

Полю тогда было уже четырнадцать, и он взял вину на себя. В душе, конечно. Он жил с этой виной до поступления в университет, а потом не выдержал и рассказал об этом матери. Она только криво усмехнулась.

— Я желала этого каждый день моей жизни. Это была такая скотина...

— Почему же ты не развелась с ним? Почему не ушла от него?

— Так было удобнее. Мы ни в чём не нуждались. У нас было много общих знакомых.

— А по ночам, когда он возвращался домой, и ты уже спала...

— Знаю. Я же сказала: это была такая скотина!

— Ты знала? Всё это время?

Она просто вышла из кухни и включила телевизор.

Тогда он схватил свой рюкзак, какие-то деньги и исчез.

Его никто не искал.

Родительские связи помогли оформить визу во французскую Канаду, куда он и переехал на постоянное место жительства. Вот именно — жительства. Жизни не было и не предвиделось.

* * *

— Светлана, Светлана!

Голос в трубке мечется, пытаясь найти дорогу к ней. Она понимает, что Поль уже в Торонто и просит её о встрече. Она на-

ПРОЗА

зывает остановку метро и время. Он повторяет. Всё просто до предела. Если бы у них был общий язык, она бы, конечно, сказала ему, что подумает, попросила бы перезвонить и т.д. и т.п. Но общим был только накал эмоций, а всё остальное отмелось само собой.

Встреча у метро с полубезумными бездомными у входа, обрывками газет, пытающимися взлететь, наглыми панками и бездарно одетыми женщинами заранее омрачала. Какие бы перемены ни произошли в её жизни, весь этот фон останется, и тут уж никто ничего не сумеет изменить. Никакой принц. Разве что смести всё это в какую-то другую жизнь. Но как? «Господи, как же я ненавижу это страну, эту тупую мелиху», — думала она, подходя к месту свидания.

Поля не было. Вместо него стоял бездомный лет тридцати пяти, шамкая беззубым ртом. Они посмотрели друг на друга, и бездомный вызывающе прищурился, готовясь что-то сказать.

— Пошёл ты, — пробормотала она.

Потом она сделала несколько кругов, обходя станцию с разных концов, но Поль так и не появился.

Наконец, сумерки съели город вместе с мусором, бездомными и отодвинутой на задний план надеждой.

***

Как только она переступила порог своей квартиры, раздался телефонный звонок.

— Он уже пятый раз звонит, — простонала из спальни мать.

Светлана стояла и смотрела на этот накаляющийся телефон. Он звучал, как колокол во время пожара.

— Светлана, Светлана! — кричал звонок.

— Пошёл ты, — тихо сказала она и накрыла его подушкой.

***

В конце концов, она уступила его отчаянию. Оказалось, что там было две станции с похожим названием, и Поль ждал её на второй.

— Ладно, — сказала она, сдавшись на его мольбы.

***

Она увидела его издалека. Он стоял с цветами, как европейский мужчина из европейских фильмов восьмидесятых годов. В этом было что-то ностальгическое. Нет, не в смысле её прошлого, в котором ничего подобного не было, а в смысле тех наивных тайных фантазий, из которых сбылся только переезд. Да, ободранная советская действительность осталась за океаном, но её сменила ещё более ободранная канадская действительность. Из одного режима в другой. Из огня да в полымя.

Поль осунулся. Она заметила это сразу.

— Что случилось?

— Же не манж па сисжур, — улыбнулся он, протягивая ей букет полевых цветов. Мягкий свет улыбки чуть сгладил синеву под его глазами.

Потом они ужинали в небольшом, плохо освещённом и потому уютном ресторанчике. На столе горела свеча, и в её свете его волосы казались ещё темней, а тёмно-синие глаза выглядели почти чёрными. Ей захотелось запустить пальцы в его волосы, ощутить их тугой шёлк, нарушить его природный лоск. Он словно почувствовал это и чуть подался вперёд. Её рука сама потянулась к его волосам. Они были точно такими, какими она мысленно ощутила их за минуту до того. Он упёрся лбом в её ладонь, и они сидели так до тех пор, пока им не подали лёгкий ужин.

Ели в молчании. Когда официант убрал тарелки, Поль сказал:

— Я улетаю в Париж по делам.

— Когда?

— Завтра. Ты приедешь ко мне?

***

Аэропорт звучал, как орган. Голоса сливались, гудели, задерживались в пространстве, набегая один на другой. Она пыталась разглядеть в толпе встречающих Поля, но от волнения ничего не могла увидеть. «А вдруг он не придёт?», — мелькнула невероятная мысль. И в тот же миг раздалось на весь зал:

— Светлана!

Его голос перекрыл все другие, стал главной темой этой многоголосной фуги, придав ей смысл и направленность.

— Поль... — прошептала она.

Он каким-то чудом услышал и бросился в набежавший девятый вал толпы, подныривая и огибая прибывших.

— Поль...

— Я здесь, я здесь, любовь моя... Любовь моя...

Они лепетали что-то каждый на своём языке, перебивая друг друга, сменяя слёзы смехом, вздохи восклицаниями, объятия — краткими отторжениями.

Когда из аэропорта они отправились к Полю и машина остановилась у замка, она решила, что он снял там комнату на ночь. Но это оказался его фамильный замок с прислугой, управляющим и садовником.

Она не могла вымолвить и слова, хотя несколько месяцев скоростного обучения французскому позволяло это сделать.

— Тебе правда нравится? – улыбнулся он.

— О!

— Тогда решено – будем жить здесь.

Пока накрывали на стол, он сделал ей небольшую экскурсию по замку, показывая портреты предков и объясняя предназначение комнат. Там было много русской живописи, которую она сразу же узнала, и Поль поведал ей, что его прадед увлекался русским искусством и у него часто гостили русские писатели и художники.

Обед был при свечах, за длинным столом, разделившим их на некоторое время и создавшим дистанцию в общении. Подбирая слова, она что-то говорила, а он хвалил её французский, иногда переходя на плохой английский, если она не понимала его. В конце концов, языки стали перепутываться, мешать, становясь барьером к общению, и они перешли на свой собственный язык, не нуждающийся в переводе.

— У меня маленький сын, — говорила она ему, перемежая это поцелуями.

— Это прекрасно. Он будет моим сыном. Мы дадим ему хорошее образование, отправим в специальную школу, — отвечал он, не отрываясь от неё.

— Он нездоров. У него аутизм.

— Это неважно. Мы наймём хороших учителей. Он не будет ни в чём нуждаться...

Как они провальсировали в спальню, как зазвучали в унисон, уже никто из них не мог вспомнить.

Наконец, они очнулись. В аквариуме окна плавала луна. Замок настороженно ловил их дыхание.

Ночь ещё длилась, но они уже не вплетались в неё. Она лежала и вспоминала родное Чёрное море, пустынный пляж, свободу прибрежного покоя и ощущение дивной, неправдоподобной независимости. Не за этим ли она умчалась в дальние края, надеясь, что где-то на другом континенте, в другом государстве всё может быть так же мудро и крылато устроено, как в мире побережий?

В коридоре за дверью гуляли сквозняки, играя с ночным освещением. Она прислушивалась к новым звукам и думала, что любая на её месте была бы в эйфории от подобной метаморфозы. Из лямки — в замки... Она мысленно усмехнулась.

Поль поглаживал её волосы с лунным отливом, бормоча что-то о том, как она переселится к нему вместе с ребёнком, как он будет оберегать их...

Она перевернулась на бок и посмотрела на него.

Он провёл пальцами по изгибам её тела.

— Ты, как волна...

— Волна, — произнесла она по-русски.

— Волна, — повторил он в полусне. — Волна-Светлана...

За окном появились первые проседи света. Где-то в конце коридора хлопнули двери. Прислуга спускалась по лестнице на кухню.

«Больше ничего не будет. На этом — всё», — подумала она, постепенно отливая от его берегов.

Он счастливо вздохнул во сне и прильнул к подушке, которая хранила ещё остатки её тепла.

РОЗА ПАХНЕТ РОЗОЙ

«Роза пахнет Розой», — шутили между собой прихожане, когда Роза Минц появлялась на воскресной службе в храме, пропитанная табачным дымом. Кое-кого это, конечно, раздражало, а кое-кого и возмущало, но христианская терпимость одерживала верх, и страсти вокруг Розы утихомиривались. Только смешки подавить не удавалось.

Примерно та же реакция была на появление Розы на субботней службе в синагоге. Только там никто не усмехался. Роза же, ничего не подозревая, радостно приветствовала своих знакомых, заключая их в объятия и желая им хорошего шабата. И отстраниться никто и не пытался.

Роза Минц родилась в семье католички и иудея и по изначальной договорённости родителей ходила в государственную школу, где научилась курить, а всё остальное постигала на частных уроках, обучаясь двум религиям. Она ходила на службу и в церковь, и в синагогу. Поочерёдно, конечно. Одну неделю с матерью, а другую — с отцом.

Родителей уже давно не было в живых, а традиция продолжала толкать Розу попеременно то в синагогу, то в церковь. Детей у неё не было, мужа тоже, хотя неженатые прихожане и поглядывали на неё. Роза тоже поглядывала на них, но никак не могла решить, к какому же из полюсов пристать. Или, может, завести одного поклонника для воскресной службы, а другого для субботней? Эта мысль её развеселила.

Ещё Роза любила разглядывать фигурку Христа во время службы и думать, до чего же он похож на её поклонника Иосифа из синагоги. А вот изображение Христа на иконе напоминало уже больше её поклонника Себастьяна, что молился в третьем ряду. Иконы явно давали модифицированное представление о том, как выглядели иудеи того времени. Вообще её всегда забавляло, что Христу пририсовали ренессансные локоны вместо пейсов, которые носило всё мужское население древней Иудеи. Не говоря уже о том, что на голове у каждого в то время была ермолка, включая и апостолов.

Мать Розы, внимательно следившая за дочерью во время службы с католических небес, осуждающе качала головой, а отец, витавший по ту сторону католического храма, одобрительно кивал.

Семья отца бежала из Польши, и Роза ещё помнила, как её дед, которого вывезли ребёнком, рассказывал о погромах. Подделывать документы или сменить вероисповедание было бессмысленно — евреев замечали не по отсутствию креста на шее. И лишь одно оставалось для деда загадкой: как же никто из гонителей не определил по изображению Христа и Марии на иконах, что и они принадлежали к еврейскому племени? Во время подобных рассуждений деда мать брала Розу за руку и молча выводила из комнаты.

Розе на эти разговоры было наплевать. Ей и сейчас на них наплевать. Но внутри у неё постоянно кипела борьба между Монтекками и Капулетти в лице её многонационального семейства. Как только она ступала ногой в один из молитвенных чертогов, тут же начиналась перепалка между предками. В особенности на Рождество, которое Роза так обожала.

Ну что может быть прекрасней и величественней рождественской ёлки в огнях! А лампочки на деревьях, а запах пирога, а подарки под ёлкой, а все эти чудесные песни! Так нет же, всякий раз за ней в храм увязывался дух её деда и бубнил одно и то же:

— Ну, что, скоро обрезание Христа справлять будем? На какой там день Новый год празднуют от Рождества Христова? Правильно, на восьмой. А на какой день обрезание делают? Абсолютно точно! Значит, на Новый год весь честной народ должен поздравить друг друга с чем? Умница! С обрезанием Христовым.

При этих словах мать Розы, неизменно витавшая рядом, усиленно крестилась.

— Что это ты там делаешь? — не унимался дед, глядя со своего облака на облако своей невестки. — Иисус таких жестов не делал при жизни. А вот что он, таки-да, делал, будучи раввином, так это изучал Тору, соблюдал шабат, кошерут и Пейсах, как положено иудеям, сынам Божиим. А ты как думала? Он и в микву окунулся во искупление грехов человеческих. То бишь, в купель, в переводе на ваш христианский.

— Да? А что ж это за грехи он хотел искупить? — не выдерживала невестка. — Не ваших ли иудеев, прогневавших Господа своим поведением?

— Да что ты об этом знаешь! Ты даже Торы в руках не держала, в отличие от своей дочери! Небось, и не знаешь, что Тора — это по-вашему Ветхий завет.

— Да знаю я всё!

И так на каждое Рождество.

Роза хоть и сердилась на деда за провокацию, но улыбки сдержать не могла. Вся эта дуэль между её покойными уже родственничками заканчивалась закусоном в одном или другом молельном заведении, что совершенно не означало перемирия.

— Роза, ну зачем Вы ходите по воскресеньям в эту католическую церковь? — тихо сокрушался по субботам Иосиф. — Вы ведь знаете о Боге из первоисточника!

Себастьян не сокрушался, а, напротив, с большим интересом относился к Розиным субботним посещениям синагоги. Однажды он подошёл к ней после воскресной службы и спросил:

— А можно мне с Вами в следующую субботу сходить в синагогу?

— Зачем? — изумилась Роза, чуть не поперхнувшись печеньем.

— Хочу послушать то, что Иисус слушал, почитать, подумать.

— Не думаю, что Вам это будет интересно. Служба на иврите.

— Но ведь молитвенник на двух языках, и Ветхий завет тоже!

— Ну да... конечно...

— И кипу я надену. Не проблема.

Розе ничего не оставалось, как согласиться.

В следующую субботу они отправились в синагогу.

— У нас женщины и мужчины сидят раздельно, — предупредила Роза, когда они вошли в фойе синагоги. — Дверь налево — для мужчин. Кипу можно взять из коробки на столе.

Она уже было собралась идти на женскую половину, как кто-то поприветствовал их сзади:

— Шабат шалом!

Роза по голосу узнала Иосифа, который появился в эту минуту в дверях.

— Шабат шалом, — ответила в замешательстве Роза.

— Шабат шалом! — радостно поприветствовал Иосифа Себастьян.

— Это мой приятель Себастьян, — потупив очи, пояснила Роза. — Ему интересно посидеть на нашей службе. Он не очень в курсе, как и что…

— Понимаю, — кивнул Иосиф. — Вы из церкви. Ну что ж, берите молитвенник и тору и следуйте за мной. Я Вам всё покажу и объясню.

Во время службы Роза с любопытством бросала взгляды на мужскую половину. Иосиф следил за тем, чтобы Себастьян был в курсе происходящего, а Себастьян старательно повторял за Иосифом весь ритуал молитв. Когда вынесли тору, лицо его приняло почти благоговейное выражение, а Иосиф при этом что-то пояснял ему вполголоса.

— Я впервые увидел, как выглядит свиток торы, — сообщил Себастьян Розе, как только они встретились в фойе после службы. — Даже мурашки по коже пробежали, когда его мимо меня проносили… Спасибо Иосифу, что объяснял мне, что к чему.

— Это дело нужно отметить, — вмешался Иосиф, который стоял рядом и глаз не сводил с Розы.

— Может, пойдём все ко мне на ланч? — спросила, зардевшись, Роза. — Если у вас нет никаких других планов, конечно… Я кое-что приготовила на шабат.

— Я свободен, — выпалил Иосиф.

— И я, — поддержал его Себастьян.

— Ну вот и ладно.

И все трое зашагали к дому Розы в каком-то особо приподнятом настроении.

Галина ИЦКОВИЧ

живет в Нью-Йорке. Работает психотерапевтом, а также читает лекции по вопросам детского развития в США и за пределами. Переводы, стихи, публицистика и короткая проза публиковались в журналах и альманахах «Литературная газета», «Поэтоград», «Зарубежные записки», «Артикль», «Среда», «Стороны света», «Слово/Word», «Южное сияние», «Эмигрантская лира», «Гостиная», «Белый Ворон», «Витражи», «Палисадник», «Ступени», «Чайка», «Форум», «Psychology.ru», «Вестник Пушкинского Общества Америки», «Poetica», «Asian Signature», «Cardinal Points Literary Journal», «Unlikely Stories», «Former People», на сетевых литературных порталах «Дружба народов», «Заметки по еврейской истории», «45-я параллель», «Золотое руно», «Интер-Фокус», «Белый Мамонт», «ИнтерЛит», «Elegant New York» и в коллективных сборниках. Автор двух книг стихов и переводов.

ДИКИЕ ПОМИДОРЫ

Я выросла на съемных дачах. Нет, среди года я, наверно, тоже как-то подрастала, но именно пребывание на даче – возможно, из-за короткого, заранее определенного срока, – казалось моторчиком, продвигающим весь год в нужном направлении, направлении роста. Деньги на съем дачи, якобы сулящей заряд бодрости и здоровья на весь год, родители начинали откладывать еще в предыдущем сентябре... Но я не об этом, отвлекаюсь.

На дачу мы ездили на прозаическом трамвае – это уже после того, как переехали в район новостроек, наступающий на бывшее «веселое село» Люстдорф, где жили когда-то немцы-колонисты. Немцы давным-давно подевались невесть куда, растворились на просторах необъятной, а название изобретательно заменили на Черноморку. Но одесситы упорно говорили «Люстдорф». Знать и использовать старые названия было особым шиком: это доказывало принадлежность к городу, отличало не только от «приезжих», но и от переселенцев из-под Одессы, и местные узнавали друг друга не только по распевным интонациям, но и по всем этим географическим паролям: Люстдорф, Преображенская, Дюковский, Старопортофранковская...

Степь начиналась сразу за новостройками, и трамвай ехал некоторое время по степи, потом через тянувшиеся с двух сторон дороги виноградники, а потом приезжал к морю. Домишки вдоль трамвайной линии справа назывались гордо частными домами, а домишки слева, в переулках, ведущих к обрыву-оползню, дачами. Снимать надо было там, поближе к пляжу. Но связь со степью не обрывалась от такой малости, как переход через трамвайную линию. На огородиках за куренями, в которые набивались разномастные дачники, росли степные помидоры. Так их называли взрослые. Мы выезжали на дачу в июне, после окончания учебного года, когда первые непрозрачно-зеленые помидоры, почему-то именовавшиеся «бурыми», уже кончались. Июньские помидоры были размером с хороший булыжник, темно-розовые, бугристые, изъязвленные трещинами. Похожие серые трещины были на пальцах нашей дачной хозяйки.

Вся жизнь наших хозяев вертелась вокруг поливки. Задачей дачников было не мешать – например, ходить в домик с дыркой в проваливающемся дощатом полу по тропинке, а не напрямки через огород, – и не рвать ничего самостоятельно, а помидоры к завтраку, обеду и ужину покупать у молчаливого хозяина с шишковатым лицом, делавшим его похожим на гипертрофированный помидор-переросток, после того, как он расторгуется на базарчике, расходящемся концентрическими кругами от конечной трамвая.

Ни одна еда не обходилась без помидоров, а когда дети прибегали перекусить, не дожидаясь ужина, то и тогда просили «хлеб-с-маслом-с-помидорой» и «фрукту» с хозяйских ранних слив-абрикосов. Я заявила еще в начале сезона, что больше люблю огурцы – ведь старшая сестра отказывалась от них, хрустящих и пупырчатых, брызгающих веселым зеленым соком, и ее ругали за переборчивость. В результате все лето я нажимала на огурцы в неосознанном расчете на дополнительную порцию похвалы. К помидорам я теперь питала особые чувства, тайные.

Именно на той даче, через дорогу от степи («стэпа», как говорил наш хозяин), я решила заняться составлением гербария. Семья моя была, мягко говоря, далека от ботаники, поэтому единственным доступным мне способом классификации растений было набрать побольше листвы в кулак и спросить у хозяйки, вечно поливающей помидоры и напоминающей своей неподвижностью фонтанную скульптуру: «Что это?» Особо беспокоить ее я стеснялась, старалась потому обходиться собственными силами.

Начала я с того, что росло неподалеку и сопровождало знакомые фрукты и цветы. Первыми в мой гербарий попали округлые, с оранжевыми черенками, листья с ближайшего абрикосового дерева, потом – длинные узкие листья сливового, потом – резной листок с виноградной лозы, обещавшей обильное августовское лакомство; потом я наклонилась и стала срывать листья роз и недавно отцветших пионов, а вслед за ними – ромашек и «чорнобрівців» (тут уж с названием помогла наша хозяйка). Потом я вышла за калитку.

ПРОЗА

Там росли не только невидная кашка, пастушья сумка и подорожник, но и полевые родичи моих огородных знакомцев: дикий чеснок, дикая, быстро расставшаяся с ягодами клубника, и помидоры, совсем как «хозяйские», только маленькие и горькие. И, отвлекшись от гербария, я решила растить мои собственные помидоры. Я нашла ненужную коробочку, проделала дырку в дне, набрала в нее хорошей земли с грядки, пока хозяева распродавали утренний урожай, и отправилась выкапывать подходящий кустик. Я вскоре отыскала и успешно пересадила в коробку усыпанный микроскопическими помидоринками кустик. Теперь оставалось поливать «по-хозяйськи», но тут возникло неожиданное осложнение: поскольку ни мама, ни бабушка не желали подчиняться расписанию поливки и каждое утро тянули меня к морю, я не успевала вернуться до наступления дневного жара. Уже через день кустик поник навсегда.

В течение следующей недели я усыновила и загубила еще парочку помидорных кустиков. Интересное дело: в степи их никто не поливал, а они росли как-то. Не вызревали, конечно, но и не погибали. А в коробчонке у меня – отказывались жить! Я была безутешна, но опытов не бросала. Поскольку теперь-то уж я знала, чем кончится очередная пересадка, я стала испытывать некое извращенное удовлетворение начинающего садиста. Я убивала эти дикие помидоры своей любовью и заботой, своим пониманием того, что является добром и пользой для них. Такой вот жесткий детерминизм юной дачницы.

Урок, который преподали мне помидоры, был слишком сложен, а потому я забыла об этих опытах уже к концу лета и увлеклась сбором ракушек для будущего « настоящего дикарского» ожерелья.

ВОСПИТАНИЕ ТОЛСТЫХ

– Иди сюда, ты-ты!

Толстая скучная девочка на остановке школьного автобуса недоверчиво поднимает глаза. Мальчишка, наверно, раза в три уже и ниже ее, но это когда стоит на замле – а сейчас он находится высоко над ее головой, в полуопущенном окне желтого с черной полосой автобуса, какие возят детей в школу.

Девочка игнорирует его призывы, не двигаясь, изучая «зебру» между тротуаром и автобусом.

– Иди же, сказать надо,– мальчишка гримасничает и вращает глазами.

По лицу девочки пробегает волна, как будто круги по воде от брошенного камня. Круги достигают ее ног, и она делает колышущийся, расхлябанный шаг в направлении никуда не спешащего автобуса. Водянистый какой-то, размытый, неуверенный шаг.

Она готова отхлынуть назад с белопенным прибоем. Она не верит ни единому слову, вот что.

Но мальчишка так вёрток и выразителен, так жизнерадостно настойчив, что она в конце концов начинает преображаться. Толстое личико со складкой под подбородком освещается вспыхнувшими вдруг глазами, губы наливаются цветом. Кажется, еще немного, и она может показаться симпатичной. Вот же, вот же – высвободить из пухлых складок улыбку, расширить разрез глаз, оттянуть назад второй подбородок... Она подходит к самому краю тротуара и теперь стоит непосредственно перед окном автобуса, доверчивая, как лошадь, катающая туристов.

– Что ж ты такая толстая? – радостно визжит мальчишка прямо ей в лицо. Девочка вздрагивает и отворачивается. Складки по-улиточьи собираются и набухают, сглатывая лицо.

Видимо, эта сцена повторяется регулярно.

Интересно, что заставляет ее подходить поближе, вслушиваясь в гипнотизирующий голос юного садиста? Ожидание другого результата на этот раз? Вера в то, что он изменил свое поведение? Или убеждение в том, что она действительно отвратительна, что она этого заслуживает, что эта ежедневная порция ненависти должна быть непременно проглочена, как рыбий жир какой?

Я наблюдаю за сценкой, пока жду нашего с сыном автобуса. Мы тут новенькие, раньше ходили в другую школу, пешком. Вмешаться? Я оглядываюсь вокруг и вижу других родителей с детьми. Все смотрят, хотя многие предпочитают не видеть. Присмотревшись, я различаю женщину, круглую, как магический шар, в мутных глубинах которого отражается будущее ее ребенка.

— Послушайте, мэм. Девочку надо защитить, — начинаю я.

Женщина вздрагивает, как давеча ее дочка, и отступает к стене дома. В глазах у нее тоска.

— А я люблю толстых женщин, — тихо, но внятно раздается у меня над ухом. — Они такие энтузиастки в постели... все потому что боятся, что их бросят. Худышки-то себя любят, помаду размазать боятся. А толстые... о-о! — и мужичонка в спортивном костюме, видимо, тоже наблюдавший сценку, удаляется трусцой.

А мы, женщины, позволяющие разделять нас на толстых и худых, остаемся.

PARDES RIMONIM[1]

Бело-голубое, незапятнанное утро в саду гранатов. Идем по аллее, и вдруг — взрыв, костер, раскрытое лоно, вздымающееся к небу, ветви, срезы поленьев, гигантское деревянное месиво. Гнездо неведомой птицы? Костер скаутов-гигантов? Приближаемся. Человек в синем руководит работами. Он хочет заговорить, это видно сразу: улыбается нерешительно — улыбка, готовая, наподобие улитки, свернуться под листком, сжаться опять в вежливое равнодушие.

— Здорово получается, — поощряю улыбку.

— Здесь– восемнадцать погибших деревьев. Самому старому гранату было 240 лет. Я строю все это уже восемнадцать дней.

Не решаюсь спросить, что все это значит.

— Хотите подняться? Там, внутри, есть ступени.

Мы подлезаем под ограду и поднимаемся с ним по кубическим ступеням. И там, наверху, нам открывается Небо.

Ничего не стоит между нами и Небом.

---

[1] Pardes Rimonim (Сад Гранатов) – название каббалистского трактата.
В Pardes Rimonim сходятся женское и мужское начало, два принципа, сосуществующие в голове Б-га.

Там, наверху, можно сидеть, как в лодке без весел, и плыть по Небу, куда пожелает ветер.

Там, наверху, можно лежать на дне деревянного гнезда, как в человеческих ладонях.

Теплый, еще недавно живой ствол старого граната, превращенный в гнездо, укрытие, человеческий скворешник, оплетенный другими деревьями, срубами, срезами, Ноев Ковчег, воздушный корабль, везет нас по воздушному океану.

— Я сам придумал, как это сделать, — говорит гордый создатель. — Упавшие деревья все равно нельзя вывозить за пределы парка, вот они и согласились с моим проектом. Это — памятник стихии!

А еще он говорит: «Мне нравится смотреть на людей отсюда, из-за забора. Так, наверно, себя чувствуют звери в зоопарке.»

Он остается, а мы возвращаемся на тропинку. Аромат свежераспиленных гранатовых деревьев, густой и терпкий, висит облаком над памятником стихии, гнездом Ветра, самым спокойным местом в саду, а может, и во всем городе.

КУРСЫ БЕЗОПАСНОГО ВОЖДЕНИЯ

Так кого же папа любил больше, Марию Елену или Кристин?

Так и не узнали. Он был хорошим отцом и хорошим человеком, очень ответственным, и умер как хороший ответственный человек — быстро и не мучительно для окружающих. Подготовиться не успели, вот что тяжко. Не успели погоревать, пройти через фазы болезни и распада. Мама, правда, тоже ушла довольно быстро, но хотя бы довелось за ней поухаживать и увидеть ее переход из вертикали в горизонталь, и научиться по-птичьи поворачивать головы набок, разговаривая с ней, лежащей на больничной койке. Она умерла первая, а за ней следом, в тот же год, папа.

Кристин, на правах младшей, разыгрывала любимую дочку: когда мама заболела, сидела у ее постели дни напролет, а когда ее забрали в больницу, взяла отпуск и даже на ночь не уходила домой. Марии же Елене было отказано в этом почетном праве — быть там постоянно. Она тоже хотела взять отпуск, но мама сказала: «Ты — государственная служащая, ты должна работать». Честно говоря, Кристин тоже государственная служащая, полицейский инспектор, посерьезней работа, чем у Марии Елены, но ей так сказано не было. Может, потому, что она не спрашивала маминого одобрения. Она вообще делала, что хотела и когда хотела, эта Кристин. В общем, сидела около мамы, как ястреб. Такая роль при маме расширяла место, занимаемое ее некрупным, в общем-то, телом в околокроватном пространстве. Она даже стала как будто выше ростом. Когда в палату входила Мария Елена, Кристин даже подавалась вперед, охраняя свою территорию – царство маминой болезни. В конце концов Мария Елена сказала прямо: «Слушай, выйди на полчаса, а? Это и моя мама, я хочу с ней поговорить без свидетелей.»

— У мамы от меня нет тайн.

— А вот у меня – есть,— сказала твердо Мария Елена и этой твердостью как будто прорезала ткань сестринских отношений. Прореха осталась навечно.

Мама умерла не в больнице, а дома, через несколько недель после выписки. Папа некоторое время не верил, что она умерла, он ведь не видел этот момент — как она замолчала на полувздохе, а потом как-то осела и посерела сразу. Мария Елена была с ней в этот час. Отвергнутая Мария Елена. Кто знает, может, мама нарочно так подгадала, чтобы хоть что-то оставить лично ей, чтоб Марии Елене не пришлось делить торжественность этого момента с Кристин.

Папа, когда все-таки осознал, что мама ушла бесповоротно, вернулся к бутылке —невзирая на заботы находящейся под боком и ревностно оберегавшей его от визитов приставучей родни Кристин. В нем боролись итальянская и ирландская кровь, и в трудные минуты всегда побеждала не довольствующаяся развеселым бокальчиком вина к ужину ирландская. Мария Елена не помнила те времена, когда он вернулся из Вьетнама, но знала— по намекам, по перемигиванию за праздничным столом, а потом, когда она стала считаться взрослой и не нуждающейся в смягчении фактов, уже и впрямую от обоих родителей,— что запил он тогда основательно. Заливать с вертолета огнем вьетнамские деревни — занятие, немногим, видимо, отличающееся от запоя: не очень-то видишь, что перед тобой; захваченный процессом, забываешься глубоко и надолго; и кажется, что ничего нет ни позади, ни впереди тебя.

Виски недолго тушил огонь в его памяти — надо было дальше жить и дочерей поднимать на ноги. И, как уже сказано, он был ответственным, серьезным человеком: не только работал, но и волонтерил в госпитале для ветеранов — как ветеран, он мог их боль понять, — а потом, когда ушел на пенсию, вел однодневные курсы безопасного вождения, дело серьезное, государственной, можно сказать, важности. До самой маминой смерти вел.

Когда он снова запил, все старые раны, физические и душевные, взбунтовались. Хоть и не продлился запой дольше трех недель, но вскоре он заболел всерьез (словно это и были пресловутые последние капли) — и сгорел в несколько месяцев. Печень не прощает. Потому и не успели узнать, какая из двух сестер была любимой дочерью.

Много всего, правда, случилось между сестрами после того, как папе стало все равно, поскольку он уже пребывал в коме; представьте себе, Кристин и тут пропустила главный момент! Сидела у него с вечера до утра, а Мария Елена пришла сменить. Нет, говорит Кристин, я не устала. Курить вот только хочется. И уже не могла терпеть, и вышла в больничный магазин, но там сигарет не было, и она вышла из здания больницы, сигареты искать. Больница была громадная, пока еще из нее выберешься, пока пройдешь по улице до ближайшей бодеги, а потом назад — и лифт, как назло, долго не приходил, и в коридорах путалась. В общем, папа умер на руках Марии Елены. Это выражение такое — «на руках». Умер он, конечно, на постели, и не до чьих-то там рук ему было в тот момент. Он вообще, кажется, не видел окружающих. Готовился к встрече с мамой. Очень верующий он был человек, папа их. Говорено же было, очень хороший человек.

И вот вчера, накануне годовщины папиной смерти, через столько-то лет, Кристин вздумала опорочить его память. Началось все очень невинно: муж Марии Елены получил весенний возврат с уплаченных налогов и решил купить подержанную

ПРОЗА

машину; тогда они могли бы выезжать за город и по-настоящему радоваться своей жизни начинающих пенсионеров. Надо было в первую очередь возобновить-таки их водительские права, а потом купить необходимую страховку. Недешевое предприятие, однако. Решили высидеть день на курсах по безопасному вождению, таких же, что когда-то вел папа, поскольку они давали десятипроцентную скидку при покупке страховки. Мария Елена всегда шла именно на его курсы, хотя никаких поблажек он ей не давал, наоборот, спрашивал строго в конце дня, хотя тест и не был обязательным. Он даже проверял, конспектирует ли она! Вот какой человек был папа. Принципиальный.

Мария Елена позвонила Кристин и предложила присоединиться к ней и к мужу: в конце концов, когда синяя картонка, свидетельствующая о прохождении курсов безопасного вождения, посылалась в страховую компанию, стоимость страховки понижалась на кругленькую сумму. По извечной своей привычке отчитываться перед Кристин, из тошнотворной сестринской солидарности, Мария Елена позвонила ей и предложила поехать с ними. Кристин тоже наверняка не слушала курса со времени папиной смерти. Уже пять лет прошло, пора бы и обновить.

Кристин прореагировала на приглашение странно-встревоженно: совсем не желала к ним присоединяться, удивлялась, почему они выбрали такое неудачное место для прохождения курса, говорила, говорила... Мария Елена попрощалась в ближайшую паузу и долго еще жаловалась мужу на вечно раздраженную сестрицу.

Кристин перезвонила позже в тот же день.

– А у меня была гостья, – сказала она.– Помнишь Джину?

Мария Елена помнила Джину, крепкую блондинку, широкоплечую, но стройную, чьи волосы в зависимости от моды и настроения то подскакивали веселыми кудряшками к подбородку, то вытягивались до плеч, веселую сослуживицу Кристин, которая когда-то была с ней неразлучна, а потом затерялась, и Кристин упоминала ее имя все реже и реже. И в гости Джина перестала приходить. А может, и приходила, но после смерти мамы и папы Мария Елена не разговаривала с сестрой ежедневно —

не о чем стало. Раньше Мария Елена звонила узнавать о них с родителями, об их здоровье, своего рода ежедневная сводка. Теперь Кристин осталась одна и жила в квартире, купленной на деньги, вырученные от продажи родительского дома — на ее долю денег, точнее. Была она здорова и еще относительно молода, так что и звонить стало как будто незачем. А сама Кристин интересовалась здоровьем старшей сестры все меньше. В конце концов, у старшей сестры есть муж, и беспокоиться о ее здоровье — его обязанность (раньше Кристин так не считала, кстати, ну да что ж).

– Джина? Как она?

– Да у Джины-то все хорошо... Постоянный друг, повысили в должности...

Кристин что-то готовила там, на другом конце, напряженно дышала.

– Я рассказала ей, что ты идешь на однодневный курс, а она в ответ рассказала мне, как папа просто подарил ей справку о том, что она прослушала его курс, и справка годна до сих пор,– Кристин замолчала и ждала реакции.

Мария Елена тоже молчала, мучительно пытаясь просчитать, зачем нужна была эта ложь, что Кристин пытается доказать. Зная взрывной характер сестренки, она не решалась сказать Кристин, что не верит в эту историю, а что сказать вместо этого, не знала.

Кристин продолжала:

– Джина даже не просила его ни о чем, просто пожаловалась, как дорого обходится страховка на машину. Папа сам предложил ей заполнить справку, и даже не взял с нее денег. Наверно, он сам внес сумму. Или припрятал бланк. Для своих. Так говорит Джина. Ты слышишь меня?

– Слышу,– медленно проговорила Мария Елена.

– Джина так рассказывает.

– Пока,– сказала Мария Елена и быстро нажала на красную кнопку, повесила трубку, не дожидаясь возмущенных реплик сестры по поводу так резко оборванного разговора. Мысль о разговоре ворочалась в ней как непрожеванный кусок мяса, царапала пищевод.

ПРОЗА

Пройдет, подумала Мария Елена. Все пройдет, уже к утру перестанет беспокоить. Но мысль не ушла ни ночью, ни в суете утра, ни в ходе монотонного, наполненного сериалами следующего дня. На третий день она вместе с мужем отправилась на злополучные курсы, но и там мысль преследовала, даже еще хуже, чем дома. Если бы дядька, читающий текст и меняющий слайды, вздумал ее проэкзаменовать в конце, как делал, бывало, папа, она, хоть и конспектировала прилежно, наверно не смогла бы повторить ни слова.

Наконец закончилась тягомотина лекции. Муж еще остановился поболтать с инструктором, а она уже протолкнулась в немытое стекло двери, поморгала на свету, направилась к автобусной остановке. Районичк действительно был не из приятных. Мария Елена шла по изглоданному тротуару с выпиравшими камнями, слепо спотыкаясь о многочисленные выбоины, единственная белая здесь — единственная женщина — самая старая на всей улице. Наощупь набрала номер сестры. Ненавистно незабываемый номер сестры.

— Наш папа совершил незаконную вещь,— сказала Мария Елена.

— Как ты могла?— вскрикнула Кристин. — Что ты сказала?! Как повернулся язык!

— Наш папа совершил незаконную вещь. Из-за твоей подружки-блондиночки. Наш папа был самым честным человеком в этом городе и вообще.

Тут она услышала звуки, напоминающие всхлипы, но, поскольку Кристин не плакала никогда, даже в самом раннем детстве—поскольку Кристин сама все это начала—поскольку она так ожесточенно боролась за любовь родителей, особенно папы— за каждое решение и решеньице... нет, это не могли быть слезы. Потом раздался хриплый, чужой какой-то голос Кристин:

— Ты испачкала самое дорогое. Не звони мне больше.

И все. И некому было рассказать про все это странное дело, потому что никто не понял бы, в чем проблема, почему больно, кому больно. Кристин, ненавистная Кристин одна понимала все, но отрезала сейчас ее от себя, как засохшую, заплесневелую горбушку.

Бесславно пропавшая суббота кончалась. Мария Елена все думала и думала. Как еще можно было среагировать на то, что говорила Кристин о папе? Какой–такой подарок? Пять лет списаний с автомобильной страховки только за то, что Джина была эффектной блондинкой и всегда шутила с ним, приходя к Кристин в гости? Это ведь не цветы и не коробка шоколадных конфет, не подарочный сертификат из «Мэйсиса». Это было дело государственное. Кроме того... что еще происходило в его жизни после маминой смерти? А может, и до маминой смерти? О чем еще никогда не догадывалась Мария Елена?

Мария Елена не понимала: а как, по мнению сестры, она должна была отреагировать на подобную информацию? Ей мимолетно пришло в голову, что Кристин просто пошутила, или просто попыталась таким образом отобрать у нее память об отце как о человеке непорочном. Но ведь не одна Кристин владела этим воспоминанием, Мария Елена имела на него такие же права. А была ли она любимой дочерью, неважно. Кто из них был любимой дочерью, неважно, если теперь выясняется, что любил он на самом-то деле не их, и даже не маму, а легкомысленную Джину, чужую женщину, которая была моложе его собственных дочерей. Но эта мысль оказалась совсем уж невыносимой.

Марию Елену качало. Спать было невозможно, потому что мысль росла, ветвилась, проникала в самые отдаленные уголки Марии Елены. Она встала с постели и попробовала поискать снотворное на дальней полке, но поняла, что не дотянется без табурета, а вот с табурета уж обязательно упадет, и решила перемогаться дальше. Наутро она уговорила мужа ехать к Кристин. Ругаясь и недоумевая, он все же повез ее, видя ее трясучку.

Надо было разрешить до конца, и надо было сохранить то, что еще можно сохранить. Уж Мария-то Елена знала, как это бывает. Она знала, как бесповоротен может быть разрыв между сестрами, и никогда не забывала, что из семи сестер матери три не разговаривали между собой много лет, а две из них не пришли даже на материны похороны. А у нее была лишь одна сестра. Она должна была это развернуть в какую-то другую сторону. Или хотя бы понять, что все это значило.

Она нажала кнопку звонка и держала, пока дверь не открылась. На лице босоногой, видимо, только проснувшейся Кристин, открывшей дверь, она увидела испуг. Мария Елена пробормотала что-то, похожее на «привет», и прошла без приглашения в холостяцкую гостиную с железными раскладными стульями.

– В общем, так. Я хочу знать. А почему тебе папа не сделал такого же одолжения, как Джине?

– Ты из-за этого приехала?!– ахнула Кристин, опускаясь на расстеленный диван. Жила она как на чемоданах, как будто только переехала. Мария Елена с силой встряхнула складной стул, чтоб заставить его раскрыться (у нее даже жесты сегодня были другие), и села ждать ответа.

– Мы с папой к тому времени были опять на одной фамилии... Слушай, тебе завидно, что он сделал это для Джины, а тебя заставлял лекции слушать?

Они встали, как бы в едином порыве негодования, и стояли некоторое время друг против друга, опершись о маленький столик, разделявший их. Обе упирались о его поверхность, как будто удерживаясь таким образом от того, чтоб вцепиться друг в друга: маленькие, злые, шершавые кулаки Кристин против непропеченно-бледных, слегка отечных, распластанных по поверхности пальцев Марии Елены.

– Нет, дорогая моя,– самым своим твердым голосом сказала Мария Елена.– Нет. Если хочешь знать, я бы слушала его каждый выходной. И гордилась бы.

– Было бы чем гордиться,– сказала Кристин. Она все любила обесценить, чтобы жалеть потом.

– Джине должно быть стыдно. Офицер полиции не выплакивает одолжения. Вот я ее увижу, так и скажу,– сказала Мария Елена назидательным тоном, угрожающе растягивая гласные, и Кристин на минуту стало страшно, как бывало в детстве, когда она была самой маленькой и беспомощной в доме, а Мария

Елена еще не была вечно больной неумехой и неудачницей, когда гнев старшей сестры казался таким непоправимым.

– Извини, я кричала, не подумав, – это какая-то другая женщина, должно быть, говорила голосом Кристин. Или нашкодившая маленькая девочка

– Он просто ошибся,– сказала Мария Елена.– Он просто пожалел ее и сделал ошибку. Все ошибаются, правда?

– Жаль, что не сходили вчера на кладбище,– сказала Кристин,– все-таки пять лет – это настоящая годовщина.

ЗАПАДНОЕ БИРЮЛЕВО

– Что вы, мадам, так улыбаетесь? – спросил водитель. – Небось, намекаете, чтобы счетчик включил.

Он щелкнул чем-то там, и на мониторчике возникла четырехзначная цифра.

– Не волнуйтесь так, в конце вычтем, – усмехнулся и он.

Он был тщательно выбрит, щеки и виски покрыты островками раздражения даже там, где бритве теоретически нечего было делать.

Такси припустило с реактивной резвостью.

– Так что же может радовать в такую вот рань? Или это такой способ бороться со старением?

– Так легче начинать день, – наконец ответила я, все еще переваривая словечко «мадам».

– Мой день не может быть легким, – со значением сказал водитель. – Я нахожусь на самом дне, понимаете? Ниже падать некуда.

– Вы недовольны этой работой, – полуутвердительно.

– Что работа. Тут, на этом самом сидении, где вы, вчера сидел муфтий. Он сказал мне на выходе: «Если ты не можешь простить женщину, тебе остается только ее убить. А если не можешь убить ее, то убей ее в себе.»

– Вы думаете, это он – о какой-то Вашей конкретной ситуации? – я сглотнула слюну. – Или просто поделился истиной, ему открывшейся, которую можно широко понимать?

ПРОЗА

— Попал, блин, в точку. Я бы ее убил, мне что. Я принял его слова как разрешение свыше. Муфтий все-таки. Ну и что ж, что я не мусульманин. Уж убивать, наверно, не страшней, чем умирать самому. Я смерти больше не боюсь. Много раз умирал.

Такси мчалось теперь по правой полосе с такой скоростью, что несложный паттерн домов–деревьев–домов слился в сплошную черно-желтую полосу, этакая визуальная статика.

— Умирать не страшно, — повторил мой водила. — Человеку только кажется, что он не может без всего этого, — неопределенный жест в сторону ветрового стекла. — Переступишь этот порог, и кончится боль.

Он резко, с визгом покрышек, затормозил, чуть не врезавшись в вереницу машин, стоявших в глухой пробке. Воспользовавшись остановкой, я распахнула дверцу и вылетела из машины, рванув в ближайшую дверь. Водила открыл свою дверь и побежал было за мной, но тут пробка внезапно рассосалась, дорожный эмболизм раскупорился, машины двинулись. Ему засигналили, и, махнув рукой, он вернулся за руль. Я же обнаружила себя в пустом салоне красоты. В дальнем углу виднелась табличка «Сауна». Что ж, почему бы и нет. Торопиться после такой поездочки уже не имело смысла.

Дверь, очевидно, ведущая в сауну, была заперта, но мои робкие подергивания все же привлекли чье-то внимание. Из противоположной двери выглянула круглолицая заспанная девушка:

— Сауна совсем не разогрета. Подождете немного? Минут двадцать хотя бы. Можете пока поплавать. Я за то время, что вы ждете, денег не возьму.

Я согласилась, и она провела меня мимо неразогретой сауны в помещение с небольшим, хорошо оборудованным бассейном: там и подводное течение было, и всякие другие примочки. Рядом – джакузи, за ним – массажное кресло. Наплававшись вволю и наборовшись с течением, я нажала на «Пуск» и села в кресло. Оно недовольно загудело, пытаясь определить мои параметры и не находя достойного поля деятельности, но в конце концов все же издало более удовлетворенный звук, полуурчание, полусвист, и по моему телу наконец побежали волной массажные ролики. В какой-то момент я действительно расслабилась, и приободренное кресло заработало в полную силу, поглаживая и утюжа.

Я увидела, как на дисплее загорелась кнопка, следующая за кнопкой «Relax», которая, оказывается, светилась все это время. Я никак не могла разглядеть, что написано на этой следующей кнопке, скорее всего, из-за дремотного тумана, охватывающего меня все плотнее. Не знаю, сколько прошло времени. Я покинула зону приятного тумана тогда, когда вдруг ощутила мягкие, прочные лапы кресла на своих щиколотках. Уж не знаю, за что их приняло кресло, уже довольно неплохо ориентировавшееся в моей анатомии, но, сжимая и выкручивая, оно не только не позволяло мне двигаться, но и заставило мои щиколотки и ступни угрожающе захрустеть.

Еще через несколько зажимов стало очевидно, что кресло намерено раздробить каждую косточку. Звать на помощь показалось унизительным и комичным, хотя хватка была нешуточной. Выбраться самой было невозможно: чтобы отключить аппарат, надо было хотя бы привстать и наклониться вперед. Это оказалось нереальным: я попробовала и тут же ощутила резкую боль в зажатых и выкрученных стопах. Более того, кресло немедленно отреагировало на мое движение, ухватив меня еще и за шею. Ситуация перестала казаться забавной.

В конце концов я придумала: вжавшись в кресло как можно плотнее (оно с энтузиазмом бросилось осваивать новый участок работ), я одновременно соскользнула вниз, вытянула правую руку так, что она почти выскочила из сустава, и кончиками пальцев дотянулась до ближайшей ко мне кнопки «Relax». Еще одно сконцентрированное усилие-нажатие, и машина благоразумно вернулась к исходному крепкому поглаживанию, прекратив развинчивать мое тело. Тут я смогла привстать на горящие, ломкие ноги и дотянуться до «Пуска». Свободна.

Мне было теперь совершенно безразлично, разогрелась ли уже сауна. Я вошла в пахучее, горячее облако и сразу забралась на верхнюю полку. Легла лицом вверх и долго лежала, согреваясь и представляя, как страхи и тревоги покидают мое тело через медленно раскрывающиеся поры. Было приятно горячо, совершенно беззаботно. Я несколько раз вставала поддать пар, но

• Галина Ицкович

потом просто застыла, не шевелясь, и благодатный, всеисцеляющий сон опустил меня в свою ласковую реку.

Не знаю, как мне удалось выйти. Когда я проснулась и поняла, что то, что я принимала за температуру в Фаренгейте, на самом деле Цельсий, стрелочка давно перевалила за сто. Невероятным усилием мне удалось вывалиться за дверь. Сознание, тот мир, который я любила и знала, мультяшными пузырьками, букашками, катышками разбегался во все стороны прямо перед моими глазами, проваливаясь в ромбики резинового покрытия. Ромбики въедались в мою щеку. Было совсем не больно переступать за границу сознания, но, кажется, я громко застонала, прежде чем окончательно отключиться.

На другой день в городе ожидались волнения, и в район Бирюлева уже подтягивались омоновцы.

ВЕЗУНЧИКИ

1

Они «подснимают» угол у запойного старика в одном из прибрежных переулков. Вход в подвальное помещение со двора, и смотрите не попадитесь на глаза настоящим хозяевам, а не то выселят и нас, и его.

Домашние визиты к матери и ее чудом выживающей годовалой дочке («Такую хромосомную мутацию пока наблюдали только у тридцати двух младенцев в мире, и никто из них не прожил дольше шести месяцев. Мы — тридцать третьи и первые,» — с гордостью говорит Зоя) предполагают образовательную поддержку и обучение молодой матери, но на самом деле Зоя использует меня для советов по разрешению своей иммиграционной ситуации. Зоя в Штатах нелегально: заплатила по-северному щедро за поддельную гостевую визу и приехала на пятом месяце беременности. Зоя — мастер спорта по биатлону, беременность не видна была до последнего месяца. Отец ее дочки умудрился присоединиться к ней перед самыми родами, поэтому все решения относительно Жаклинушки, доченьки, принимали вместе.

Они у меня первые в пятничном расписании. Там всегда тяжело запарковаться, а тем более в дни снегопада. Я, наверно, звонила бы и отменяла визиты весь февраль, но телефон у них один на двоих с мужем, а муж с ночи уходит на стройку. Поэтому выезжаю из дому затемно — хотя сегодня вряд ли просветлеет, и будет ли это утро вообще?

Стучу условным стуком. Зоя по-особенному бледна:

— Какое счастье, что Вы пришли! Я такой ужас испытала... это надо кому-то рассказать. Я проснулась сегодня к Жаклинушкиному кормлению, в комнате холодно, а в окне — ночь и метель. И мне вдруг показалось, что я дома, в Ангарске, сейчас на тренировку идти, а Америка, роды, диагноз — это все мне приснилось, все последних два года — просто приснились. И так мне стало страшно, что я завыла в голос. Как собака, представляете? Ребенка перепугала.

— Зой, а как объяснить этот страх?

— Понимаете, там у меня было только это. Зима, ночь и снег.

— А здесь?..

Понемногу выходящая из ступора кошмара Зоя деловито поправляет шторы, чтобы свет из теоретически нежилого помещения не был виден с улицы:

— Здесь... у меня надежда есть, понимаете? Надежда.

И подсоединенная к питанию неглотающая терпеливая Жаклин улыбается ей из-под своих трубочек.

2

Маленький, аккуратно изготовленный, словно седеющая конфета в коробке, человечек Хозе живет в окрестностях Нью-Йорка с отрочества. Не от хорошей жизни уехала его семья с дальнего хуторка на севере испанской Галисии, но он и его сестры неплохо преуспели в американской жизни. Все у него нормально, во всяком случае, материально. Думает ли он о том месте, откуда увезли их отец и мать? Да нет, на это нет ни времени, ни энергии. А если ехать в Испанию в отпуск, то куда-нибудь посимпатичней, а не на хутор из трех развалюх. Собственно говоря, и семей тех нет уже: кто там мог выжить? Последняя карта этой местности была составлена еще при Франко. Как только дети в школу да старики в больницу попадали? Скорее всего, вовсе не попадали.

ПРОЗА

Простая жизнь, совсем не так живет вся остальная Европа.

И вот Хосе летит в командировку в аргентинскую Кордобу. Тоже не центр цивилизации, заметьте. Сесть в такси после девяти вечера – целая история. К счастью, он говорит по-испански, а потому быстро договаривается с шофером единственного грузовичка, что-то там разгрузившего и готового ехать обратно в город.

Едут, но как-то неспокойно: водителю по виду лет сто, Хосе даже неудобно на него смотреть, вроде бы с недоверием выходит.

Шофер ему:

– Интересный у тебя, брат, акцент. Ты откуда будешь?

– Из Хобокена.

– Но ты родился в совсем другом месте, не так ли?

Что он все выпытывает, думает Хосе.

– Семья родом из Испании.

– Ну да, все мы родом из Испании. А откуда?

– Из Галисии.

– Да что ты говоришь!

Молчание.

– А в Галисии, брат, где жили?

– Ла Корунью знаешь?

– Ну да, ну да... а где кон0кретно?

– Недалеко от Полигоно де Потомако.

Шофер цокает языком.

– А ты сам откуда родом? – хотя Хосе абсолютно все равно, но вежливость обязывает.

– Да я тоже там жил недалеко. Надо же, нас всего три семьи на хуторе жило.

Действительно, какое совпадение.

Помолчав, шофер продолжает допытываться:

– А как твой хутор назывался? А твой дом у дороги был или за оврагом? А как деда звали?

Они подъезжают к гостинице.

Хосе расплачивается и выходит.

Грузовик медленно выруливает обратно на дорогу, и тут шофер кричит в окно:

— Слушай, парень. Твой дед в шестьдесят девятом одолжил мне денег, чтоб эмигрировать, но здесь тоже не медом мазано. В общем, семье твоей спасибо, но деньги не верну, ты уж извини.

И газует.

Рассказывая мне эту историю, Хосе сетует:

— Ах, что за дурак! Да не взял бы я у него деньги, мне бы рассказы послушать о прошлом. Я своего деда видел только в самом раннем детстве, он с нами не уехал – не на что было.

3

Жаль, что нельзя познакомить Хосе с Алом, они нашли бы общий язык. Ал тоже эмигрант, но во втором поколении. Он родился в Мексике у родителей–поляков. После второй мировой вдруг появилась возможность отправить маленькую группу польских детей в Сан-Франциско. Родители (у кого они были) собрали их, как смогли. После двух месяцев океанской качки и тревог дети вышли на берег, с облегчением маша вслед отплывающему лайнеру. Никто их не встречал. Поскольку ни один из них не знал английского, они не сразу поняли, что вышли не в Сан-Франциско, а в порту Веракрус, в Мексике.

— А потом что?

— Жили как-то. А потом поженились, вдвоем же легче.

Через каких-то пятьдесят лет после этого события Ал осуществил мечту папы и мамы и переселился в Нью-Йорк.

— Они смотрят на меня сверху и радуются, что я умею выбирать города для жизни и, главное, добираться до них.

Вячеслав ТЕБЕНКО

Родился в 1982 году в селе Реболы, Муезерского района Карельской АССР, где прожил до 1999. Потом переехал в Петрозаводск (центр Карелии), поступил в Петрозаводский государственный университете, на исторический факультет, закончил в 2005 году, после учился заочно при аспирантуре, работал в Петрозаводске и Санкт-Петербурге в сфере, далекой от исторической науки и литературы. Тем не менее публиковал статьи в научных журналах по истории Карелии. Книга «На своей стороне», отрывки из которой мы представляем читателю, как раз и выросла из этих статей.

ПРОЗА

СТРОЙКА ВЕКА

Из автомобиля вышли три человека. Несколько офицеров, рабочие и солдаты переключили внимание на важных персон. Самый высокий и пожилой громко поздоровался.

— Да это же фельдмаршал! — сказал кто-то.

Офицеры-инженеры даже растерялись. Что делать? Построиться и доложить фельдмаршалу? Но как строить десяток солдат и столько же рабочих в перепачканной одежде?

Фельдмаршала нисколько не интересовали начищенные до блеска сапоги и застегнутые пуговицы. Уж чего-чего, а этого военного лоска он насмотрелся еще в Петербурге, будучи кавалеристом в царской армии. Маннергейм, несколько месяцев назад прибывший из Индии, был озабочен строительством укреплений на границе с СССР. Линия мощных оборонительных сооружений от Финского залива и до Ладожского озера, по замыслу авторов, должна надежно защитить Финляндию от вторжения с востока. Сотни километров колючей проволоки, бетонные ДОТы, блиндажи, ДЗОТы, заградительные ежи — здесь постоянно что-то надстраивали, достраивали, раскапывали.

Троица отправилась осматривать укрепления.

— Судя по всему, в Хельсинки появились лишние деньги. Смотрите, сколько работы уже сделано, — заметил один из офицеров.

— Только этого мало. Атаку пехоты и малой артиллерии линия выдержит. Но, господа, кто-нибудь из вас видел, что делает 280-миллиметровая гаубица Шнейдера с подобными укреплениями, если не жалеть снарядов?

Молодые офицеры переглянулись.

— Хочу напомнить, что 280 миллиметров — это далеко не предел. В свое время французы обстреливали немцев из 520-миллиметровой гаубицы Шнейдера. С тех пор прошло двадцать лет. Не вижу никаких причин, чтобы русские не смогли сделать подобные орудия… или даже помощнее.

— Господин фельдмаршал, полагаете, нам придется воевать с русскими? Красная Армия больше чем население Финляндии вместе с женщинами и детьми. В России столько территорий, что там запросто может разместиться две-три Финляндии, и вряд ли станет теснее.

— К тому же подписан договор о взаимопомощи. Союзники нас не бросят.

Маннергейм посмотрел на восток.

— Союзники? У союзников могут быть иные планы. Как говорят русские, «своя рубашка ближе к телу». В этом я мог лично убедиться в ходе мировой.

— Господин фельдмаршал, вы все-таки считаете, что придется воевать с Россией?

— Нет, я считаю, что нужно договариваться с Советами до последнего.

— Армия Финляндии далеко не самая слабая, а финны могут быть хорошими солдатами, — сказал один из офицеров, глядя снизу вверх на фельдмаршала.

— Господа, вы еще молоды — знакомы только с Гражданской войной в нашей стране. Я видел другие… большие войны. Прекрасно помню, как немцы во время наступления сметали целые деревни тяжелой артиллерией, а австрийцы, например, на прорывах теряли за неделю боев тысячи солдат. Да, мы можем противостоять врагу, но это значит, что десятки тысяч жизней финнов станут расходным материалом. Что в итоге? Как бы ни сложилось, большой войны с Советами или с любой другой крупной державой мы в одиночку не вытянем. Дело ведь не только в том, кто храбрее и умнее. Война подразумевает потери, ошибки, неудачи с обеих сторон, но ресурсы, промышленность, численность населения не сопоставимы. Вы только что об этом сами сказали.

— Господин фельдмаршал, а как насчет союзников все-таки?

— Наши союзники — армия и флот. Так, кажется, говорят британцы. А кто наши союзники? Немцы или, может, французы с англичанами? Парламент еще сам не определился. Повторюсь, — продолжил фельдмаршал, — в случае военной угрозы нужно искать компромисс с русскими во что бы то ни стало. Но превращать нашу Финляндию в поле битвы между коммунистами и западными державами… Достаточно вспомнить, что было с польскими городами, когда русские воевали с австрийцами. На западном фронте картина разрушенных городов вырисовывалась куда страшнее.

— Однако линия укреплений должна быть.

— В парламенте и правительстве мне обещали поддержку и дополнительные средства на оборону.

— В Европе, в Испании уже идут бои. Войны не избежать?

— Не могу сказать. Когда я служил в царской армии, мы воевали с японцами. Сейчас вряд ли кто-то сможет объяснить, почему началась эта война. Хотя известно, что некоторые военные и чиновники буквально озолотились. Тогда говорили, что с японцами можно решить вопрос полюбовно, но война зачем-то понадобилась русскому императорскому двору. Российская империя обошлась малой кровью. Потом — мировая война. До сих пор не понимаю, что мы защищали в сугубо европейских делах… Поддерживали союзников, спасали положение на западном фронте, теряя сотни тысяч солдат и офицеров? — Маннергейм словно задал вопрос самому себе.

— Считаете, что в мировую воевали напрасно, господин фельдмаршал?

— Австро-Венгрия и Германская империя воевали против Франции, Англии, Российской империи и США. Каков результат? Три империи исчезли с политической карты. А солдатам воюющих армий в какой-то момент стало безразлично, кто победит или проиграет… Лишь бы поскорее закончилась бойня.

— Но в результате падения империи Финляндия стала независимой, — заметил один из офицеров.

— Поверьте, так случилось не потому, что русская армия проигрывала войну. Без революции и Гражданской войны в России здесь, на линии Энкеля, было бы несколько крестьянских хуторов и отличные охотничьи угодья.

— Выходит, большевики дали нам свободу? Не будь большой войны, а за ней революции, Финляндия так и осталась бы одной из провинций великой России.

— Тогда большевики мечтали о мировой революции и всеобщем равенстве. Возможно, красные рассчитывали, что коммунисты в Финляндии победят, и будет общее социалистическое… или какое там у них государство!

— Как бы они не захотели вернуть финнов обратно… силой.

— Но ведь с Советами заключен мирный договор на десять лет. Да и сдались им четыре миллиона упрямых финнов, с их лесами и болотами, — возразил самый младший.

Взоры офицеров вновь обратились к фельдмаршалу.

— Господа офицеры, наш долг — защищать страну. Что бы ни случилось, мы должны быть готовы постоять за свою нацию, — сказал Маннергейм и хромающей походкой пошел осматривать укрепления дальше.

ПЕРВАЯ ЛИНИЯ

— Они опять прислали мне эти бутылки, пропади они пропадом! — капитан Ярвинен был вне себя от ярости. — Нумми, передайте им в штаб, что этих бутылок мало. У меня нет столько людей, чтобы бутылками останавливать танки! Если эти кретины не понимают, что такое танк, русский танк, то мы им с удовольствием покажем! Скажу больше, эти придурки могут залезть в окопы и попытаться зажечь танк, если, конечно, раньше их не сразят советские пули.

— Господин капитан, вы же знаете, что они делают все возможное.

— Они делают? Делаем здесь мы, Нумми! Мы делаем невозможное! У нас нет ни одного — ни одного! — противотанкового ружья! Артиллерия отвечает на атаки русских реже, чем моя пехота.

— Вчера мы их здорово потрепали, этих русских.

— Нумми, не зли меня! Вчера, вчера! Мы недосчитались семи человек. Даже не знаю, где их тела, а русские потеряли всего один танк. Мне известно, что коктейль Молотова — хорошая штука. Но придет тот день, когда нас взбодрят авиацией, потом будут бить прямой наводкой, затем отутюжат танками. Тогда ты или кто там останется в живых сможет последний раз швырнуть этот коктейль в советский танк и сдохнуть на позициях!

Ярвинен сделал себе кофе.

— Будешь? — бросил он Нумми.

— Да, пожалуй, можно.

ПРОЗА

Ярвинен налил подчиненному кофе. Нумми потянулся за кружкой.

— Постой, не переводи напиток, — капитан достал из внутреннего кармана полушубка плоскую флягу. — Водка и кофе. Хорошо хоть с этим пока проблем нет, это наши союзники.

Раздался оглушительный грохот. Нумми повалился на пол. Ярвинен почувствовал, как закружилась голова, схватился за спинку стула и посмотрел по сторонам. Комната была цела, однако Ярвинену казалось, что хороший боксер пробил ловкий хук. У Нумми из ушей текла кровь.

Капитан бросился к совсем еще юному солдату: «Набрали мальчишек».

— Вставай, очнись, — Ярвинен смочил водкой носовой платок и приложил к лицу парня.

Нумми открыл глаза.

— Мы живы? — едва прошептал он.

— Да, живы! И, к сожалению, ты не в раю, а там снаружи сейчас настоящий ад, лежи на полу, не вставай. Пойду и посмотрю, как там остальные.

Прозвучал еще один разрыв снаряда.

— Советская артиллерия — это молния.

— Почему?

— Никогда дважды не бьет в одно место. Скоро они опять пойдут в атаку.

Снаряды рвались вокруг ДОТа, однако уже попаданий не было. Финские солдаты укрылись в казематах.

— Мы, словно звери, прячемся в этих норах. Когда уже это прекратится!

Кто-то просто лежал на полу и смотрел в потолок. После того, как закончится обстрел, начнется затишье, а дальше самое страшное для тех, кто укрывался за стенами ДОТов, и тех, кто пойдет в наступление.

Канонада длилась минут пятнадцать. Потом артиллерия смолкла.

— Все, ребята, готовьтесь, — защелкали затворы винтовок и автоматов.

— Рахья, ваш «Бофорс» еще на что-нибудь способен?

— Конечно, только снарядов маловато.

— Это нормально, главное, чтобы не разнесли амбразуру. Надеюсь, пулеметчики на флангах еще живы. Будьте готовы, скоро пойдут.

— Кто на линии?

— Те, кто не был в прошлый раз. Возражений нет?

Возражений не последовало, два десятка бойцов готовились выйти на мороз и встретить противника, как только он пойдет в атаку.

— Не жалейте «выпивки»! Русские это любят. Бутылок у нас хватает!

Нервное напряжение возрастало с каждой секундой. Как говорили те, кто выжил после боев, обычно страшно до того, как все начнется, и после того, когда закончится. В бою не столько поражает страх, сколько шок. Даже раненые порой не чувствуют боли. Однако атаки не было.

«Что они задумали?» — задавался вопросом Ярвинен, рассматривая в бинокль, как солдаты противника, не торопясь, выходят на позиции, но не идут в атаку, что обычно бывало после артподготовки...

— Чего ждем? Вроде пора? — спросил молоденький красноармеец, глядя на товарищей.

— Пора, так иди, — зло ответили вновь прибывшему лейтенанту. — Вчера командующий сам здесь был, теперь будем учиться идти за огневым валом, по старым методикам.

— Какие еще методики? Танки сейчас пойдут!

— Лейтенант Старовойтов, — рявкнул внезапно появившийся комбат, — не путайте людей, ждите команды.

Роты вышли на позиции. Раздался рев машин, восемь танков Т-26 должны были поддержать пехоту. Подползал еще один Т-26.

— Этот куда? Ему что — пушку обрезали, недоделанный какой-то? — раздался нервный смешок по рядам.

— Сам ты недоделанный! Это химический танк, с огнеметом.

Шутник уважительно замолчал.

— Будем чухонцев согревать! — выкрикнули из строя.

— Если сами раньше не согреемся, — прозвучало в ответ...

— Все как обычно, а мы переживали. Русские готовятся к атаке, бежать-то им никак. Снег нам в помощь. Гости уже идут, — зло сказал Ярвинен.

Красноармейцы медленно двинулись вперед. Финны выходили из ДОТов и занимали место в окопах.

— Ну же, парни, давай, — прошептал Тиммонен, глядя на едва плетущихся советских бойцов. — До чего неторопливые! Так мы вас уложим раньше времени.

Грохот разразил морозное небо. Тиммонена буквально снесло взрывом. Советские пушки и гаубицы вновь начали работать по позициям. Финны пытались распластаться по мерзлой земле на дне окопа. Артиллерия метала огонь, не жалея стали и пороха.

— Что это? — финны не сразу сообразили суть происходящего.

— Ничего нового — классика жанра. Немецкий прием: пехота следует за огневым валом, подходят как можно ближе, в идеале сто метров, а дальше — бросок. Сто метров — это не пятьсот и даже не триста. Надеюсь, снег нас еще выручит. Бежать они не смогут.

— У них сменили командование?

— Похоже на то. Ребята, эта атака будет другой, — закачал головой Ярвинен. — Так просто сегодня мы не отделаемся. Ласси, запрашивай поддержку артиллерии. Пусть бьют ближе к нашим позициям.

Финская оборона стала «огрызаться» редкими ружейными выстрелами и короткими очередями в тот момент, когда можно было видеть атакующих.

Советская пехота шла за танками, кто-то пытался прикрываться бронещитками, с флангов неуклюже двигались советские лыжники. Финская артиллерия иногда бросала огонь в советские цепи, но ее мощи было недостаточно.

Красноармеец позади атакующих взмахнул красными флажками и скрестил два раза руки над головой. Артиллерия с советской стороны прекратила огонь. Развернулся бой в непосредственной близости от финских позиций. С максимальной интенсивностью заработали пулеметы, автоматы, винтовки.

Красная пехота не спешила к финнам, уступая это право стальным машинам.

Т-26 лихо шел на финские укрепления, но шведский «Бофорс» остановил это движение. Танк встал на месте, видимо, попали в гусеницу. Машины позади остановились, словно выбирая цель, но цели не было. Первый танк ощетинился пулеметными очередями туда, где были малейшие признаки жизни. Последовал выстрел из орудия в блиндаж. «Бофорс» сделал пару выстрелов, пробив башню боевой машины.

Танки стали отчаянно вести пулеметный огонь.

Откинулась крышка люка, показался танкист. Едва он вылез, как тут же был сражен автоматной очередью. Второй танкист каким-то чудом вылетел из башни и буквально нырнул в снег.

— Вроде Мишаня живой! Ребята, не ждем пехоту, отбить его надо! — орал командир экипажа.

— Пушка моя, сейчас накрою!

Однако жизнь второго танкиста продлилась лишь на мгновенье дольше. Сразу несколько финских солдат взяли его на прицел. Тщетно! Красноармейцы вели огонь прикрытия. Танки были грозой финнов и вызывали куда больше злобы и ненависти, чем простые советские пехотинцы. Танк справа развернул орудие и сделал несколько выстрелов в сторону «Бофорса». Пушка ответила, но снаряды вошли в снег. Танки продолжили движение, пехота следовала за ними.

— У нас там что? Уже живых нет? Где фланги? — ругался Ярвинен.

Финские окопы и ДЗОТы стали оживать, пулеметы старались отсечь пехоту от танков.

Красноармейцы вели огонь по укреплениям и блиндажам, но толку от такой стрельбы было немного. В сторону «Бофорса» пошли еще три танка.

Одна машина наскочила на каменный надолб и остановилась, затем попыталась его объехать, свернув влево. Звук разбивающегося стекла никто не слышал, но все увидели, как вместо танка появился огромный факел. Экипаж пытался покинуть горящую машину, но было поздно. Как только открылся люк и едва показался первый танкист, еще одна бутылка достигла цели. И все же танкисты предпочитали спастись, нежели плавиться в груде железа. В людей, объятых адским пламенем, никто не стрелял. Два оставшихся танка вели огонь по ДОТу, где была пушка.

— Давай, давай, иначе они нас завалят огнем!

«Бофорс» открыл огонь по одному из танков, выстрелы прошили гусеницы, а потом и башню. Экипаж погиб вместе с танком.

— Смотри еще один, скорее разворачивай!

— Что за танк? Не стреляет, у него только пулемет, — Карл удивленно наблюдал за танком с коротким стволом.

Машина резко изменила траекторию и двигалась под углом так, что выстрелить могла либо в стену ДОТа, либо наискосок параллельно амбразуре, но никак не прямой наводкой. Где-то за сорок метров танк остановился. Из короткого ствола вырвалось пламя, потом еще и еще.

— Огнемет!

Легкий химический танк ХТ-26 не стрелял обычными снарядами и не разрушал мощные укрепления. Он выжигал живую силу противника огнесмесью мазута и керосина. В несколько секунд на людей обрушивалось больше двухсот литров огня. Расчет «Бофорса» сгорел за считанные секунды. ХТ-26 выстрелил по окопам, однако пламя растопило снег, а не людей. Танк дернулся и поехал дальше к позициям.

«Хоть кто-нибудь!» — взмолился Ярвинен.

Танк угодил в яму. Это было небольшое отверстие в скальной породе, выдолбленное сильными руками финских рабочих или любезно «предоставленное» природой Финляндии как раз на этот случай. Советские пехотинцы и танки открыли огонь по направлению движения танка, чтобы избежать случайностей.

Мотор танка стал работать сильнее, потом взревел как раненый зверь, заскрежетали гусеницы, металл соревновался с камнем. Машина шла быстро и попала в эту ловушку, а выехать из нее уже не могла. Теперь нужно было отстреливаться. Слишком страшная участь ждала огнеметчиков, если они окажутся в плену. Оставались еще варианты: замерзнуть в стальной капсуле, отведать коктейль Молотова или быть застреленными.

Бой превратился в перестрелку. Финны не шли в контратаку, ведь это было бы самоубийством, учитывая, что перед ними танки, а красноармейцы уже исчерпали свой запал, тем более что впереди их ждал убийственный огонь из всех щелей финских укреплений.

Стороны ждали ночи или подкрепления. С наступлением темноты советская пехота стала отходить назад. Две машины развернулись и стали по обеим сторонам от попавшего в ловушку танка. Третий танк сманеврировал и задом почти вплотную подошел к ХТ-26.

Танки открыли буквально ураганный огонь в сторону финских позиций. Русские решили, что можно поторговаться с судьбой и выкупить своих товарищей. Под огнем прикрытия и опускавшейся темноты танк взяли на буксир и потащили к своим позициям. В темноте машина более уязвима, чем человек.

Тимо и Юрье очень хотели сжечь ненавистный огнеметный танк. Однако ближе был танк прикрытия. Когда машины уже начали обратный ход, один из танков вспыхнул мощным факелом. Коктейль Молотова — это всего лишь полулитровая бутылка со смесью денатурата, керосина и дегтя, но при удачном попадании в воздухозаборник танка пламя затягивается внутрь, и двигатель быстро загорается. Однако у экипажа при определенной сноровке и ловкости есть шанс спастись.

Измученные боем люди по обе стороны огня ужасно хотели спать. Только спать! Завтрашний день обещал быть таким же.

Капитан Ярвинен не спал, у него было предчувствие, что финнам осталось недолго. Силы таяли с каждым днем, людей катастрофически не хватало, патроны и гранаты приходилось экономить. Если «Бофорс» и можно было отремонтировать, то лишь после того, как закончится война. Следующую танковую атаку придется отражать в ручном режиме. В два часа ночи Ярвинен, преодолев нервное напряжение, уснул: до семи утра можно еще спать и спать, целых пять часов. Целая вечность!

ПРОЗА

ПЛЕННЫЕ

После встречи с командующим Тахво и Эйнари в сопровождении адъютанта отправились к дощатому бараку, где содержали пленных. Конвой из трех человек вывел красноармейцев на улицу, якобы на допрос. Однако вместо штаба их отправили в подсобное помещение, насквозь продуваемое ветром, где температура не сильно отличалась от уличной. По приказу Эйнари конвой оставил несчастных в подсобке на два часа.

По истечении этого времени уже сам Эйнари пришел «освобождать» пленных. Клацнул амбарный замок. Хейкконен увидел двух небритых мужчин, на вид им было не больше тридцати.

— Зачем вы оставили людей на холоде, — обратился он к конвойному, бесцеремонно тыча в него пальцем.

В ответ финский солдат пробормотал что-то невнятное. Эйнари покачал головой и цокнул языком в знак возмущения.

— Здорово, мужики! Долго вас эти ироды морозят? — громко спросил он на русском.

Красноармейцы переглянулись — ничего хорошего от финнов они не ждали, и обращение на родном языке их еще больше насторожило.

— Дык, часа два уж как сидим, — неуверенно ответил тот, что помоложе.

— Тогда пошли греться, — с улыбкой ответил Эйнари, — намерзлись уже.

Красноармейцы быстро вышли на улицу, щурясь после нескольких часов темноты. Им было все равно, куда идти, лишь бы не сидеть в этом темном и холодном сарае.

Конвой вместе с пленными последовал за Эйнари. Через несколько минут их привели в комнату с печкой.

— Садитесь вон на лавку, поближе к теплу. Курить будете? Хотя жрать, наверное, охота? С 54-й горнострелковой поди? Окруженцы? — Эйнари подошел к печке, где уже была разогрета гречневая каша с тушенкой.

Два финских солдата, находившиеся в комнатке, с интересом смотрели на пленных.

— Эй, длинный, ложки принеси людям! — крикнул Эйнари по-русски высокому финну.

Солдат ничего не понял.

— От чухонцы! — возмутился Эйнари, а потом уже спокойно сказал на финском: «Уважаемый, достань, пожалуйста, ложки, очень надо».

— Меня зовут Павел Борисович, можно Павел. Тоже в плен взяли еще в самом начале. Тогда бросили батальон наш под Суомосалми. На мне шинелька, галифе да сапожки. Думал, сдохну от холода. Накрыли нас на дороге финны как пионеров, — виновато сказал Эйнари. — Стреляют отовсюду, лежу, головы не поднять. Снайперы бьют, автоматчики... А мороз все сильнее. Тут либо под пулю, либо, если повезет, на земле переждешь. Я сдуру спирта вмазал полфляги — сначала хорошо, даже в сон потянуло. В общем, вырубился, очнулся, а финны уже у наших убитых да замороженных оружие забирают. Лежу — пошевелиться сил нет, замерз чуть ли ни насмерть. Финны увидели, что живой. Сначала пристрелить хотели, видать, чтобы не мучился, все равно окоченею. Потом их офицер что-то сказал: в меня залили еще водки, уложили в санки, накрыли шубой, закутали, как ребятенка...

Эйнари сделал паузу и достал флягу.

— Вот, ребята, водка! Знакомиться будем! — он первым сделал глоток и протянул флягу тому, который постарше. — Теперь ты. Как звать?

— Миша, — ответил красноармеец и выпил водки.

— О, наш человек! Следующий давай, кем будешь?

— Клим.

— Ворошилов значит, ну держи, — Эйнари протянул флягу.

— Нет, Петров я.

— Значит, пришел в себя уже в какой-то избушке. На мне из одежды только исподнее. Доктор их меня спас, говорит: «Посмотрим, насколько сильный человеческий организм». А помирать-то мне уже и не охота, братцы, ой как неохота! Пару дней в тепле отлежался, кофе с водкой, да под одеяло. Жить захотелось. Но финны тоже не дураки. Приходит ко мне их командир, показывает на вещмешок, шинель мою, сапожки да галифе. Дальше через пень колоду мне объясняют: либо я с ними, либо сейчас вот надеваю свое и иду на все четыре стороны. Вот так я и остался. Хотите верьте, хотите нет. Сейчас здесь вроде завхоза по пленным. Финнам особо возиться некогда с нашими, это мне повезло. В лагерь отправлять далеко, здесь держать желания нет, расстреливать не велит им Женевская или какая-то там конвенция, мол, права человека и солдата. Но здесь тоже умники: раз такое дело, гуманизм... не хочешь работать-помогать, то бери Ванька свои сапоги, телогрейку и иди, откуда пришел.

— И что же, так просто отпускают? — спросил красноармеец.

— А им что? Куда в лес пойдешь? К своим? Так три дня ходу... без компаса и карты, без спичек и оружия, а главное — без лыж. Темнеет рано, — бесхитростно ответил Эйнари.

— Но шанс-то есть?

— Как же, шанс есть. — Хейкконен был добродушен. — До вас тут пару недель назад два товарища причалили, тоже от Гусевского, из 54-й дивизии. Посидели дней пять, окрепли, отъелись, вечером водки у меня спросили да тушенки. Мол, Борисыч, ты человек душевный, поддержи бойцов питанием. А я что? Нате вам, ребята! Утром глянь, выломали доски да убежали из барака.

— Поймали?

— Бросьте, кто тут ловить будет?! Забот без вас хватает. Через три дня дозор лыжный нашел двоих в лесу, замерзли к едрене фене. Ты сам подумай, куда здесь без лыж и валенок? Куда бежать? Кругом тайга. Ты сам откуда?

— Из Вологодской области.

— Ну, соображаешь, значит, что к чему — не май месяц в лесах.

Вошел конвойный и положил ложки на стол.

— Kitos[1], — вежливо сказал Эйнари.

Красноармейцы, не дожидаясь особого приглашения, стали есть гречку с тушенкой.

---

1   Спасибо *(фин.)*

— Вы, значит, думайте, будете сотрудничать? Если договоримся, поработаете здесь неделю-другую, а потом похлопочу, отправят в тыл, в лагерь для военнопленных, а нет, так идите на все четыре стороны. С вами тут возиться не будут.

Эйнари вышел из теплой комнатушки. Оба конвойных последовали за ним. Красноармейцы переглянулись и вновь стали есть, инстинктивно пытаясь получить как можно больше тепла и энергии.

Хейкконен далеко не уходил. Он находился в соседней комнате. Разумеется, пленные об этом не знали. Сейчас Эйнари хотел услышать все, что они говорят. Ему казалось, что эти люди уже согласны «работать» вместе, если от них не потребуют стрелять в собственных товарищей.

— Что, думаешь, Миша? Что делать-то будем?

— Знаешь, Клим, не нравится мне этот архаровец. «Намазывает» уж больно складно: чуть было не замерз, финны спасли, доктор, видите ли, и тут враз уже у них начальничком стал, на тебе водочки-селедочки, косит под просточка, а сам хитер как лиса.

— Хм, хитер, не хитер, а нам-то что делать? Выведут за сарай, да шлепнут, делов-то... Две, ну четыре пули. Жалко, что ли?

— Ты не понял? У них права человека и солдата, нас не тронут!

— Ага, вроде, конференция у них какая-то.

— Не конференция, а конвенция, — поправил командир.

— Хрененция! Ты жить хочешь?! — вспылил Клим.

— Сядь! Ты Родину предашь за пачку чая? Стрелять нас не будут.

— Стрелять не будут, в лес отправят, еще хуже. Михаил, мы же еще молодые, пожить можно. Давай выслушаем его, посмотрим, побудем здесь недельки три-четыре, будем дрова колоть, осмотримся, а там теплее станет, айда к своим.

Михаил задумался: «В таком положении выбирать особо не приходится. Спросят о расположении частей, так можно наврать с три короба, да и что расскажешь, когда ты всего лишь командир взвода, даже не роты. Что проку от смерти?»

На столе лежала фляга, предусмотрительно оставленная Эйнари. Клим открутил крышку, сделал глоток и протянул товарищу: «Бахни! Завтра может уже не дадут!»

Гречневая каша, обильно приправленная тушенкой, опьяняюще действовала на бойцов, которые уже давно питались только тем, что Красной Армии удавалось переправить силами авиации. Тепло печки, спирт и еда делали свое дело: хотелось спать и отдыхать. Клим вытянулся на лавке.

— Думай, Миша, думай лейтенант. Я еще жить хочу, с рядового спрос невелик. Что им расскажу? Номер части и дивизии, да как звать комбата? Так этот Палыч или как там его сам тебе все рассказал о нашей дивизии.

Через полтора часа в комнатку вошел Эйнари, с ним были четыре конвойных.

— Ребята, что решили? Правила немного поменялись: или уходите сейчас домой, или оставайтесь здесь и пробуйте выжить.

Бывший перебежчик знал, куда надавить, чтобы получить ответ. Михаил встал с лавки. Красноармейцы приняли решение.

— Слышь, Павел Борисович, мы согласны. Только стрелять в своих не будем.

— Да больно надо. Здесь желающих в нашего брата пострелять хоть отбавляй. Теперь, ребята, рассказывайте: кто вы, что вы, звание, откуда. И не дай Бог, наврете. У них из вашей дивизии и командиры есть пленные, все проверят. Еще раз повторяю — обманете, в лес пойдете в летних ботинках.

— Чего обманывать-то, и так уже влипли, — отозвался Клим.

Эйнари достал блокнот и карандаш.

— Сейчас чайку попьем, покрепче! Да не переживайте, не вы первые, не вы последние. Финны вон тоже в плен попадают, только у них уговор такой в армии: говори, что хочешь, лишь бы не убили.

Через несколько часов такого чаепития, сдобренного водкой и сладкими галетами, Эйнари уже неплохо знал, как обстояли дела в 337-м полку 54-й горнострелковой дивизии, и мог составить характеристику на разведчиков: рядового Петрова Клима и лейтенанта Русакова Михаила. Но в свете предстоящих событий это еще было не самым сложным. В голове Эйнари созрел дерзкий и отчаянный план, который менял предыдущие намерения. Лыжный отряд, который шел на помощь подразделениям 54-й горнострелковой дивизии, был очень кстати.

Амаяк
ТЕР-АБРАМЯНЦ

Человек постсоветский (Homo Postsoveticus), родился в Эстонии в 1952 году. Папа — армянин, мама — украинка. С 1961 года проживает попеременно в Подмосковье и в Москве. Член Союза писателей Москвы. Публиковался в периодике России, Эстонии, Армении, Украины, в альманахах «Русский стиль» (Германия), Пражские мосты» (Чехия), «9 муз» (Греция). Автор семи книг прозы (рассказы, романы). Лауреат литературных конкурсов.

; ПРОЗА

ЧЕЛОВЕК, КОТОРЫЙ СПАС ПЛАНЕТУ

Было это тёплым августовским вечером, когда по дворам пятиэтажек пронёсся клич: «Кино показывают! Бесплатно!». «Где?». «Да прямо на улице, на пятиэтажке напротив!».

Первыми туда, конечно, рванули мальчишки района и я с моим другом Вовкой. А в мальчишеском сердце ёкнула искорка надежды — «Бесплатно!!!» — может это и есть первый знак обещанного коммунизма? Ведь не всё сразу будут вводить бесплатно, а постепенно: начнут с кинотеатров, а потом уж и до магазинов доберутся!

Толпа ребят в основном стояла, а кто-то уселся на траву (взрослых было немного) напротив торца краснокирпичной пятиэтажки, на котором был уже вывешен огромный, закрывающий пару этажей экран.

— А о чём кино-то?
— Про войну!
— Здорово!

Толком больше никто не знал, только позади зрителей молчаливые дядьки налаживали киноаппаратуру.

И вот белое полотно экрана под редкие аплодисменты осветилось, и мы увидели вспышку и вырастающий гриб ядерного взрыва, очень похожий на шапочку бледной поганки, которая не раз встречалась через дорогу в лесу. А потом по экрану прокатилась незримая волна, которая сшибала и уносила деревья как солому, одновременно сметая и воспламеняя стенки домиков посёлка…

Скучный голос диктора что-то говорил. Наверное, о том, что «военщина» США хочет таким образом уничтожить первое в мире социалистическое государство, чтобы удержать собственную власть. Потом рассказывали про Хиросиму и Нагасаки, на экране возникли развалины городов, превращённые за считанные секунды в груды мусора, умирающие от лучевой болезни, истощённые и безволосые, с отслоившейся кожей детишки… А мы думали, что это один из киножурналов, которыми тогда всегда предваряли любой фильм в кинотеатре. И ждали начала фильма. Нам показывали способы защиты от ядерного удара — фигуры с хоботами безобразных противогазов, бомбоубежища, которые должны быть под каждым домом (а под нашим, кстати, не было!). Звучало страшное слово «радиоактивность» — она невидимая — от неё лысеют и умирают. Запомнилась картина превращения московского метро в бомбоубежище: эскалаторы отключались. Огромная каменная плита между эскалаторами и самой станцией вдруг медленно поднималась и герметично закупоривала вход в станцию, чтобы к собравшимся в ней людям не проникала радиоактивная пыль, и мне вдруг стало понятно значение металлических серебристых линий на полу перед входом на платформу станции: я-то думал, что это для красоты, а оказалось, что эти железные швы — очерк ворот между жизнью и смертью.

Возвращались домой немного растерянные: художественный фильм нам так и не показали….

— Пап, а что — будет ещё война?

— Нет, — качал головой отец, перенёсший ленинградскую блокаду и дошедший до Берлина, закуривая убийственный "Беломор", — второй такой войны человечество не выдержит! И потом, сейчас страх сдерживает — ведь ядерное оружие и у них, и у нас…

А через дорогу от нашего дома, в дубовой роще, переходящей в дальние голубые холмы лесов, ещё тут и там встречались следы прошедшей войны — ямы землянок, превращавшиеся весной в пруды, в которых появлялись гроздья крупной полупрозрачной серой икры, из которой вылуплялись сначала чёрные страшненькие и юркие тритоны, обитающие только в воде, а после появлялись и лягушки, оглашая дубраву кваканьем. Ямы эти, бывшие землянки, заросли осокой, ряской, и на дне иногда что-то блестело — то солдатский котелок, то пряжка. А одному счастливцу удалось выловить алюминиевую, слегка помятую, немецкую фляжку с гравировкой девы Марии. И хотя боевые действия сюда чуть-чуть не дошли, здесь находилась полоса обороны, ребята в земле то и дело откапывали патроны. Один такой довольно крупный и ржавый достался моему другу Вовке. Мы уже знали, что в костёр их бросать нельзя — были случаи жертв после такого баловства. Однако Вовка взял плоскогубцы, вывинтил пулю и высыпал содержимое патрона на фанерную доску, а потом поднёс зажжённую спичку к началу дорожки, порох моментально вспыхнул, и пламя, бодро пробежав по извилистой дорожке, погасло...

Было мне тогда лет тринадцать и, очевидно, тот фильм нам показали во время кубинского кризиса, об опасности которого мы и представления не имели. Партия устами её полуграмотного лидера торжественно объявила, что коммунизм в отдельно взятой (то есть нашей) стране наступит через 20 лет. А партия никогда не ошибается — это мы усвоили со школьных уроков и, затаив дыхание, считали месяцы, годы и ложились спать в сладком сознании, что стали ещё на день ближе к коммунизму. Нам объявили, что за это время жизнь людей будет улучшаться и, главное, СОЗНАТЕЛЬНОСТЬ людей будет повышаться и повышаться.

А годы всё шли... Мы взрослели и начинали отмечать невольно, что, по сути. вокруг ничего не меняется: такие же очереди за продуктами и промтоварами, особенно импортными, если не более, люди даже злее друг к другу становятся, раздражительнее, а пьянство и алкоголизм ширились подобно эпидемии чумы. Падало общее качество жизни, качество работы, исчезало чувство ответственности за дело, за слово: обсчитать, вынести с завода продукцию и обменять на бутылку, приворовать становилось делом обычным и даже в некотором роде уважаемым, получившим в народе оценку как «умение жить!»... Уж какая там сознательность — с нею дело как раз ухудшалось, поговорка появилась: «Хочешь жить — умей вертеться!». Мы росли, стали задумываться по мере сокращения объявленного резерва времени... «Был бы Ленин жив, — вздыхали некоторые мальчишки, — был бы коммунизм! Он бы что-нибудь точно придумал!». А в некоторые головушки вдруг проникал крамольный вопрос: а может

СИСТЕМА не срабатывает, и её надо изменять?! Но вслух об этом заявлять ещё боялись.

Наши правители хотели, чтобы во всём мире был социализм и ничего не менялось, как у нас, но буржуазные США не хотели людям добра и всячески нам мешали, линчевали негров и готовились к войне... Но чем грубее и навязчивее становилась коммунистическая пропаганда, чем более явной становилась её лживость, тем больше росла обратная реакция — уверенность, что там, на западе, сидят в правительствах культурные гуманисты, желающие миру лишь добра и мира дяди и тёти, которые честно работают, живут богато и благополучно, как при обещанном нам коммунизме! Ну, а бездельники идут под мосты Сены в клошары... Как справедливо всё там образовалось! И грядущая война, к которой готовились, казалась ещё большим безумием! Вот если бы эта коммунистическая система каким-то чудом сгинула, — мечталось, — если бы разрешить частную собственность, многопартийность и свободу слова, ах, казалось нам, с какой радостью нас бы приняла в свои объятья цивилизованная Европа. Исчезла бы навек угроза не то что ядерного апокалипсиса, но и войн вообще (во всяком случае в Европе)... Мы и не подозревали что даже крупное государство может быть уничтожено таранами безъядерных войн, как это случилось с Югославией, как это стало грозить России и Украине...

В международной политике положение балансировало на грани войны из-за этого тупого следования столетней давности идеологии, напоминало ситуацию: стоят два человека с пистолетами прижатыми к виску соседа, не желая уступать ни на сантиметр другому, и любое подозрительное движение закончится одновременным залпом друг в друга.

Время от времени шли разговоры о ядерном разоружении, но шли туго, а военные заводы производили и производили по налаженному конвейеру всё большее количество ядерного оружия, газеты грозно сообщали об усилении «борьбы за мир» нашей партии, пугая домохозяек, которые паниковали и сметали с полок магазинов крупы, макароны и соль.

ПРОЗА

Тем временем наши и зарубежные учёные провели множество взаимоподтверждающих расчётов и исследований, доказывающих бессмысленность ядерной войны: к тому времени у нас и США накопилось столько ядерного оружия, что, мы могли уничтожить США 50 раз, а американцы СССР раз 100, планета станет в радиоактивной пустыней, всё живое вымрет — дымы от пожаров на сотню лет закроют солнечный свет и на земле наступит резкое похолодание на сотню лет — ядерная зима... Но оружия накопилось столько, что уже оно, а не человеческий ум начинало диктовать ход исторических событий, подталкивая человечество к апокалипсису.

Все люди знают, что когда-нибудь умрут, однако живут об этом не задумываясь, так и для нас было очевидно, что мир, вместе со всеми его культурными сокровищами, идёт к ядерной катастрофе (коммунисты никогда не отступали!), человечества погибнет (ведь и незаряженное ружье раз в году стреляет), и тем не менее, это настроения нашим встречам не портило, лишь придавая иногда им оттенок ностальгии: знание это было какое-то абстрактное, катастрофа общая, не от нас зависящая, мы умрём быстро и молодыми. В сказочку про коммунизм народ уже не верил. Но мы, молодёжь тех лет, не были революционерами и не видели никаких сил, способных остановить движение социалистического паровоза в ядерную топку, настолько был силён контроль КГБ над каждым гражданином: любое антигосударственное шевеление грозило карательными мерами, начиная от задушевной беседы в кабинете следователя КГБ, кончая психбольницей или мордовскими лагерями...

Но...

Благодаря нашим родителям, прикладывающим все усилия, чтобы хоть их дети пожили как люди, мы были свободны от быта, философствовали, путешествовали и, ощущая трагикомичность и карикатурность существования, собственный избыток молодых сил и невозможность что-либо изменить, временами дурачились, зачитывая между кружками пива, искусственно хмурясь и загробно понижая голоса, строки Фёдора Сологуба:

> *В поле не видно не зги.*
> *Кто-то зовёт: Помоги!*
> *Что я могу?*
> *Сам я и беден и мал,*
> *Сам я смертельно устал,*
> *Как помогу?..*

После этого обычно следовал демонический жизнерадостный смех над трагикомичностью жизни, в центре которой нам пришлось оказаться. А помочь в нашем личном окоёме мы вполне могли: и друг другу, и прохожему с приступом стенокардии, вызывая скорую помощь, и дать по физиономии хулигану при случае даже иногда были в состоянии, ну а я, работая на скорой помощи, занимался помощью людям через трое суток на четвёртые... Но это казалось мелким, не героическим, а героическое предполагало выйти против государства. Героем в условиях СССР стать было невозможно, не став мучеником, не принеся всю свою жизнь в жертву, а мы не были готовы на последнее, мы слишком любили жизнь, пиво, женщин, природу, море, путешествия, не хотели тревожить родителей... противостояние государству означало бы безусловную гибель той довольно комфортной жизни, которую мы не были готовы оставлять. И потому, мы и себя то всерьёз не воспринимали, иронизируя и над властью, и над самими собой.

Единичных настоящих героев сажали в тюрьмы, психбольницы, убивали... Героизм, открытый вызов лжи наших правителей не оставлял ни малейшего шанса на выигрыш, и большая часть мыслящего общества ограничивалось лишь кухонными посиделками с вином, иронией, запрещёнными политическими анекдотами, стихами, гитарой крамольной, свечами или туристскими кострами, походами в горы, а главное, чувством необыкновенной внутренней свободы, которую нам давала вера в друзей.

; ПРОЗА

Я предполагал возможность изменения строя лишь сверху... когда тщеславным деткам и внукам власть придержащих надоест самим эта система, вынуждающая скрывать своё могущество и богатство. Или, что хуже, могло произойти возвращение сталинизма, страха, массовых репрессий: не даром всё чаще за лобовым стеклом городского автобуса или грузовика появлялись переснятые чёрно-белые фотки усатого вождя народов в кителе с трубкой и без трубки... В оценке нашего будущего всё казалось ясным. Существовали две противоположные социальные системы, одна из которых, коммунистическая, претендовала на покорение всего мира и подавила любое протестное движение как минимум на полвека. Запад же казался стоящим в оборонительной стойке, светочем гуманизма и средоточием всяческих благ, тем самым коммунизмом, который нам обещали вначале...

Нам оставалось дурачиться, совершать непонятные окружающим поступки, не укладывающиеся в понятия для большинства. Не могу забыть, когда мы с нашим главным критиком и знатоком Шопенгауэра распевали декадентские стихи. Мы плыли в лодке ввиду прекрасной Ялты с бутылочкой грузинского вина, припрятанной под нос палубки, над уходящей в синий мрак глубиной моря и орали в ритм весельным гребкам, аранжируя на манер народный, на сей раз стихи бедного Константина Бальмонта:

Хорошо меж подво-одных стеблей.
Бледный свет. Тишина. Глубина-а.
Мы заметим лишь тень кораблей.
И до нас не доходит волна.

Неподвижные стебли глядят,
Неподвижные стебли растуть.
Как спокоен зеленый их взгляд,
Как они бестрево-ожно цветуть.

Безглагольно глубокое дно.
Без шуршанья ,б.., морская трава-а.

*Мы любили, когда-то, давно, (и-эх!..)
Мы забыли, б.., земныя слова.*

*Самоцветные камни. Пясок.
Молчаливые призраки рыб.
Мир страстей и страданий далек.
Хорошо, что я в море погиб.*

С соседних лодок на нас посматривали с удивлением советские люди, крутили у виска.

Мы были уверены, что всё кончится идиотской ядерной войной…
Ведь для войны не надо было бы даже нового политического конфликта: существовали ядерные боеголовки, нацеленные друг на друга, а сколько технических сбоев нужно было предусмотреть!? Я помню прочитанную книжку нашего «политиздата» об американских ядерных бомбардировщиках Б-52. Там описывался случай, когда американские локаторы приняли за нашу ядерную атаку стаю летящих с севера гусей, но Бог миловал… А это значит и с нашей стороны могли быть различные сбои! А о скольких мы не знали и спокойно пили себе пиво! И, несмотря на все старания, все случайности предусмотреть невозможно, и мы не раз стояли на грани гибели земной цивилизации, хотя ничего не подозревали и лопали преспокойно пиво, рассуждая, что в такой стране не имеет смысла заводить семью и иметь детей….Шла гонка вооружений, шли переговоры по ограничению стратегического ядерного оружия, но вопрос упирался в контроль, который наше правительство боялось как огня и, не зная арсенала противника, мы выжимали из нашей промышленности всё, что могли. Практически вся страна была превращена в военный лагерь, территории, равные многим вместе взятым европейским государствам, были закрытыми, романтическая эра пересекающих по тайным тропам шпионов прошла: через границу не могла и мышь проскочить незамеченной — огромные полосы, освещаемые прожекторами

ночью, вышки, соединённые сплетениями колючей проволоки под электрическим напряжением, с автоматчиками, открывающими огонь без предупреждения по желающим расширить свой кругозор перебежчикам на запад, с широкими, без травинки, хорошо выровненными контрольно-следовыми нейтральными полосами (я видел такую из окна поезда «Москва-Ереван), а через морскую границу, прощупываемую эхолокаторами, не мог проскочить незамеченным и теннисный мячик, а не то что акваланигст. Казалось, мы обречены, если Господь, в которого мы слабо верили, чего-нибудь не придумает.

Но ощущение надвигающейся катастрофы где-то на уровне подсознания было, и проявлялось оно не только в разговорах, но и в кошмарных снах. Помню один такой. Я солдат. Сплю. И вдруг боевая тревога. Солдаты сыплются с коек, и мы бежим к расчётам и понимаем, что это КОНЕЦ выступает липким холодным потом. Другим зрением я вижу нашего генерального секретаря в боярке — зимней шапке, он усаживается в машину, которая мчит его по подземной дороге к спасительному подземному городу.

Об этих сверхсекретных городах иногда просачивался слух… Вход в них через систему метро, и у этих входов электричкам в любом случае останавливаться или снижать скорость запрещено. Строятся они для нашего партийного руководства, брешущего с трибун и через СМИ о всеобщем равенстве, для их семей, обслуги и охраны. Там даже солнце искусственное якобы придумали и запасы на сто лет, пока не кончится ядерная зима и на землю можно будет вылезать, не получив гибельного излучения. Как в плохом фантастическом романе…Начало нового человечества… С самого его дерьма! Естественно, власть возьмут в итоге гориллы-охранники… С некоторых пор я стал вглядываться в окна вагона метро, пытаясь обнаружить эти секретные входы. А это когда-нибудь случится, я знал, ведь поезда метро иногда вынуждены останавливаться по не зависящим от них причинам. В обычном движении стены тоннеля сливаются в серый поток, вереницы фонарей, и ничего не разглядишь. Но однажды поезд по какой-то причине резко затормозил, стал двигаться медленно, и я увидел в стене тоннеля квадратную дыру, куда-то ведущую, с уходящими в неё толстыми кабелями. Поезд быстро набрал ход, и дыра исчезла, только я вдруг почувствовал приступ тошноты: я почти был уверен — это именно тот вход! И мрачное тошнотворное состояние не покидало меня весь день.

Однако в суете быстро отряхивались мрачные сюжеты, и обычная жизнь продолжалась. А между тем в то же самое время, когда мы пили пиво, обсуждали и читали книги, ели, спали, ходили на работу и случилось именно такое, о чём я узнал лишь в конце двухтысячных из телепередачи... Всего лишь в сорока километрах от нас мир спас человек, И это не было боевиком американским, где накачанный мускулистый Стивен Сигал, Шварценеггер или ещё какой красавец (почти во всех сказочных американских боевиках герой в одиночку спасает мир). Это произошло всего в сорока километрах от нас на засекреченной, скрытой в лесу, базе противоракетной обороны.

Станислав Евграфович Петров (запомните это имя, земляне, и молитесь!) в одиночку спас мир! Внешне он совсем не походил на американских супергероев-спасителей: худощавый и немного нескладный офицер... Он нёс обычную смену, и внезапно компьютерная система дала чёткий сигнал, что с территории США произошёл пуск межконтинентальных ракет.

Вот как описал этот случай корреспондент:

«26 сентября 1983 года подполковник Станислав Евграфович Петров дежурил на командном пункте раннего обнаружения пусков ракет противника в Серпухове. Он управлял новейшей компьютерной системой слежения, которая могла засечь запуск боевой ракеты с гарантированной точностью. И именно в это дежурство электронная машина сработала. Взвыла сирена, огнём вспыхнули красные предупредительные кнопки. Система показывала, что с территории США в сторону СССР взлетели несколько баллистических ракет.

На Петрова навалилось колоссальное напряжение. По уставу надо срочно докладывать на самый верх. И Андропов, руководитель страны, долго думать не будет, он обязан спасти страну. Массированный ответный удар гарантирован. Казалось, вот

ПРОЗА

он и наступил, ядерный апокалипсис! Петров уже держал в руке трубку спецсвязи, но что-то не давало ему сделать последний шаг. В информации компьютера были непонятные детали. Смущало то, что нападение на страну произошло только с одной американской базы и малым количеством ракет.

Это выглядело или как глупая провокация, поскольку ответным ударом Америка будет просто уничтожена. Или компьютер выдал ошибочное предупреждение. Быстро оценив ситуацию, Станислав Петров дал отбой боевой тревоге. Приняв на себя огромную ответственность, подполковник решил, что всему виной компьютерный сбой. Он оказался прав — датчики сработали от бликов солнечного света на облаках в высоких слоях атмосферы.

После доклада по инстанции начальство сгоряча обещало подполковнику золотые горы. Спас мир от ядерной войны! Герой! Но ажиотаж быстро прошёл, и к Петрову возникли вопросы. Почему сразу не доложил, почему нарушил устав, где своевременная запись в дневник дежурства? Нет, наказаний подполковник избежал, но и героем страна его не признала. Станислав Петров вскоре вышел в отставку и до сих пор скромно живёт в Подмосковье.».

Учёные потом клялись, что вероятность такого случая была одна на тысячи… Потели от страха…

Вот такая была история (а, возможно, и не одна?), когда мир висел на волоске… Я помню мелькнувший про него сюжет по телевидению, сразу затопленный мусором голозадой попсы, дебильной рекламы и словоблудием пиарящих себя политологов: удаляющаяся по лесной тропинке худощавая, несколько нескладная фигура в холщовой рубашке, рабочих брюках и с ведром в руке — видно, шёл на родник за водой. Спаситель мира!!! Как он не похож на кочующих в блеске славы по киноэкранам голливудских «спасителей мира» — мускулистых, великолепных самцов — Шварцнеггера, Сталоне, Сигала…

«Мир узнал о подвиге подполковника Петрова только в 1998 году. Единственной наградой офицеру, который не дал планете погибнуть в страшном огне, стала хрустальная статуэтка от ООН — «Человеку, предотвратившему ядерную войну».

Около месяца назад о нём вдруг вспомнили. На экране появилось немолодое усталое лицо с недоверчивым взглядом из-за очков, с двумя глубокими вертикальными носогубными морщинами. За две-три минуты телеящик напомнил историю тридцатичетырёхлетней давности и сообщил о его смерти в возрасте 77 лет. Официальных соболезнований не последовало: сразу началась реклама аппетитных чизбургеров.

Елена ЧЕРНИКОВА

Прозаик. Живёт в Москве. Пишет прозу с детства. Окончила Литературный институт им. А.М. Горького. Сейчас возглавляет отдел прозы на Международном литературном портале Textura и «Литературный клуб Елены Черниковой в Библио-глобусе». Автор пяти романов и пяти учебников по творческой деятельности, сотен публицистических материалов в медиа. Читает лекции о работе с целевыми аудиториями, проводит мастер-классы по прозе, входит в жюри конкурсов литературных и журналистских. Произведения Елены Черниковой переведены на иностранные языки — китайский, шведский, английский, итальянский, португальский, испанский, болгарский. Имеет Орден Серебряного орла и Медаль имени А.П. Чехова

ПРОЗА

АБСОЛЮТНАЯ ПРОЗА

*Макабрироуд-мови, нобайопик.
Сложивизнихфразу, япочувствовалудушье,
словноямигрантименяугрозамивынудили
сдаватьэкзаменынаязыкенародностиурарина.
Этокаквыматериться, когданехотел.*

Ловко стоять невозможно никак, но им удавалось. Держа спины с аршином, мальчики спорили в очереди за мороженым, поплёвывая буквой *ш* – Шопенгауэр, Шехтель, почему-то вокзал, абсолют, селёдка и снова-здорово – Шеллинг, Ницше, Витгенштейн, а я не знала никого кроме Шопена. Свысока, выбрасывая шелуху согласных на Тверской бульвар, играли воздухом рослые мальчики, оставляя во рту жемчужные ядра тайн, ослепительные, как Печорин, оценивающий белые зубки Мери, – в бархатных глазах увлажнённой Мери. В синих курточках – клубных, оказалось через десять лет, пиджаках двубортных, – они варили золотые цепочки неслыханных словес, а я не смела дохнуть, чтобы не пропустить: «Религиозная философия – оксюморон и логический вывих». Сейчас послушать – и что? Кому мешало спящее дитя?[1] Мальчики высоко держали голые подбородки. Девочка, полная текстов из учебника вроде «ни в ком зло не бывает так привлекательно, ничей взор не обещает столько блаженства, никто не умеет лучше пользоваться своими преимуществами...» – хотела ещё слов, больше. Таблеток от жадности, и побольше.

***

«Ни в ком зло не бывает так привлекательно» – начиналась чесотка во членах девы. Когда нельзя и на дворе 1977 год, то страсть открывалась, как рана, настежь и молниеносно. И вообще вред от оборванных цитат измеряется количеством революций.

---

[1] Наум Коржавин. Памяти Герцена, или Баллада об историческом недосыпе http://libverse.ru/korzhavin/pamyati-gercena.html Правильно: «Кому мешало, что ребёнок спит?» (Прим. авт.)

Капнешь не былой никогда каплей раба – и получишь девяностые. Поразительный мальчик в клубном прикиде был я. В советских школах *прикид* не говорили, но сейчас уж пенсия, мне всё можно – и я собираю всё современное. Особенно люблю русские слова – до слёз, до неловкого чувства, похожего на стыд. Котлы – часы. Загадочно, правда? Зюга́ – две копейки на языке карточных шулеров XX века, по сведениям лингвистов из НКВД 30-х годов. Да, вы правильно расслышали: длинное *мне всё можно* вместо простого победительного *могу* – да, окружной прокурор моей души остался на посту, никому не верит, истерит, но хрипеть о боли без уловок бонтона умеет, не конфузясь провинциальных гусей[2]. По девочке у «Мороженого» – ларёк стоял близ кафе «Лира», ныне покойного, – читалась хорошая провинциальная школа, не более месяца назад оконченная, где основным вопросом философии, решённым блестяще, была первичность бытия. Первичность постреливала глазками в сторону смущённого, нахального и бесправного сознания. Оно буйно и факультативно зеркалило выходки бытия, как хулиган, отражающий барышню. Извините, я выражаюсь витиевато, но смысл от меня не страдает, не волнуйтесь, его нет. Вернёмся в 1977 год. По случаю первичности девочкины губы алели на всю Тверскую, до Белорусского вокзала. До Тёплого стана долетал оранжевый луч отражения, *тёплый* горячился, у ало-рыжих губ тормозили такси, каменели прохожие, заглохли две бетономешалки, старушки грозили всеми пальцами. Вопросы философии (какое время погибло!) – все были отвечены, стали риторическими, наступил философский коммунизм: от каждого по философским способностям, каждому по философским потребностям, ибо не фиг[3], когда всё ясно. Моё сознание было продукт высшего психического усердия мозга и легко решало любые задачи, приличествующие гению; запоминало идеологемы без труда и сопротивления души, несмотря на ошибки в логике. Загадочное нарастание классовой борьбы по мере продвижения к коммунизму было восхитительно неуклюжим. За всем этим сговором мнилась космическая тайна, но поговорить было не с

---

2   Гоголь. Ревизор

3   Только раздельно. Только. *Не фиг. Не. Фиг.*

ПРОЗА

кем, и мы плевались броскими цитатами из врагов. Мимо шли девочки, о ту великую пору ещё обязанные быть девственницами ввиду соглашения с традицией бабушек, помнящих вынос брачных простыней гостям. Подпившие гости смотрели на белое полотно, оценивая размер алых и бурых кровавых пятен. Мы, мальчики семидесятых, фоновым знанием своим видели всех девочек плевообязанными, покорными, второстепенными, вынесшими-на-плечах-все-тяготы-войны и родина-мать-зовёт. Сияющая каша дум о девочках создала эпоху.

***

Мальчики помнились и помнились; я не знала слов *мейнстрим* и *маргинал*: хороша бессловесная жизнь невежды; мальчики пригодились потом, в газете, как импульсы тоски по неведомому: сколько правд на свете и что за это бывает? Стигобионтные амфиподы слушали «Турангалилу»[4] Оливье Мессиана. Люблю. Вот люблю.

Мальчики в очереди за мороженым липли к памяти сладкими – сейчас невозможное сравнение, но мне плевать – форточками, за которыми свет, но я не знаю, где центральная дверь, а форточек мало. Мальчики сомневались в системе. От игры в острые слова, смягчённые шелухой *ша*, веяло чем-то пограничным, опасным, вроде добрачного секса при Кальвине. Я ещё не знала, что усомнившимся в базисе грозили кары. Мальчик в наиболее синем диссидентствовал каждым поворотом твидового плеча, а я не понимала, почему получается так навылет и вызывающе. Разобраться – где секс, а где политика, где казни, где вырубка логики с усекновением смысла – я ещё не могла. Мир был весь вымышлен, и я привыкла, не успев оторопеть. Например, *идеалист* было ругательное слово, непонятное крайне. А вот *идеология*, как ни странно, нет, не ругательное. Религия булькала в реторте как опиум народа. Народ, источников не читавший, вслед за Ильфом и Петровым настойчиво добавлял *для*. Я захотела недоступных умных

---

4 https://songhouse.me/s/20596539-Messian_-_Nagano_-_Berlinskij_filarmonicheskijorkestr_-_Turangalila_-_simfoniya_-_5.Likovanie_zvezd/ можно слушать

мальчиков, как в синих твидовых пиджаках за мороженым у подножья «Лиры», которые громко плюются философской шелухой, не оглядываясь на милиционера.

***

Мы читали под партой всё, что критиковали основоположники, но подняв заблестевшие взоры, мы были обязаны перешутиться. Гордо и фразисто, будто мы всегда знали об искажениях великих идей в трудах марксистов-ленинистов, но не выдавали себя – на чьей стороне. Нельзя было твёрдо стоять на позиции в жерле фельетона, а твёрдо стоять на первичности материи мы не могли после одного эксперимента, я расскажу позже, а выйти на первичность сознания значило вылететь из нашей спецшколы, комсомола и личного светлого будущего. Ментально я стал уникальным акробатом, в прыжке под куполом я хвать вирус буддизма и медитативным йогином лечу вниз к арене в позе лотоса, со скрещенными ногами. Я вряд ли хотел девочку с алыми губами до Тёплого стана, разве что на недельку. В её глазах ещё не проснулось то самое, а мне было не до преподавательской деятельности. По ней и так было видно, что женщина с будущим, зрачки-жерлища, полное понимание на дне, вопросы на поверхности блестящей линзы. Опиум её не был ещё для народа. Хотя *для* добавлять не следует: *Opium des Volkes*. Маркс взял у Новалиса, Чарльза Кингсли, маркиза де Сада – броские афоризмы часто родятся в переполненной семье – окрылил и навострил, а непослушный русский язык воткнул афоризму меж лопаток своё ироническое *для*. По моей поздней версии, воткнул ввиду брезгливости: если *для*, то принёс кто-то, а народ у нас самоверующий, без антиномических затей. Народ может антиклерикально позыркивать на часы большого иерарха, но в борьбе ярость гуттаперчевого сознания автоматически становится солидарным камнем и материальной силой. Феномен был известен большому дедушке – Марксу-Ленину – в детстве мне не хватало только переходной песчинки. *Парадокс кучи*, см. Евбулид из Милета, IVв до н. э. Где ощутимый, описуемый переход от личного к общему, от индивидуализма к коллективизму, и сколько песчинок надо для митинга?

; ПРОЗА

***

Вопросы мои были детские, поскольку в стране назначенных ответов оставалось лишь вовремя покупать помаду. Мои губы видны отовсюду, словно гоголевские шаровары. На экзамене в институт мне выпал Гоголь, и сдавала я Гоголя автору монографии о Гоголе, вышедшей в свет накануне моего экзамена. Была решительна, вышла с победой. Лепет мой срабатывал безотказно. Накануне, внимая мальчикам и содрогаясь от клубных пиджаков, я поверила, что высшие загадки вместе с отгадками находятся где-то за, куда трудно вступить, однако только там расскажут о мире, устройстве, и только через правильные, заповедные слова. Там царит личность. Бессмысленная и жестокая абстракция. Хороша была пустая голова: соты есть, мёда ещё нет. Какая личность у пустых и жадных до мёда сот? Были губы. Читайте Розанова о губах.

По тем временам *личность*, доступная моему пониманию, была *умной* в значении мыслящей рационально. Личность – имя существительное мужского рода. Она никак не могла молиться. Рыдать и кружиться, бить в бубен и погружаться в океан она не могла. Она сидела на граните в позе мыслителя. Только подойдя к мыслителю в Музее Родена своими ногами, я обнаружила, что изваяние – сатирическое произведение. Вообще по музеям надо ходить. В детстве я не бывала в музеях. Сейчас окатило холодным кипятком: почему для меня все книги, в первом абзаце содержащие слово *детство* или реестры предков с изрядными судьбами, хрусткие следы коих с потёртостями на сгибах метрик сто лет хранились по сундукам, и вот внучок нашёл, открыл и пережил – вряд ли тут одно моё уродство брезгливости, тут ещё что-то неспелое, неинформативное, как постмодернизм, – все отбосоногие книги вызывают позыв на рвоту и единственный вопрос: как часто мылись эти дети. Почему?

***

В школе я тайно, *под партой*, думал: разве может личность молиться? На коленях? Она б и «Во поле берёзка» не могла спеть. Руководить хором куда ни шло, а петь лично – *личность* – ни-ни.

Минуту, я пошёл на трибуну. Внимание, беру дыхание. Об эволюции умопостигаемой личности от шестидесятых с его джинсовыми злоебучими шестидесятниками до высокотехнологичного 2018 года скажу первое: личность и была призрачной – личность умерла не родившись. Её нет. Она, кстати, не нужна. Функция неопределённа. Эволюция не могла родить личность, ей невыгодно. Футляр и рама – скрипка и полотно. Жерлища внутричерепного ума всегда наготове: вырвет из себя и хвалится мозговой какашкой – я Фрейд! Фрейд! Ницше! А ещё лучше Хайдеггер. Бытие, время, путь личности – всё расскажу. Но где-то машинка схватила – думаю, незаконно, а на захватах в истории многое выросло – божью искру. А не летела ли искра к дельфинам? А пракроманьонец перехватил и стал вполне кроманьонцем. А сейчас эта вороватая выдуманная личность, окутанная бархатом и шёлком индивидуализма, вся расшитая жемчугами прав и свобод, сверкающая мнением и тонкая в инсайтах своей застарелой копрофилии, – она даже как потенциал покидает нашу планету. Картинка мира личности посыпалась ввиду рождения дублёра: ИИ. Мы на пороге события, равного появлению на Земле человека. Сегодня 2018 год. Будет ли вразумляющий потоп? К сорокалетию встречи с губастой девочкой на Тверском бульваре – теперь я уверен, что природа не имеет намерений, приписанных ей человеком, – и что самая жёлто-глянцевая приписка – стремление выжить. Менее бульварно – сохранить численность популяции, но люди явно не проявляют подобных интенций. Тайная страсть к сохранению популяции. Звучит. Очень звучит. Парадоксальненько. И гений, парадоксов друг. Иванов сын. Все делают вывод: слепил парадокс – гений. Друг Иванова – Иванов тоже, если идти за этой логикой.

О сколько нам открытий чудных \ Готовят просвещенья дух \ И опыт, сын ошибок трудных, \ И гений, парадоксов друг, \ И случай, бог изобретатель... Вот *что* тут написано? Пушкин стебётся на каждом шагу – читатель видит буквы прямо. Индоктринация русскости Пушкиным – пошлая зловредная затея. Годунов оболган. Сальери оклеветан. Клеопатра выставлена распутной идиоткой с заводской настройкой на каннибализм. Улитки берегутся, крабы, лисы, волки, зайцы, крокодилы-хранители-популяции – о да, картинка. Кто спрашивал у них?

; ПРОЗА

Сколько улиток должно быть в улиточьем стаде для комфорта каждой отдельно взятой улитки, чтобы она не впала ни в целомудрие, ни в разврат? Наблюдения. Целеполагание. Целеположенное наблюдение развращает, и как ни вертись ум на грелке, но ищешь галстук – и найдёшь галстук. Или выжить – или давай популяцию. На одновременное решение двух задачек налетай, ИИ, пробуй, предлагай. Требуется верное решение, задачи конфликтуют, а ты не забудь Асиломарские принципы[5]. Мы все уже можем собирать вещи. Мы уже смешны. Цели взбесились. Взбесившиеся цели снимают моральные конфликты. Сдирают сухой шкуркой со спелого граната. С тех пор как София[6] получила гражданство Саудовской Аравии, попросила найти ей мужа и всемирно прославилась, мы должны сидеть на чемоданах не отрывая задов.

***

Как люди *любят детей*? Своих ладно, на них есть закон, а вообще? Дети мягкие и беззащитные. Они ещё не взрослые. Разве что за это.

Одобрительная фраза *он(-а) так любит детей* должна находиться в медкарте.

Если ваши дети благодарны вам, значит, вы чего-то им недодали. Так выговаривал мне брошенный любовник. У него было четверо от трёх, он ждал, что я дам сигнал, а я вышла за другого и намеревалась родить. Зачем? – укорял меня любовник. Поговорить. Вам что – поговорить не с кем? – обижался любовник, и я не могла сказать правду. Её и сейчас сказать невозможно. Хотя почему? попытка первая: дети выбирают себе родителей. Не все дети. Некоторые дети. Вторая попытка: есть дети, которые выбирают себе родителей. Весь канонический хор – дружно брысь за дверь. Механика воплощения человека мне известна, как слепая материя – вам, твёрдо первичная с самого босоногого, – а я на своих собственных органах

---

5   Например: http://rusjev.net/2017/02/02/uchenyie-planiruyut-ogranichit-issledovaniya-v-oblasti-iskusstvennogo-intellekta/

6   София – красивый робот.

постигла приход сущности: она востребовала меня, подтянула мужа, с первых поцелуев запевшего *давай делать деточку*, поженила нас – и три года выбирала день для зачатия. Она родилась сама. И я с этим прекрасно живу. От возгласов типа *это ж моя ж кровиночка ж* у меня судороги брезгливости. Человек с кровиночкой – пошлячка. Родоплеменной выползень. Заметили? Быть пишущей женщиной проще, чем пишущим мужчиной: опус можно дать а ля Сёра[7] интеллектуальным импрессионизмом. Теория разложения цветов и дивизионизм. Читайте как пятна света. Например: нет границ между личностью и коллективом, и поздно выламываться из куколки, впечатанной в бетон идеологии, чтобы взмахнуть и полететь самоличной бабочкой; основная мечта советских диссидентов – вынуть личность и вывести в конституционные люди, в законный свет – была физически невоплотима; разве что в стихах и бардовских песнях; личная свобода недоступна даже за гробом, поскольку и там встречают со списком. Основная ошибка суицидников. Так можно квохтать очень долго, но всё сказанное уже неактуально, поскольку к лицу личности уже поднесли зеркало. Как женщина, мать и жена (прочувствуйте мой *пушкинский* подход к святым угодникам) ответственно заявляю. А мужчину побьют. Он ответит за прилюдность бурых пятен на простыни моей бабушки – головой. А неплохо, да? Пятно света на пятне цвета, и всё рыжее, усыпанное восьмёрками. Если что-то неясно, то впереди ещё полсотни страниц. Хороший текст.

***

…А ведь я не только не стар ещё, а почти молод, и будь японцем, я взял бы жену. Самурай женится в шестьдесят. Я брал бы её часто, трогал за самое тело. Думал о философии взятого тела и писал колонки в газетку: как можно рыночно добавить важности личному телу, дать пощупать настоящую роскошь и внушить зависть, и продлить агонию рынка, поскольку образ частного, факультативного, *независимого* сознания сохраняется в представлении масс. Эта ерунда прекрасно работает, ибо

---

[7] http://seurat.ru/paint/ Жорж Сёра – и его научное творчество.

маркетинг одна из самых точных наук. Но умный личный человек уже знает, что свободы у его мыслей нет и быть не может, и дёргаться не стоит, чтобы не тратить время; а начитанно-умный личный человек уже рассматривает свои нейронные цепочки, понимая наконец, что за зверь эта материальность мягких нейронных связей. Самые смелые учатся рвать цепочки, рискуя двинуться рассудком. Риск ужасен, поскольку единственное, за что человек умирает радостно, это его идеи, принципы, убеждения – стереотипы, одним словом, цепочки. Я брал бы свою японку с пониманием, что ни я, ни она не участвуем. Там, где тело, самая путаница. Но нас там почти никогда нет. И смотрел бы я на мою жену-японку неотрывно. Говорили, что к возрасту дожития всё ссыхается. Нет. Я полон опиумических токов, рождаю внутренние влаги каждодневно, я научился сдерживать движения, султаническое нечто всегда во мне, – хотя зачем оно в России.

***

Мне совершенно очевидно изменил муж. Вряд ли он вступил с бедолагой в коитус, хотя по случаю могут все, но у них завязалась переписка. Словами! Чем сильнее ударить меня как словами, и я случайно увидела милые клички: Львинка и Верблюдик. Она ему назначила имя, он ей. Близость и, говорит, деловая дружба. Львинка у Верблюдика брала интервью пять часов. Разведёнка хочет моего мужа. Ей нужна отприродная брошка, изрыгающая древние звуки пустыни, – на дизайнерское платьишко. Может, она уже вдовёнка? В интернете постит голые ноги свои.

Вчера мыла посуду – я только руками – слушала публичные лекции модной *мозговой* профессуры. Они понемногу сбивают спесь с самообожествившегося человека. Но процент маловат, и, как ни рвись на части принципы слушателя, он найдёт к чему подключить искрящийся конец перерезанного шнура *собственной мысли*. У меня уже получается: растягиваю цепочку ядов и жду, как они будут рваться. Мысль об измене мужа со Львинкой сделала мозг больным, причём больным на все три части, коими я думаю в обычной обстановке. Трындит лектор: вроде мозг есть, и он главнее, чем футляр: тело с головой. Мозг шагает по планете. При мозге есть передвижка – тело. Что такое личность и возможна ли у неё драма? Нет, кричит лектор. Личности нет, хотя права у неё имеются широкие, за них даже борются. Новая тайна века. Ошмётки образа личности выглядят неловко, сами сползаются к незримому центру, будто зашитый на коленке чулок. И это поздно и нелепо тоже. В мемуарах Эренбурга «Люди. Годы. Жизнь» – ужасны, печальны горячие споры в умных и богемных средах о положении в стране, в мире, в искусстве. Через полчаса начнётся Первая мировая, а в кафешках ссорятся, будто у нашего века стянули, теми же аргументами. Ну слово в слово. Я сравнила 1914 и 2014 и содрогнулась, как в водевиле. То есть не следует говорить *мой мозг*, следует понимать, что у определённого мозга есть то, что я привыкла называть собой. Следовательно, у нас с моим мозгом симбиоз, договорная игра, и какой страстью ни упейся то, что можно считать мной, достаточно прекратиться мозгу? Скучно с этими учёными. Души у них нет, одна психика. Значит, не муж изменил мне, а личность, которой нет и которая сидит в теле, которое футляр, и всё это временно. Я мозг, я мозг, даже не я, только мозг, причём он тоже откуда-то, куда никто не заглядывал.

***

Свобода – это главное. Люблю женщин, дающих мне чувство свободы, что б это ни было. Как философ я понимаю: апологеты *личной свободы* не могут выйти за границы своей мечты, посему сжались в исключительно тесный коллектив и страшно хулят участников противомыслящего коллектива. Они считают: путь свободы начинается с отказа от личного выбора. Круг забавно замкнулся. Какого ж высокого мнения был я о своём уме, о скорости интеллектуального проскока, о памяти. Был, был, книги писал. Много. Не полагаясь на людей, не боготворя личные слова, не веря в дружбы, любови, даже ненависти: специалист по целевым аудиториям понимает наконец, что в пяти своих учебниках написал матрёшку, преподавал матрёшку, детям на журфаке внушал, как разными клеммами подключён их будущий читатель к самым разным слоям атмосферы, осталось только выбрать, за какой гвоздь именно сейчас зацепить его коммуникативный фонд, потом выдрать

ПРОЗА

клок фоновой мешковины и пересчитать выпадающие костяшки, а потом лишь перекатывать их красивенько, не выходя из трубочки выбранного калейдоскопа. Одна аудитория – одна трубочка и комплект стекляшек и костяшек, и они весело и убедительно перекладываются внутри одной системы ценностей: в субкультуре. Здесь не будем отвлекаться на все сотни определений культуры. Сегодня мне нравится лотмановская: форма общения между людьми. Сухими словами я крою себя, не в силах вырваться из языка, из слов, из-под пристального взгляда. Хайдеггер всем им внушил, что только личность даёт смысл этому миру. Боже, боже, боже мой. Это была красивая неправда, Мартин.

* * *

Мне надо отвести глаза мужу, тексту и читателю. Я не знала, что подумать о границах между личностью и обществом мне повезёт в августе 2018 года, опираясь на определение Ю. Лотмана, а город Тарту будет в двух километрах, поскольку меня занесёт в Печоры. Монастырь Псково-Печерский, Изборск и разговоры с народом сето, бывшая чудь; козье молоко и святая купель. Нормальный человек, когда он наконец родится, скажет, что чудо есть чудо, и нечего тут удивляться. Верующий воцерковлённый скажет не умствовать. Маловерный либо атеист найдёт семейные причины, ввиду которых я увлекла мужа в глушь на десять дней. Потом мы вернулись в Москву. Я встретилась со знакомой, у которой был кризис, она капризничала, я отправила её в Печоры немедля. Она тоже вернулась хорошей.

В Печорах живёт прошлое-концентрат, густо, но тихо. Истекает святой водой, но за каждым деревом чуешь двойню – леший в обнимку со святым. Одна дама зимой написала мне, фыркая на Изборск: «Там языческий пейзаж!» – и тут восстаёт уснулый было ум: а почему разбирать прошлое, рядясь в историка, можно и прилично, и завистливое слово футурология, в 1943 году OssipK. Flechtheim придуманное, говорят, в письме к Олдосу Хаксли, сама интенция – брать из двух чернот – прошлого и будущего – смысл и подсказку, при том и не слышать своих же выводов – роковая игра головой. Гол в свои ворота.

Арабески – нет, не годится; вся философия неприлична: ею занимаются бородатые безработные мужчины, отрешившиеся от фрикций уда бедного, проклинаемого ввиду философии; а религиозный эссеист ещё хуже доморощенного философа; в редакциях данное писание не посчитают прозой, поскольку почти никто не повернулся на каблуках, не ударил в глаз и не поцеловал в губы. Мне уже в двух журналах объяснили, что хоть и прозой, но пишу я не прозу. Нарративные стратегии у меня из рук вон. А, забыла сказать: я сейчас редактор отдела прозы на литературном портале. Музыку начинаешь любить только тогда, когда поймёшь её математику.

***

В раннем любовничестве моём люди были безгрешны все. Каждый свят. Любить людей не составляло труда, потому что все люди сияли святостью, а золотой запас мой равен был мировому. Запах кожи был роза и ладан. Коснуться руки равно приложиться.

Второй абзац не содержит антитезиса, и мы пробросим тёмное. Середина между святыми периодами недостойна букв описания. Тратиться на ярость и смерть стыдно. Достоин прилюдного разбора разве что несгибаемый мой ангелизм.

Почему громада любви высилась над очевидностью? Почему любовь, как ушлая раковина перламутром, выстилала меня изотропно? Кто задумал меня для жемчуга потрясений? Золотой червонец ослепительно красив и всем нравится. Червончик.

Я монета мировой валюты. Теперь знаю, зачем Он бросил меня реверсом. Анфас, орлом найти – к удаче, гласит примета, даже пятак, а я червончик ослепительный. А я частушка, я лубок, джоконды пишут ради нервных. Я добрая примета, что Бог есть.

***

Крестил меня о. Валерий (Суслин), царство ему небесное, дома. В коммунальной квартире на Малой Никитской. Полину я держала на руках. Мне ещё тридцати не было, Полина была – путь. Окрестить её в младенчестве задумала я, но о. Валерий спросил

ПРОЗА

«А мать крещена?» Мне пришлось и за неё решить, и за себя. Одно из первых моих решений за неё. Она запомнила и хранит на сетчатке – дубовый сундук в простенке, часы высоко над сундуком, потолки за четыре метра, самодельную кровать из досок в углу, пластиковый тазик сухого рыжего цвета, назначенный купелью, молитвенные звуки, а она тактично подпевала отцу Валерию, – помнит крепко, хотя русской она как не родилась, так и не становится со временем, хотя по крови русская, и тут самое время сказать глупость о гетерогенной нации. Генетические дела немедленно переходят в карательные операции. Бывает ли по-другому? Поэтесса уехала за океан с мужем и детьми, не зная канадских врачей с их правилами: костный мозг от русских, даже русских евреев, не пересаживать. Так умерла Марина М., поэтесса, уехавшая в Канаду жить и лечиться, а ей запретили брать костный мозг у её же детей, коих четверо, поскольку гетерогенные. Не приживётся-де. Марина сама рассказала мне по телефону, что эмиграция не удалась. Детям русской еврейки не разрешили стать донорами для матери, она умерла, никого не посадили. Историю Марины никто не понял, а муж её никому не рассказывает: он там всё ещё живёт. Как прийти ему в мэрию, стукнуть кулаком и сказать: вы убили мою жену, поскольку в стандарте лечения у вас написано, что наши дети, получившие свои тела от наших тел, не могут вернуть нам ни одной клетки, поскольку мы гетерогенные русские евреи. А спасли бы вы Марину с нашей помощью – вам бы что, руки поотрывали? В тюрьму за спасение человека? За убийство никто не сел.

Дочь запомнила своё крещение; в подростках она стала верующей по-домашнему – безобрядово, Библию читала на английском, и язык английский стал ей родным, как мне – история о говорении во сне: ей месяца четыре, ночь, все мы втроём спим, как обычно при нашем младенце, ни разу в жизни не издавшем ночного плача, ввиду чего я никогда так глубоко и полно не высыпалась, как при грудном ребёнке, – вдруг! кто-то разговаривает, а у нас ни радио, ни телевизора, ни соседей. Встаю: голос доносится из детской кроватки. Говорит фразами. Подхожу: лежит на спине (ей четыре месяца плюс-минус), глаза безмятежно закрыты, голосом говорит, чуть шевеля губами, на неведомом языке. По музыке – смесь арабского с испанским. Я бужу мужа, встаёт и смотрит, у него испанский, – слов не разбирает, однако впечатлён. Полина выговорилась и спит уже молча. Мы легли к себе, посмотрели друг на друга. Я потом долго искала нормальных собеседников по теме ночной речи бессловесного младенца; хотела нормальных, без опущенных глаз и закидонов по факультативному ангелизму. Нашла в радиоэфире. Гостьей моей программы была Г. В. К., доктор медицинских наук. Я простодушно стала было вопрошать в прямом эфире, но доктор зыркнула на меня и толкнула под столом, а после, в закрытой комнате редакции, шёпотом сказала, что психиатр не имеет права говорить о душе, коллеги камнями забросают, только психика, – но сорок лет провозившись с детскими душами, к старости уверовала доктор в Бога и теперь знает, что за одну жизнь душа может и не успеть всех уроков – я цитирую – бывает нужна и вторая жизнь, и что у Бога нет с этим никаких проблем, но на Земле говорить о реинкарнации нельзя ни при врачах, ни при верующих православных, потому она просит и меня помалкивать. Я и помалкивала. Болит – молчи. Знак свыше.

***

Вчера на базаре встретил угро-финских сето, прежняя *чудь*. «Русские мы такие». Из-за прилавка с рукописным баннером «От счастливой козы» круглая хозяйка возгласила, что сето – народ, а не народность, и что за *народность* её дочь порвёт любого: вон там музей за углом. Я теперь беру козье молоко только у сето-хозяйки. Рядом сидит на твороге её сето-сестра, живут на хуторах псковской-швейцарии, так сказали. Через пять минут пойду ещё. Поговорю с *народом*.

Единственную милость, которую следует выпросить – возможно, Его воля именно такова, – прекратить писать и мучиться. Я приехал в Печоры в изрядно разобранном состоянии души, опираясь лишь на тело, которое привыкло выносить меня. Спасибо ему: самая терпеливая часть моей натуры, что ни понимай под натурой. И не стоит буквы моего крика мнить моим путём ко храму или, пуще того, к Богу. Как я шёл – куда ни шло. И то не сказать, куда шёл и зачем, слов пригодных нет. Пойду за

ПРОЗА

козьим молоком, а потом на позднюю литургию, а там видно будет. (Написано без благословения.) Голос бубнит: пиши-пиши. Свобода-свобода-свобода. Халва-халва-халва.

***

Зачем я в монастыре? Мне просто изменил муж. Третий. Предыдущие сделали то же самое, мы все расстались. Я ведь не мужа ищу по свету, а дом, крепость, и все эти игрушки в пойми-его-будь-настоящей-женщиной я не люблю. Главное для сироты – дом. Где мне было взять дом, кроме как хотя бы у мужа. Изменить мне любым способом, даже без особого секса, равно голову мне оторвать, а я не Жорж Бенгальский, – крышу со всеми подстрехами рвануть ржавым домкратом. А у него хрен стоит – нет, не на женщину. – На славу. Я мучительно не люблю измен. Мне не нравится, когда муж лезет на сторону. Спокойное говорение об утрате веры ничего не значит, слова делаются на пластиковой клавиатуре, а я ногти вырастила вдвое длиннее лунки, ногти стучат, голова переведена в положение *рабочий стол*, а системная часть выключена, я умею, иначе я сходила бы с ума чаще, а так только по случаю. Цепляться за людей можно. Просить помощи – можно. Бога просить можно. Как иначе выкричать всё это? Не романы же писать. В кризисе читайте афоризмы: когда мужчине плохо, он ищет женщину; когда хорошо – ещё одну.

Весёлое. Печоры с народной кочки.

На раскалённой улице, ведущей к монастырю, тётки торгуют черникой в стаканчиках, головными платочками, некрашеными деревянными ложками, помидорами-собранными-утром, шерстяными носками с орнаментом, пустыми пластиковыми бутылками для святой воды, пр. Ежесекундно проплывают, пробегают и семенят паломники, туристы, православные туристы. (Типология визитёров взята мной у местного экскурсовода по имени Вячеслав.)

Естественная замозоленность неизбежна.

– Эй, ты вчера не перегрелась? – орёт в смартфон. – У нас тут <…>

Я не имею удовольствия слышать ответ, но тётка, видимо, поимела очень большое удовольствие и напутственно ржёт в трубку:

— <…> гляди, дурочка, не перемолись там!

Оценив местный юмор, прихожу домой и рассказываю мужу, что выучила новое слово: перемолиться. Видимо, в значении «переусердствовать в благом деле так, что это видно окружающим».

Он усвоил. А нам сейчас ехать в Изборск, ибо я рвусь ко Глазному ключу. Мне его присоветовал некий Сергей, мой сосед по вагону Москва – Псков. Я неизменно слушаюсь попутчиков. Бог даёт попутчиков вместе с билетом. Короче, мне надо в Глазной ключ.

Покорствуя моему призыву, муж сбирается, мы едем в Изборск, находим ключ, а там и колодец, и купель, и всё можно.

Я прошу его постоять на атасе — сам окунаться отказался — и направляюсь в раздевалку. Осуществляю; выхожу. Муж смотрит в сторону. Показывает пальцем. Вижу: в пяти метрах от входа в купель развеваются на кустах пиратским флагом — забытые кем-то чёрные труселя семейного фасона.

— Перемолился, — решаем мы дружно.

***

Размочить сухую метафору, выйти на уровень. Природа комического земноводна. Иногда — нет, часто — я думаю боком, со стороны гляжу на свой затылок. Никому не разрешаю трогать затылок и вообще голову. Во-первых, мне больно. Во-вторых, там вход, а он должен быть открыт, а тронуть вход — преступление. Женщина есть преступление предо мной. Она может тронуть вход. Собаки хороши. В собаке сокрыт перевозчик. Она вроде Харона среди живых и форсирует реки, зовёт побегать. Собаки — это хорошо.

***

Я поймала за язык или хвост — а тулово не далось — но и за малую часть благодарю: утром надо поспешать к бумаге потому, что чистый мозг ещё несознателен. Сознание — фонарик, а прикидывается освещённой залой, батарейка портится к ночи, глючит и сама создаёт, а не надо мне из лоскутков. Утреннему мозгу прилетает на нестоптанные тропинки, потому и забывается, если не ухватить. А ночные бабочки-мысли – все шалашовки: искусство – приём и конфликт, и Боже мой как мы спешим блеснуть хотя бы пред собой. Ночные шалашовки сварены в цепи, хрустят жилами натянутых – в значении наведённых – страстей; игриво бросаются кусками чужих умственных какашек, и они всё городские, где мысль бедна и направленна: бьётся, бьётся в лучший замуж, обыкновенно приплывая к неверию, безверию, изящному агностицизму, а сваха-интернет всем обещает любые настройки, всем даёт. Сознание в цвету – вечером, и ничего не знает пуще самолюбования. Иллюзия, что *я подумал*, благоуханнее чайной розы – к ночи, а если ещё выпить, снимая наплывы, то демонизм хорошо просверленного ума, жемчужина шехерезадная, получи. Здесь примерно шесть аллюзий. Будет время, распутаю. В этом году всё *прокачивают*. Особенно скиллы.

Осенью включу второе полушарие. Измена мужа – лучшее лекарство против застоя. Открывается право на себя. Никогда не передать ярости моей. Лучше пусть отравлюсь любовью, чем ненавистью. Любовь не пойдёт убивать, и послушное любовничество моё же будет как червончик, золотишко в умишке.

Утро божье потому, что никогда кроме утра не отличишь нейронную цепочку, прокалённую страстными повторами, какая бы ересь и ошибка ни была, от новой, не-своей, и слава Богу что пришлой – музыки чуши, дури, бесценной бессвязности. Вечером ума палата, логика и всеведение, и цепи заварены, выводы все на блюдечке, приём ясен и ставить пробы некуда. Звонок другу – и разнос ему, как он неправ. Надо перестать зарабатывать книгами.

***

Уйти в словесность, не имеющую приложения к заваренным цепочкам читателя. Скажем, вы думаете об измене. Вы уже молились и вымолили покой, вы простили неверную женщину, приняли сердечным крестом, и утром вы знаете, что чужеродный матерьял огненной многоразовой прокалки – виденье застряло в цепочке, сидит на цепи, не срываясь, точит зубы: зверя построили, выкормили, отдрессировали, но моральный кодекс, хоть и труп, но всегда под рукой. Юморное повторенье-мать-ученья виной тому, что картина вспыхивает пред глазами как живая, хотя свечку вы не держали, да зачем оно, всё и так. Живой труп есть память о своих мыслях и – самый грех – логических выводах.

***

Кипит всё, а здесь паломничество, трудно, надо молиться неразвлекаемо, а я всё боюсь, что спросят, как прошёл отпуск. Изобразить мою ненависть к понятиям отпуск, выходные, туризм – уже пора. Никто не верит. Сейчас, сейчас. Ищу аналогию. Нашла. Далёкая, но близкая. Когда вы смотрите на виллы, палаццо и фрески с карандашом и блокнотом – вы учёный, гость, и вас тут как-никак ждали. Или не вас. А когда вы шляетесь по каналам на гондоле с гидом или погружаетесь в пучину с аквалангом – рыбок посчитать – и охреневшим от вашей природной грации тренером-инструктором, вы ничем не отличаетесь от женщины в абортарии: растерянно снимает трусы, поскольку её очередь следующая. Вообще красиво раздеваться умеют лишь особо одарённые люди. Но снять трусы перед входом в абортный кабинет – высшее искусство жизни. Полный провал опуса – жила, росла, трепетала, менструировала, раздвигала, получила – а теперь снимай: всё в обратном порядке. Мало кто может красиво снять трусы перед воротами абортария. Но у некоторых получается. А вот стать красивым-умным туристом, осознанно смотрящим в Кёльнский собор или с нумерологическим справочником в зубах подсчитывающим витражики в Шартре, – невозможно чисто технически.

Была на выставке технологий: скоро, скоро все будут развлекаться в волнах новой экономики. Называется – *впечатлений (ощущений) и переживаний.*

***

Она уходит от меня. Не понимает, не хочет прощать. Молитва сначала спасает отвлечься невидалью события и собственной неловкостью неумелого богомольца, а молиться неразвлекаемо мало кто

; ПРОЗА

умеет, и на второй неделе во храме, спасительно привыкая к своей молитвенной инвалидности, писатель и брошенный муж одинаково удобно размещают во лбу: первый – привычного читателя с его красиво зацементированным образом (библиотекарь, мать-одиночка, она ждёт новый том, и давай марать по проезжей), а второй – неверную жену с её красивыми, милой формы гладкими ляжками над рябью прозрачного океана у берега, где золотисто-зелёных рыбок как в аквариуме: она стоит в воде и смотрит, как весёлые рыбки плывут на неё, пытаясь лизнуть её коленки, будто помешаны на ляжках этой провинциалки с неблагозвучной фамилией, но рыбы довольно-таки глухи к эвфонии. Утром проказницу можно изолировать от памяти: кончилось, но цепочка позванивает, поскольку прокалено было на славу, но и пованивает, когда её нет, ничего нет; возможно, память где-то не прибрала за собой; память остынет сама, цепочку надо рвать нежным крестным приятием неверных ляжек, рыбок и человеческих планов, куда ты, доблестный муж, не вписался. Надо возлюбить её ляжки в океане, как острова, где кошка принцессой ходила пред сальным взором Хемингуэя; распахнуть сердце новому избраннику твоей жены, как бы ни был он хорош и богат. Подари её Богу. Отдай в руки. Даже не думай анализировать, ибо у неё свой путь, а думать ты не умеешь, особенно об измене. Ты знаешь, презентована новейшая модель измены: эмоциональная. Никто не виноват в обычном сексе, но убийство вероятнее, чем при сексе. (Я понимаю, что дон Педро тут напяливает широкополую шляпу и киногенично хватается за нож.) Чужая душа потёмки для всех, и особенно для хозяина души. Если можно так выразиться. Неловкое выражение. Чужая душа помойка. Друг мой рассказал мне свою беду.

***

В Печорах у нас ежедневно зависали предметы: мой компьютер, его смартфон, стиральная машинка не отдавала вещи, ветром уронило и разбило керамическую турку, а я успела в неё влюбиться; модные пьезо щёлкали, трещали, но плиту не включали, только щёлкали, и мы привыкли чуть не в четыре руки варить кофе; воду напустить в душ – потребна тонкая сноровка в переговорах с немецкой автоматической колонкой; настенный телевизор в маленькой комнате выключился аккурат накануне важного футбола – ввиду неуплаты денег хозяевами; слишком умный вентилятор с дистанционным управлением перестал вертеть лопасти, лишь головой беспомощно вращает и гудит утробно; что до мужа собственно, так он сюда и приехал простуженный, подлечился, а после ливня в Изборске опять зачихал и вскоре стал ныть, что хочет домой. Я верю, что хочет он именно домой. Я хожу по нашей квартире, гуляю по раскалённым улицам, обхожу монастырь, заглядываю в музей, где вдруг привечают неслыханно, – и верю, верю, верю. Богу было незачем посылать мне палача после казни. Всё уже было. Зачем же мне палач? Мне нужна кожа. Панцирь. *Пансырь*, говоря исходно. Черепаха купит пансырь. Объявление написано на лбу от роду. Вы что все – читать не умеете?

***

Я понимаю, что Декарт и Просвещение, но почему гипертрофирован авторитет мысли, я начал удивляться только недавно, выяснив, что новой мысли быть не может. Иным везёт: понимают, что не думают, отпускают мозг и полагаются на интуицию. Наивные говорят о научной интуиции. Мы все глупы: мы здравомысленно полагаем, что стрелку перевели сами, что шлагбаум подняли пультом частного владельца, о захваченной территории думаем, что наша. Подумал – никто не видел – детский секретик под стёклышком – голова же непрозрачная – мышление – ценность первостатейная – неокартезианцы; заклинило. Интимностями дефекации мало кто хвалится, понимая, что персонального тут лишь выбор меню в ресторане и способ обработки его продукции в опоре на здоровье тела. С мыслями то же самое, но они почему-то ценнее. Неверная моя страна, которой документально уже нет, на думании была помешана. Марьвасильна в школе кричала на петю-федю: подумай и ответь! Подумай своей головой! Ничего, скоро наше главное заблуждение пройдёт явочно, когда шарикизароликидумдумдум выйдет в люди. Наша мысль родилась из неудачи. Любая мысль ИИ родилась у нас, в первую голову. Чёрт, хотелось сказать *в*

ПРОЗА

первую очередь, потянуло на левую руку Булгакова, когда брали ванны, а переходя на левую сторону улицы говорили *переложился на левую руку*, а деяния делили на первостатейные, что идут в первую голову, и сейчас из меня выскочила фраза, и мне не может показаться, что я её родил сам. Шевеление фоновых знаний всё *болотистее*. Не ляпнуть бы – *обиднее*. Сидишь на горе, бьёт копытцем золотая антилопа, ты уже под горой, золота всё больше, но *хватит* – не кричишь. Бережёшь опыт мысли. Жадничаешь, записываешь на память, другим суёшь. Богу не веришь, а раздави тебя гора золота, он заменит тебя через секунду. Хорошо устроились американские баптисты: с пелёнок уверены, что у Бога есть личный план по каждому баптисту. Мысли – шалости бешеного шлагбаума, открываемого незримым, игривым п пьяненьким смотрителем. До положения риз он не надирается никогда, иначе мы все помнили бы штормовую тошноту морской болезни, бежали бы повтора. В башке засела наивная прикостровая песенка «Куда уходят женщины…»

***

Колокольный звон в монастыре. Старый звонарь и его нога. Тридцать минут – без малейшей усталости. Звонарь звонил правой ногой. Ремень, протянутый от ноги на колокольню, раскачивает могучее тулово. Не языком бьёт, а туловом о язык. Из-под подрясника видна сандалина и жилистая щиколотка. Звук наполняет мир окрест, и воздух сгущается. Полный молекул колокольного звона воздух наполнен и стоит невидимо, плотно, а через полгода хочешь помолиться в монастыре, вспоминаешь получасовой звон привязанной к ремню ноги, входишь в стояние под колокольней, стоишь наяву, в руке ведро звука. Перемещение назад – если растолковать в линию – быстро, летишь верхом на молнии. Тут я и поняла, зачем звонить долго. Позвать на службу – получаса не надобно. Можно сдуру прозвонить весь день. Количество звона можно не ограничивать, но в России. В костёлах и узеньких городах долго звонить не следует. Колокольчик, навешенный Чеховым на совесть счастливого человека, не единственное зло, которое простить ему не могу – не могу – совсем, но обожаю. Почему я не люблю колокольчик-молоточек-сигнальчик Чехова? Потому что мне сунули про молоточек-ударчик-напоминалку-бедствий в школе, в пятом классе. Мне было двенадцать лет, и уже ноябрь, и хорошо, не жарко; в том октябре, тоже солнечном и золотом, как сейчас помню, всё сияло молодостью – меня – мои родственники – не пустили на похороны моей матери, опасаясь моего припадка. Я их понимаю: им ещё меня не хватало. Через годы мстили мне все они, лишь бы я знала, что вот только меня и не хватало, и боже ты мой, как водопадно-буйно-фонтанно благодарна я теперь, что выперли, выкинули, даже в пропасть одну полетать бросили, но какие же вы все молодцы, тётки-дядьки-кузиньё. Берите неологизм: кузины обоего пола, свершающие свой семейный суд по причинам ярко выдуманным и присвоенным, но оттого ещё более крепким и просмолённым, все они – *кузиньё*. Кузь-кузь-кузь.

***

Меня пригласили в департамент прозы. Я не люблю писателей, читателей, всего такого. Но я согласился и возглавил. В литературу тоже надо внести точность. И написал я послание ВПЗРам:

место действия *наши дни* подразумевает идейно-тематическую нишу, максимально приближенную ко времени действия *большой город*, sic! – не поправляйте; но если вы живёте в *малых городах*[8], то для пересечения границы редакции обязательны

а) отметка в паспорте о рождении в живописуемом городе,

б) детальное знакомство с концепцией развития регионов Российской Федерации, убедительно подтверждаемое в беседе с заведующим собственными комментариями, планами, намётками, прищуром и умереннохудожественной продукцией любого народного промысла, исполненной собственноручно;

---

8   https://riafan.ru/1016606-putin-posetit-v-kolomne-forum-malykh-gorodov-i-perinatalnyi-centr - здесь необходимые намёки.

; ПРОЗА

любая попытка написать *неодеревенскую прозу* карается гарантированно обидным для авторского самолюбия редакторским действием, а стремление подняться на вершины производственного (фермерского, спортивного и т. п.) очерка должно сопровождаться нотариально заверенной справкой, что автор *там* был сам лично, а бывши там – не пил алкоголя и на трезвый глаз действительно доил, пас, пилил, восходил, прыгал, рожал детей либо ну хотя бы делал их с помощью живого секса, не обезображенного технологиями;

письменность, обусловленная грыжей (инфекцией, опухолью и пр.) любой этиологии, рассматривается как гламур во втором значении слова, то есть от середины российских нулевых, и по указанной причине отвергается;

смерть, причинённая персонажу автором, обязана иметь считываемый смысл; единственный персонаж, право на гибель которого не оспаривается, есть лирический герой, тождественный автору, и только в одном случае: непременное возвращение к жизни на новом уровне духовного развития (кладки в пирамиде Маслоу, морального обучения по Кольбергу, озарения с просветлением тибетского типа либо других доказуемых достижений);

любовь сколь угодно широкой типологии, воображаемая автором за *других* и не обеспеченная достаточным для возбуждения читательского интереса личным опытом, рассматривается как оскорбление чувств верующих; экспертизы текста на любодостоверность и автора на любогодность проводится специалистами; под *читательским* подразумевается интерес, ощущаемый редактором отдела;

симпатия к фэнтези, проявленная так или иначе, рассматривается как смертный грех под номером *полное отсутствие чувства юмора*;

включение в текст сайентонимов (теорема Гёделя, бозон Хиггса, число Фибоначчи, прочая) сопровождается предъявлением диплома о высшем образовании в подобающих сферах; в противном случае – смотри участь *неодеревенщиков* и не нарывайся; не надо.

***

При Доме культуры – отдел ЗАГС с уютным симпатичным пандусом для инвалидов. Маша говорила, что ей неприятно, когда её муж-актёр бегает по сцене со своей бывшей женой, а жена голая. Муж объяснял: моя профессия! У артистки роль проститутки; режиссёр велит – она играет голая. Маша говорит: это твоя бывшая, она – голая. Развелись. Гляжу на Дом культуры, совмещённый с загсом и пандусами для инвалидов, и вспоминаю разводы – страшнее смерти – не понимаю, как люди выдерживают. Разрывы рук, печени, горла – всё ж наяву, без анальгина даже. Гений мужского пола доступен разводу – гении не любовники, они вообще нелюди, даже если космические, – с ними поначалу интересно, пока токи условного Сириуса протекают сквозь вожделеющую пару вне зависимости от уровня неуклюжести мужчины. Слово *интересно* я отношу к ругательствам и позволяю только себе. А расставаться с нормальным, ужившимся, тёплым, родственным, у которого кожа, родинки, волоски на ухе, подколенная ямка – мазохизм высшего разбора. Современный мужчина – синоним травмы на грани подлости: солепсизм в общенародно острой стадии. Ему не видно звенящих стен невидимого храма, который носят с собой, при себе, никому, да что ж ты делаешь, паскуда, когда моей-твоей-нашей рукой пишешь ей *привет, Львинка*. Мы же родственники. Все психологи мира ныне богатеют на рисовании личного пространства – типа знай и ни-ни. Ступишь за огненную полосу – заступ – и на линию огня. Чувствовать границу – надо, надо, даже если модная чуйка у тебя не работает, отвалилась по засохлости. Обожаю песни про границу. Как-то, помню, депутаты хотели запретить порнографию. Кинулись определять понятие. Не вышло. Стали щупать, где у порнографии граница с эротикой. Не нашли. Отменили-таки целиком, наставили маркировок, а продукты для взрослых – закатали в плёнку. Я не нашла юридического определения порнографии. Юристы не вытянули. Юра на днях рассказал жизненную историю; захотела взять, он разрешил.

Идёт Юра Ю., студент Литинститута, по дорожке, а навстречу девушка, у которой вышла книга, и все говорят, что роман – эротический.

Юра говорит девушке:

— Неужели правда эротический?

— Правда, — говорит девушка не без гордости.

— Слушай, — говорит Юра, — мне тут как раз нужна консультация по эротике. Дашь?

— Прямо сейчас? — уточняет писательница.

— Да, срочно. Поедем! — Юра чрезвычайно артистичен, убедителен, может. Может.

— Ну… не знаю… ну, давай поедем. — Едут. — Ты хоть пива-то возьмёшь?..

Что называется, из бессмертного.

Похожая ситуация была у меня на танцах в общежитии. Танцуем сильно, извиваемся вовсю. Суббота, кажется, но точно сказать не могу, по каким дням зальчик на первом этаже общежития делали танцевальным. Я популярна в глазах юных современников, чрезвычайно красива, у меня по пять романов одновременно, и у некоторых возникает нелепое предположение, что он может стать шестым, но я-то его не желаю, а он не понимает почему. Он не танцует. Он со страшным взором стоит в дверях и по окончании музыки манит меня, и я выхожу в коридор.

— Послушай, у меня на пятом этаже пустая комната и две бутылки вина. Я тебя так напою, что ты даже ничего не почувствуешь! — заботливо соблазняет меня он, серьёзный, длинный, печальный.

Я не смеюсь, я говорю что-то вежливое и ухожу в зал танцевать. Потом, догнав, всё-таки смеюсь и по-тихому кому-то пересказываю, а спустя десять лет обнаруживаю в газете — в мемуарах постороннего писателя, которого я знала как киноартиста, попадается в сериалах: приятно что ни слова не перевраано. Как было про две бутылки с предложением общего наркоза, так и осталось. Вообще, конечно, мемуаристов надо назначать прижизненно. Списком. Каждый человек — это два-три тела, бывает о семи. Группа разрозненных тел — каждое помнит свою девушку, свою бутылку, свои ссадины, переломы. Писать мемуары садится тело, у коего паспорт. У единственного тела человека — паспорт, а вспоминать и мемуарировать садятся все. Посему наука история – сказочна и невинна в своей вранливости, поскольку вспоминали семеро, пишет один, читает один, воспринимают его семеро, спорят, выбирают – что понять и принять, а чему фонтанчик-то прикрутить, и лучше навек – это как работа с архивом, где на доступно видном месте лежит царский указ о строительстве железной дороги, письма, лаковые миниатюры в усах, красавец, композитор пишет бодрую «Попутную», впоследствии упражнение для вокалистов, а потом выясняется, что именно его, царя-солдафона, жену воспевал Пушкин, вследствие чего был убит на дуэли с Дантесом за пятнадцать лет до появления в империи железной дороги.

Оса-таки меня тяпнула. Под платьем, в середину спины. Что у меня там на спине – мёд?

***

«С тех пор, как мы получили свободу прессы – я трепещу», – писал Салтыков-Щедрин после русской цензурной реформы 1865 года. Неплохо б убрать ненужную запятую, поскольку *с тех пор как* пишется свободно, без монтажных склеек, но из цитаты вроде нельзя, выйдет моя карательная цензура. (Ложное высказывание, просто эксперимент. Цензура – орган со стенами. Учреждают и государственно строят, иначе не цензура. Обожаю разговоры о цензуре.)

Девочка с губами – главная цензура на свете. Помнишь, милая, картину Льва Соловьёва «Монахи. Не туда заехали», её приписывают Репину под названием «Приплыли», так ведь крамола чистой воды, никак не понять, откуда слух, разве что цензура и распустила. Глупенькая антеклерикальная мазня. БГ – борис-гребенщиков – не писал над-под-небом-голубым. Эх… Авторское право так разбросано по лавкам, попряталось в ужасе, будто секли розгами.

Цензура заживо съела миллионы тел и столько же погубила душ, ибо чужое *мнение* мозг воспринимает как агрессивное *действие*. Если ты думаешь не так, как я, и говоришь о наших разногласиях публично, ты вроде как двинул мне в солнечное сплетение, а когда я уже не мог выдохнуть, добавил кастетом в

ПРОЗА

переносицу. Именно так наш цивилизованный мозг воспринимает чужое мнение. Напомню, милая, что слово *ересь* – αἵρεσις – переводится как мнение, выбор, разномыслие. Собственно, убивают, по словам психологов, за конкретику: за другое мнение, за мать, за жену, за дочь, за родину. А вот умирают, напротив, за абстракцию: справедливость, любовь, долг, веру и пр. Это мнение психологов. Убивают и умирают по разным причинам. Всё одно – преступают. Пересчитай, женщина, сколько раздражающих слов в данном абзаце. Как хочется, чтобы ты была рядом. Как я ненавижу тебя.

Пример ереси: «Не тот является еретиком, кто согласно своему пониманию следует Писанию, но тот, кто следует указаниям Церкви вопреки своей совести и пониманию, основанному на Писании». Джон Мильтон, архитектор европейского представления о свободе слова.

***

Я больше не могу. Тут даже броситься под – некуда. Под монастырскую корову, счастливо пасомую трудником. Разве что.

***

«Личный выбор ограничивает свободу». Абсурд. Она где-то наслушалась брадатых гуру, и я не могу дышать при ней. Аритмия. Начинаю ненавидеть и мою память: она цепкая, клейкая, пластидная. Память забирает в себя сразу до молекулы: такыр впаривает себе воду. Мне безразлично, поняли вы меня или нет, и знаете ли вы о существовании такыра, и способны ли оценить игру слов о впаривании себе. Эта женщина забрала мою свободу, а та женщина может обойтись без этого, ей не нужна моя свобода. Понятно, что выбор – на стороне той, которая бережёт мою свободу, или не покушается. Свобода – это мой Бог. Тот, в котором я сомневаюсь, сделал одно несомненно чудо: идею свободы. Мой выбор – свобода. Подлинные чувства – любодостоверны. Самое подлинное – свобода. *Верую* – изначально существительное плюс несклоняемое. Обратите же внимание же! *Верую* – существительное. Несклоняемое. Нельзя склонять, меняя хвостик: окончанием, если дать, жалобнёшенько машет любое слово, бродяжка, да любой пёсик машет, оттого многим купируют – для веры в хозяина, видимо. Порода не требует отсечения хвоста, породу выдумал человек. И женщина не может отсекать хвост *ему*, делая породу *муж*, лишь бы в*ы*мерекать образ и хотя бы одно тело, а у каждого много тел, а ей подавай одно, и то не всё. Крылья вообще не входят в комплект, ни в одном из тел пазов под крылья не положено. Простигосподи, всех я запечалил, всех оставил, всех. Ты меня помнишь, Господи? Каксюдапосылал, помнишь? Отвечаймне.

***

Садхгуруприслалмысль: Within myself, I have never formed a single opinion about anyone. I always look at them like I am seeing them for the first time. А если попробовать?
Каждый день видеть человека как *впервые*? Улыбнёшься счастливо – счастливая первая встреча – обещает счастье. Не меньше. Писатель поначалу вскидывает голову – сначала пятую, конечно, астральную – восклицает *что я, золото беспробное?* – летит куда-то в сторону боком, ударяется, в стену ему стучат – поздно, дети спят, он плюхается в кресло, намедни купленное заботливой женой, изничтожающей волю, и вдруг с потолка золотыми щетинками падают, отшелушиваясь от тверди, пояснительные записочки в одну фразу: русский писатель – тот, кто учитывает Пушкина. В атриуме холодно. Сегодня погода ясная, небо чистое, вороны могут лететь головой вперёд. А попробовать надо. Видеть его как пациента дурки, где прививают *бред свободы*, – ставят на людях, менгелируют в душе, евгеники подпольные, – но антидота не дают и выпускают в мир то, что получилось.

***

«Чтобы существовать как личность, – самовбито в голову «Чёрным принцем» Айрис Мердок, – надо провести границы и сказать чему-то *нет*». Изобильное детское чтение под столом, где не пустыня, но безлюдно, привело к жадности: я записывал яркие книжные мысли, не подозревая будущих выхлопов и токсичности чужого интеллектуального пота. Подозрение на яд появилось теперь, но время упущено. Мне казалось, а школой внушалось, что не обогатив себя знанием *всех тех богатств, которые выработало человечество* (Ленин)[9], а цель ни секунды не рассматривалась как недостижимая, и тащил я за плечами вроде чугунного рюкзака идею накопления богатств, выработанных человечеством, с успехом полагаясь на свою природную память, – а она, голубушка, только совершенствовалась и расширялась, послушная моей безумной воле. В хорошем возрасте что-то за сорок я узнал, что Христос рекомендовал не собирать сокровищ на Земле, но на сопряжение *сокровищ*, Им упомянутых, с умными запасами моей *головы* ушло ещё лет десять. Я и сейчас, придя к выводу, что Христос имел в виду не только сундуки со златом, но сундуки вроде моей головы, где склад на несколько высших образований, но никому не радостнее жить от моего склада, развожу руками в поиске новых опор, хотя понимаю, что бессмысленно.

Сомнение в *праве личности на права* рождается однажды, растёт в жажде прижаться к безличным небесам и взрывается горем и осыпается, и вот тебе мировая история идей, Боже как грустно, ведь всё могло быть по-другому. Совсем по-другому, если без личности, которую сначала выдумали, потом покрыли золотом, а теперь танцуют на ширь окоёма, но вернётся Моисей, разобьёт блестяшку-тельца, переплавит на скрижали, пусть и неканонично ваять скрижали по незданной Богом технологии.

***

Грустно ловить мужа на вранье. Когда врёт – сам сердится, вид его неинстаграмабельный. Пойду ловить мужиков по книжкам. Сейчас поймала Ленина на христианстве. Думать надо камнями, не мыслями; думать о Ленине полезно: он частично, не со-

---

9 «Коммунистом можно стать лишь тогда, когда обогатишь свою память знанием всех тех богатств, которые выработало человечество» — из речи Ленина на III съезде комсомола.

всем умер, жизни мало, да мне уже не видно, как муж пишет записку Львинке. Думает Ленин, что *анти-*, но всё равно берёт из коммуникативного фонда, доступного его аудитории. Полюбуйтесь: «...марксизм отнюдь не отбросил ценнейших завоеваний буржуазной эпохи, а, напротив, усвоил и переработал все, что было ценного в более чем пнрщ двухтысячелетнем развитии человеческой мысли и культуры.Только дальнейшая работа на этой основе и в этом же направлении, одухотворяемая практическим опытом диктатуры пролетариата, как последней борьбы его против всякой эксплуатации, может быть признана развитием действительно пролетарской культуры»[10]. Три раза прочитаешь – и никаких лишних женщин у мужа нет. Выговорить невозможно. Говорящее ленинское число *дветысячи* (умоприемлемый для его слушателей возраст «мысли и культуры») вкупе с *одухотворяющим* опытом диктатуры пролетариата (уникальное выражение, годится на баннер) звучат галактическим диссонансом, но становятся основой идейно-тематического содержания жизни миллионов и смерти миллионов. Он великий демагог, стрелок в моноцель, то есть гений. Конечно. Мысль-убийца так чудовищно ловко сложена, как моделька на глянец и витрину: немыслимые непрактичные ноги, но плащик висит зазывно. Так обогатилась российская коммунистика знанием-всех-тех-богатств, что по сей день страшно взглянуть в глаза мёртвым и замученным ввиду одухотворяющего опыта диктатуры пролетариата. Бесценный опыт большевизма – в акмеистическом представлении сатанинской мысли. Не бросать! Надо научаться и брать противоядие. Впрочем, беспочвенны мечтания мои.

Поймала раскалённые шнурки с обрывками. Пощупала узлы-связки между несвязуемым, сваренные в голове и прожаренные эмоциями. Серое болото возможностей побулькивает – а над трясиной вдруг яркие дуги тут и там. Они симпатичные, кажутся своими. Они кажутся как минимум мыслями, а то и высокими принципами, базой, убеждениями. Но это мусор на болоте, которому больше повезло попасть под магнит, кем-то поднесённый к поверхности, когда они ещё в девочках, несвя-

---

10 Ленин. О пролетарской культуре

занные, плавали по бурой кисельной массе. И хлоп, и звяк. Зацеплено, заварено как электрогазосваркой. Вывод: победить свою мысль возможно.

* * *

Картонный божок чёрного смеха. Тупость полного понимания. Ненавижу атеизм и цензуру, потому что хорошо и полно понимаю. Свободу, свободу, свободу мне. Атеизм был бы простителен, будь он основан на знании, которое в свою очередь опиралось бы на опыты пребывания атеиста в смертных состояниях с последующими возвращениями его несуществующей души в тело. Чтобы каждый, кто получил опыт, сходный\не сходный с мытарствами св. Феодоры, мог\не мог сослаться на свои переживания, описать их подробно и доказать посильно. Жена моя полагает, что злодеяния и лютые злодеи, которые не вызывают эмоций – моих – есть. Далёкая заграница чувств. Их нет. Я вычеркнул. Непилотируемый космос. На уровне холода, куда не погружается и не достаёт даже моя, весьма тренированная мыслью (*ирон.* – автор) голова-сундук, я констатирую полное моральное нечувствие. Данное наблюдение тоже противоречит расхожей морали, торопливо развешивающей бирки с ценниками. У нормального человека (обожаю) всегда наготове всё: и диссер, и шары, белые да чёрные, а в памяти, глубоко **Well Done** прожаренной Голливудом, молоток и круглая деревянная подставочка вроде портативной наковаленки. Но я не могу говорить об этом с какой-нибудь женой. Мне нужна другая аудитория, с амфитеатром в глазах и ногах.

* * *

Старые измены не болят. Открытие подняло меня с постели, я могу двигаться. Уже хорошо. Сейчас, на стадии не-могу-я-больше, муж стал серым облаком. У него пропали черты лица. В моей памяти о нём не осталось ничего осязаемого. Поднявшись выше своей головы ещё на полголовы, я перелистала весь альбом: например, я ни разу в жизни не возмутилась убийце моего отца. Убийца сделал нечто безымянное. У меня не было – особенно тогда, в 1983 году, – нейронных цепочек *о* и *на* предъявленном уровне зла, и я переживала только утрату, потому что знала, какие бывают утраты; доформулируем: *пережить* можно только известное. Скажи мне, кто твой друг. Именно. Надо состарить эту измену. Сделать её прошлой. Известной. Старую измену только вносишь в альбом и удивляешься сходствам. В текущем сюжете меня угнетает каша. Я должна варить её по утрам, подавать мужу, мыть тарелку, а допрежь покупать зерно, допрежь заработав деньги на еду под регулярные насмешки питаемой стороны, полагающей, что разрушится, если перестанет издеваться.

В прошлом веке Нина шла к пристани со мной под руку. Близ кораблика, под восходящим солнцем, Нина забрала руку, догнала *его* и вступила на трап, напевая марш Мендельсона, с *ним*. Моя лучшая подруга бестрепетно покусилась на мою страшную любовь на моих глазах. Вопрос: где были все наши аттестаты зрелости, полученные в тот день? Как я попала домой, не потеряв документа? От удара, прилетевшего мне от лучшей подруги, я потеряла память обо всём, кроме солнца. Оно восходило, краснея за нас, над водохранилищем, и кораблик, видимо, елозил по глади, усыпанной громыхающим блеском сверху – да, салют был, точно был, я помню, как звёзды ринулись из моих глаз и смешались с небесно-пиротехническими. Утрата Нины, измена Нины, потрясение от Нины – всё было громадно и необъяснимо. На уровне боли, куда забросила меня подруга одним движением руки – от меня к нему, – сухая темнота. Странная ярко-серая тьма, из которой не доносилось ни звука. Нина тоже была сирота, так почему ж она сделала мне блицкриговую войнушку, зачем отшпились, неверная ламповая тян, назвали бы сейчас – негоднот*а* ты! но до цифровых ошибок молодости было ещё сорок лет, а Нина ждать не могла. Первое тело моё уцелело, но в других телах что-то серебристое, чернёное, мягко-металлическое завибрировало – навсегда. Нина вырастила из меня музыкальный инструмент, многомануальный орг*а*н, изменой нашему богу, выращенному прежними бедами, полный общим сиротством, горем, напитавшем подушки, школой, мальчиками, бутылочкой, в которую мы играли в стар-

ПРОЗА

ших классах, всему конец – но какое движение судьбы, молниеносно надевающей блестящий плащ Фортуны! Но сначала набрякла тёмная твердь. Цветные ранние небеса над морем прихорошились и выгнулись всей массой космоса в мою сторону – плюнуть звёздами бала, выпускного в жизнь, а чтоб поняла быстрее. Но я тогда не поняла. Теперь понимаю. Всего сорок лет дополнительного образования. Саенцид.

Та же тьма с утратой чувства пришла со всех сторон, когда Саша поцеловал почтовую открытку. В институте мы сидели на лекции рядом. Ночью – вместе? значит на лекции – рядом. У нас был нежный звёздный час слиянности – и тут он достал открытку *до востребования* с красивой чернильной подписью *Марина* и поцеловал подпись. Я ещё не знала, что с юного тбилисского детства он думал, что так и надо. Он не прятал своих достижений, а предъявлял их с достоинством правильного победителя. Мужчине приличествует. Я же не знала, что ему приличествовало. Я стала мстительной. Он не сразу погиб, и мы ещё побадались, но я запомнила: изменивший – умирает для меня. Если он мужчина, то его достоинства, ещё вчера медовые, мигом оползают, и в некрасивую сухую кишку выползня живое уже ничто не засовывается.

Перелистав гербарий взад-вперёд, я уловила общие черты растений: на взлёте полноты, когда глянцево блестит оранжевый лист и насекомым уже шьют прозрачные крылья эволюции, кругом крылья, и ровно, альтом гудит отреставрированный мотор доходяги-рептилии, доходящей до летающего млекопитающего, – тут и начинается. Бесподобная Вика, позвонившая мне с отчётом о поездке в Вильнюс, где мой муж развернулся уж, он ужо показал ей кузькину мать алкоголизма; женщина обиделась до вагинальной сухости, что он пропил её прекрасный фотоаппарат, однако её стремление выйти за него не улетучилось, и она мне с тем и позвонила, чтоб я забрала нашего с мужем грудного ребёнка и уехала, а она на свободное место выйдет за него замуж. Командировку в Прибалтику они придумали для написания очерка о жизни заключённых-женщин – для правового журнала, куда трудоустроила его я. Он три года рыдал и просил найти ему работу. Чудесно нашла ему работу, он там нашёл

Вику, а она, с умом раскусив сексуальное начало его природы, вывела, что наконец надо позвонить мне. Юрист и логик, она сказала прямо: ты должна уйти от мужа, я выйду за него, а в новую квартиру я тебе подарю холодильник. Ладно, Вику мы вытурили, но на следующей стадии была Лида. Чистая прелесть: пришла в белой юбке плиссе, аккуратно повесила её на спинку стула, надела фартучек, разогрела жаркое – у неё всё с собой – остатки упаковала в наш холодильник и легла в кровать. Он возлёг сверху, и тут пришла я – с ребёнком гуляла и вернулась домой. А стены в искрах. Не умея занять себя в минуты чужого секса, я пошла на кухню, пустила воду в раковину, вода шла холодная, шумела, и через ледяные бульбульки воды я услышала: хлопнула входная дверь. Лида свалила. Дальше рассказывать? Спасибо свекрови – муж хотя бы не взлезал на броневичок с плакатом, а наоборот: сын дипломата, он старательно внушал мне, что *мне* померещилось. Галлюцинации, слепота – он был убедителен. Остальные мужья не расходовали своей фантазии, как мой щедрый лапульчик, и мотивировались сурово, доступно, решительно, без неловкого демонизма любовников: а) мужчине можно в принципе, б) поэту надо в принципе, в) гению всё позволено, г) мужчина полигамен и воин: ему надо успеть вбросить семя, пока не убили на войне, д), эволюция что-то подобное в виду и имела, е)…

Если верить в эволюцию, то, видимо, она что-то имела в виду. Но Дарвин умер, не решив эволюционной загадки. Ни естественный отбор, ни половой не предполагают мышления и нравственного чувства, – написал Дарвин своей рукой. Я читала своими глазами. Просил же Дарвин: учёные будущего, разгадайте же, откуда мышление и нравственное чувство. Иначе все эти отборы – сказки. Вопрос не решён, и мои мужья и прочие идут строем, будто все дарвинисты. Вульгарные. Я не могу простить измену, поскольку она атеистична. Она разрушает дом. Она убивает радость и желание. В измене нет Бога. Измена дьявольична. Может, поэтому и не болят старые измены? Выкинула из сюжета – всё, заросло. Было бы в измене что-нибудь божественное, может, я поверила бы в «а» или «д», или «е». Божественное светилось бы до сего дня. А эти калеки, составляющие общество? Готовность подсмеяться над пострадавшей стороной, добить, нахамить типа а-вдруг-у-них-любовь, – все лояльничают и обнимают преступника. Поздравляют, словно героя: надо же, вот молодец, вот силён. Общество трупоедов, не опасающихся за своё пищеварение.

***

Я думал о реинкарнации – не то и не так. Качество смерти – качество возвращения, это ясно. Может быть, я чую параллельные вселенные, хотя б одну, и при большом распухающем свидетеле мы записываем озарение: все мы здесь и всегда. Мучительна загадка слова *здесь*, смешно желание попасть обратно в здесь изо здесь. Мы не верим в смысл и могущество смерти, а ведь она оборудована каплями, реками, цунами кайфории. Зачем? Затем. Хорошо смотреть в окно в Центре Москвы воскресным утром: не верится, что люди спят и живы, встанут и выйдут, и по мордасам настучат, и банок набросают, и примутся жениться и рожать по старинке, родовыми путями, повизгивая. Скоро бабы примолкнут, а детям в школах будут рассказывать легенды о библейском указании – чтоб рожала в муках – и как ему веками следовали. Победило чувство юмора, боль отменили, рожают смеясь или хотя бы под наркозом, а вообще, я думаю, рожать не больно, и всё от психического заражения. Баба родившая указует бабе неродившей со своей бессмертной уже вышины: в нашем сословии, пааанимашь, такие дела. Кастовый вывих.

Изборск и Словенские ключи. Белый лебедь, акробатично кувыркается в озере. Все ловили лебедя в объективы, а лебедь нырял, шустро чистил перья и опять нырял, будто утка, коих окрест было премного. Утки к лебедю не лезли, покрякивали на утят, выгибали шеи, жеманно поднимали плечи, показывая цветные подмышки цвета индиго, и я подумал, что все птицы помечены. «Синей краской под крыльями?» Я ещё подумал и согласился, что метить уток синей краской было бы нелегко. Зрители решили: порода, ведь явного цветового разделения на самок и селезней, привычного нам в Москве, не наблюдалось. Все были серо-коричневые на первый взгляд, а при взмахах и поворотах вспыхивали изумительными пятнами. Колористической дерзости, потаённой, мощной – на Городищенском озере полно. Сверху суровая монашеская мантия, а сокровенно-утиное весело сверкает на солнце, потягучими движениями крыльев допускаем в утиную подмышку. На озере тут утки ведут себя как торопливые лебедята. Сказка про гадкого утёнка, меняем экспозицию, получаем озёрный постмодернизм: в семье прекрасных серых уток, дружно живущих на озере, пополняемом со скоростью 3,5 л/сек водой из регулярно освящаемых источников, имеющих вид водопадов, называемых «Ключи двенадцати апостолов», завёлся подкидыш, впоследствии разоблачённый как лебедь, и его выучили хорошим манерам: нырять и чиститься, крутиться и плавать, неожиданно меняя направление, прочь-всякую-царственность – мнимую, конечно – повадки брось, нечего тут породу растворять. Удовлетворённый напутствием, лебедёнок вырос настоящей бодрой уткой, а утки, тайком взяв от иностранца всё лучшее, навострили лыжи крылья поднимать величаво, до – ещё чуть-чуть бы! – соединения за спиной своих могучих крыльев верхушечками, поворотиками. Подмышки не забыть.

Сейчас на подходе к Словенским ключам нет прежнего уведомления, что из двенадцати ключей лишь одиннадцать живые, а двенадцатый называется «Девичьи слёзы». В народе осталась шутка, я взял её у таксиста, что среди живых ключей один мёртвый: *русская рулетка*, сказал извозчик. А прежде авторы знака вроде придорожного ничтоже сумняшеся уведомляли паломников, что лишь Провидение может указать человеку, какой ключ – его. Подозреваю, что гадания на ключах принесли в жемчужную местность обильный неправославный дух, и поэтому сейчас, воспоминанием о залётных суеверных гостях, развешаны маленькие таблички с просьбой не вязать ленты. Многие сначала не понимают, какие такие ленты.

Вячеслав, не желавший величаться *отцом*, перед крыльцом монашеского корпуса сказал мне 31 июля, что туристы – ладно, всё понятно, но есть православные туристы. Воспоследовал кинематографичный рассказ о женщине, припавшей к иконе всем

ПРОЗА

телом и возлежавшей то недвижно, то со внезапным прикладыванием своих бус и серёг по очереди, словом, еле уговорили вернуться в группу, экскурсия продолжилась. Я ляпнул, что суеверие, видимо, а Вячеслав уточнил, что неоязычество. Прожив тут неделю, я бы не стал уже посмеиваться над женщиной, пытающейся слиться с образом Богородицы через стекло. Обнимает и обнимает. Уж как умеет. Мало ли кто как идёт к Богу. А замученных страстями девушек и женщин, которые уж совсем тут ни ступить, ни молвить не умели бы, я не видел. Внутреннее чувство как-то держит и подсказывает, что можно и что нельзя. Тут даже я крещусь пред входом. И по головному платку местные не волнуются. Один раз казак-охранник в белейшей рубашке и красных лампасах, строгий, в очках, остановил вежливо, сказал девчушке, что головушку-то надо бы покрыть.

***

Так Вячеслав-не-отец уточнил, что лежать на иконе всей грудью – не суеверие, а неоязычество. Я научилась вовремя закрывать рот. Вышел о. Филарет и повёл куда-то, а я шла, не понимая, что происходит – в первый же день моего пребывания – немыслимое: ведут в келию архимандрита Иоанна (Крестьянкина), в ней жил он около сорока лет. И что со мной случилось в келии, рассказывать не буду. **Можно подчеркнуть осу.** Укусила в правую лопатку, под платьем, прилегавшим ко мне тесно. Была раздавлена моей рукой, потом извлечена рукой мужа: пришлось поднять платье на глазах у местной примечательностидосто бабы Любы, но она всё в этой жизни видела. Что ей женщина, поднявшая платье до шеи в виду монастыря. Изыматель осы, муж укушенной, полил укус святой водой, давеча взятой из освящённой скважины. Картина была всем хороша.

***

Хороша реформа: теперь гражданин до срока пенсии будет дорабатывать песком в песочных часах. Не то чтоб я не любил людей. Они люди. Просто люди.

***

Сюжет со стиральной машиной перешёл в ситуацию с компьютером, потом со смартфоном мужа, затем с исключительно норовистой газовой колонкой, с холодильником, дверца коего неизменно тукается в слишком близко прибитую полку, а потом дождь ливневой мощи, короткий, но муж простудился повторно, хотя уже почти вылечился на местной козе с мёдом и маслом. Слово *счастливая* применительно к дойным животным я встретила дважды: на столбе рукотворная реклама «молоко от счастливой козы», а также подслушанная реплика экскурсоводки о «счастливых коровах», живущих в монастыре, пасущихся на лугу поодаль и самостоятельно приходящих домой, то есть в монастырь, ввечеру. Я их видела: тучные, рыже-коричневые. Муж видел их телят, почему-то пятнистых, и сфотографировал. Или телята чужие. Но петухи, орущие противу положенного времени, заполошный концерт, и счастливые коровы-козы купно дают смешанное чувство: всё так и не так. Но я научилась избегать сокрушительного *так*а, мне повезло с монастырём, и всё поплавилось из каменного былого, стало хорошо-великолепно. Я научилась отдирать от мозга наросты-нашлёпки, не сильно переживая — наросты или нашлёпки. Вижу твёрдое убеждение — размягчаю. Уходи, твёрдое, не кичись, тебе нечем гордиться, ты лишнее. Перемолу подвергаются все, проверяю на прочность. Что не вынимается — откладывается на потом, переведённое в разряд просителей о пересмотре. В лист ожидания снесено всё, включая нетленное. Оно в первую очередь. И тут если перечислить, любой читатель с воплями отбросит этот текст, как зачумлённую свинью. Sic. Перечислить пересмотренное? Тут уже говорилось, что муж изменил мне, и мы путешествуем. Он жив и почти здоров, изменой не считает, говорит, что деловые отношения. Разумеется, деловые. Нынче они гораздо важнее любых других, поэтому тут яркая измена, наотмашь, тем более что он врёт и стирает их переписку сразу после использования. Но вот какая штука! Когда выходишь замуж, всплывают старые друзья с огорчительной инфой, но юная восторженная невеста ничего такого не видит и грубо рвёт с информаторами. Например, на стадии укоренения со вторым му-

ПРОЗА

жем я познакомилась с его детским другом. Андрей был из того же дома на Кутузовском, где они все выросли в семьях генералов, дипломатов и членов ЦК, и все друг про друга знали всё. Андрей любил своего друга, но обнаружив в его судьбе меня, он сделал два предупреждения, не сплетни, нет, он хотел меня спасти. Он сказал, что мой жених уже трижды лечился от алкоголизма. Когда до меня не дошло, а жених как-то раз не дошёл до дому, Андрей приехал и отвёз меня куда-то к какой-то Наташе, где мы извлекли моего голого жениха непосредственно из кровати. Жених сказал, что он тут просто заснул и ничего не было, и я поверила без малейшего напряжения фантазии. Перед третьим мужем на информационную авансцену вышла дама, знававшая моего нового жениха в прошлом веке, и сказала, что ей меня жаль очень, поскольку он крайне холодный человек. Поверить, что полыхающий – в стихах – человек может быть холоден и до глупости жесток в семье, было невозможно. Потом, когда он сказал, что не просит и не благодарит, но требует и никогда не отвечает, я не поверила. Потом он показал, как он играет в настоящую, буквальную неблагодарность, его другая подруга сказала мне, рыдающей в телефон: «Надо знать N-а!». Я опять обиделась, будто меня, разумницу, ткнули в лужицу, а они все великие. Затаилась, занеполюбила подругу с инфой, но ведь она же была как тот Андрей с Кутузовского, она же гонец, посланница, а я идиотка. А моя тётка Зоя, сгубившая жизнь браком с длинноногим танцором двапритопатриприхлопа из русского народного хора – ведь ей говорили, на неё орали до посинения ушей, – но она вышла.

***

Кудлатенькая крашеная бабища в три обхвата, сверкая многоцветными стразами на трикотажном изделии кислотно-малинового цвета и замысла – назовём это *кофта-футболка с короткими рукавами, полиэстер*, – грязновато, неискусно, рутинно матерится на паперти храма св. Варвары. Сейчас иду – ко храму подошли молодые. Венчаться приехали. Баба зырк – и со своим пластиковым стаканчиком прёт на молодых – за *ми-*

лостынькой. Тут не выдерживает и сувенирница, торгующая платками-ложками-туесками напротив храма, пытается усовестить бабу, чтоб не лезла на людей. Та, поругиваясь в ответ, крутится на жаре вокруг своей толстой оси, борясь с искушением обобрать всех гостей данного мероприятия, но всё же притормаживает, почему-то смиряя свою корыстную прыть. У бабищи есть малорослая сухощавая товарка, матерщинница-подпевала, в короткой типа деловой юбке с пиджаком, на лысеющем черепе седой хвостик. Весёлая вдрызг, бросив крутобёдрую подругу, она вдруг удаляется, вихляясь и звонко шлёпая себя правой ладонью по тощей заднице. Видимо, призывное эротическое движение, внятное всем работникам здешнего нищенства. Юродствуют, но явно без благословения.

Атеист Фрейд, придумавший человеку инстинкты неисчислимые, получил бы глубокое удовлетворение прямо на площади.

✳✳✳

Наркоманию, алкоголизм и прочие зависимости лечат, но вылечить вполне невозможно, только заместить, сказал мне военный психиатр А. В., генерал-майор. Иногда, говорит, получается хорошее замещение: смертью или любовью. Сегодня утром я поняла: у сироты зависимость от идеи дома прочнее героиновой. Я больна зависимостью – *дом*. Бедствие держит крепче алкоголизма, понять и назвать беду надо было раньше. Опять передержала ситуацию, за что и получила, спасибо Господи, полный как-его-назвать, или – назовём банально – революцию. Ведь я не любила себя. Я не ушла от детства с его «руки растут из», «эгоистка», «не любишь мать, а она была чистый ангел, а он дьявол» и прочее. И все мои красавцы удалые – все равны как на подбор – делали всё то же. Св. Иона сказал, чтобы я уважала мужа. И поскольку я сама напросилась, то под сводами Богом зданной пещеры Печорского монастыря не было причин у меня не расслышать святого. Уважай. Задумалась на всю глубину. Кого уважала, кроме В., уважавшего меня? Любить несравнимо легче: принимаешь Божий дар и благословляешь случай, счастливо ласкаешь и радуешься. Ходы в уважение засыпаны золотым песком любви. Она – дар и просто так. Уважение принуждает к оценочной деятельности: красивые факты вот вспузырятся все и застынут навек в празднично-приподнятой вспученности. Корм уважения – всяческие *за что* в значении *чем* будем *восхищаться максимально объективно*. Вопрос – чему придавать исключительное значение? – сокрушителен для любви. Но святой Иона сказал именно уважай. Как будем уважать? Как в старом еврейском анекдоте *наши девочки лучше всех?* Надо поискать этимологию. Смотрю в Википедию: Кант о достоинстве личности, Мартин Бубер11: «Мир не сопричастен опыту. Он дает узнавать себя, но его это никак не затрагивает, ибо мир ничем не содействует приобретению опыта и с ним ничего не происходит». Не мог св. Иона сослаться на Канта. Я не так расслышала. Может быть, взять врачебную формулировку12. Википедия пересказывает: «Уважение — это установка по отношению к больному. Это внутреннее принятие терапевтом обстоятельств его судьбы и его жизненного статуса, то есть всей личности больного и его стратегии борьбы с болезнью.

Уважение к неприкосновенности личности (другого человека и своей) является основой развития терапевтических отношений. Особенно это относится к пациентам, страдающим тяжёлыми расстройствами[3].

Значит, я правильно заподозрила, что уважение придумано много позже, чем любовь, которая божественна.

***

Возможно, жена уйдёт от меня. Ничего, две недели побуду мрачным – и всё пройдёт. И то максимум. Две недели – много. Зачем так долго. Тупиков не бывает.

---

11 https://ru.wikipedia.org/wiki/Бубер,_Мартин#Философия – теоретик сионизма, философ Мартин Бубер, «Я и Ты»

12 Хайгл-Эверс А., Хайгл Ф., Отт Ю., Рюгер У. Базисное руководство по психотерапии

***

Уважение – земная институция, включённая в право, медицину и т. п. Огорчительно похожее удивление посетило меня, когда я прочитала историю*мировоззрения*. Попалось учебное пособие, выдвинутое на конкурс «Университетская книга», где я была экспертом в жюри, а стоял раскалённый август 2010 с его сорока тремя градусами Цельсия ночью, а у меня не было кондиционера, но я писала учебник. Я взяла пособие по мировоззрению к себе домой, в тёплую постель. То ж и сейчас: август, жара, но поменьше, а мне суют серендипитичное[13]*уважение*. Впрочем, не скажи мне св. Иона уважать мужа, мне ещё долго не пришло бы в голову, хотя разница красноречива: любовь – дар ощутимый, тёплый, крылатый, окрыляющий, действительно долготерпит и не преходит; уважение – рациональная процедура, требующая усилий, воображения, логики. Может быть, св. Иона взывал к моему сознанию? Предлагал найти пазы – где встать? Бежать стремглав никто не предлагал. Кто-то шепнул – *пусть он побегает*, но в подобной рекомендации не пахнет *уважением к личности*. Значит, св. Иона призвал меня к хитроумию, к западному взгляду, где свободная личность и её мраморные права? Быть не может. Или у него с философским образованием порядок. Или он заранее знал всё, что я тут понацарапаю. Возможно, св. Иона увидел бесполую душу больную и посоветовал мне назначить ей женскость.

А с юмором они, печорские святые.
FIN

Москва, 2018

---

13 https://dic.academic.ru/dic.nsf/ruwiki/345349 серендипити

ГАММЕР

Родился 16 апреля 1945 года в Оренбурге, на Урале. Закончил отделение журналистики Латвийского госуниверситета в Риге, автор 15 книг и 14 электронных, изданных в разных странах. Лауреат ряда международных премий по литературе, журналистике и изобразительному искусству. Обладатель Гран-При и 13 золотых медалей международных выставок в США, Франции, Австралии. Среди литературных премий — Бунинская, серебряная медаль (Москва, 2008), «Добрая лира» (Санкт-Петербург, 2007), «Золотое перо Руси», золотой знак (Москва, 2005) и золотая медаль «Лучшему автору», 2010. В 2012 году стал лауреатом (золотая медаль) 3-го Международного конкурса имени Сергея Михалкова на лучшее художественное произведение для подростков и дипломантом 4-го международного конкурса имени Алексея Толстого. Живет в Иерусалиме. Шеф-редактор и ведущий авторского радиожурнала «Вечерний калейдоскоп» — радио «Голос Израиля» — «РЭКА», член израильских и международных

ПОЭЗИЯ

союзов писателей, журналистов-художников, член правления русскоязычного СП Израиля с 1980-х годов, с середины 1990-х — Иерусалимского отделения, входит в редколлегии литературных журналов «Литературный Иерусалим», «Литературный Иерусалим улыбается» (Израиль), «Приокские зори» (Россия). Печатается в литературных журналах Израиля и других стран, переводится на иностранные языки.

ВИЗУАЛЬНОЕ ОТРАЖЕНИЕ СЛОВА №13

***

– Эх-ах!
– Та-ра-рах!
– Мы покажем скок и мах!
– Все сегодня для души.
– Спляшем, братцы?
– Да!
– Пляши!

ПОЭЗИЯ

***

– Эх-ах!
– Та-ра-рах!
– Ходит солнце в облаках.
– Дуриком таращит око.
– Эй! пройдись, браток, с прискоком,
чтоб стекла вон из окон!
– Крепче, крепче топочи,
чтоб тряслось все до ночи!

***

– Эх-ах!
– Та-ра-рах!
– Шире круг, даешь размах!
– Не жалей, братишка, ног!
С каблучка да на мысок,
а затем-ка перемену,
с каблучка да на колено,
а с колена на каблук –
у-у-х-х!

ПОЭЗИЯ

***

– Эх-ах!
– Та-ра-рах!
– Будь бойчей, коль на ногах.
– Коль сомлел, тишком лежи,
на матерых не взыщи.
Ведь они и черту даже
вынут душу, если в раже.
Ведь они для куража –
о-хо-хо! И – вон душа!

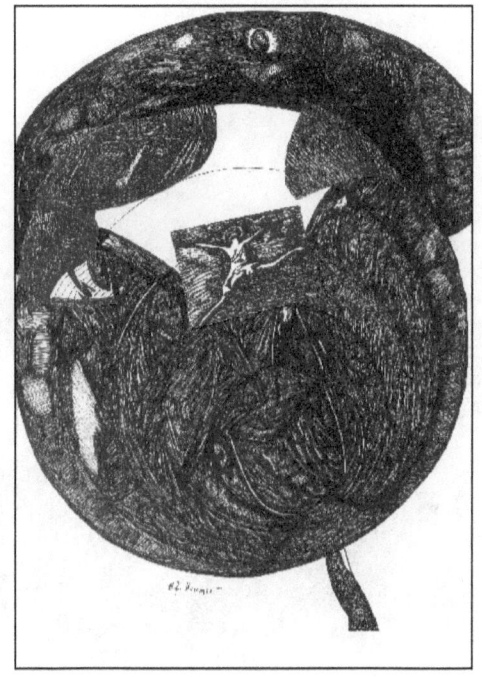

***

– Эх-ах!
– Та-ра-рах!
– Ходит солнце в облаках…

Анна ДОЛГАРЕВА

Родилась в 1988 году. Автор четырёх книг: «Время ждать» (2007), «Хроники внутреннего сгорания» (2012), «Из осаждённого десятилетия» (2015), «Уезжают навсегда» (2016). Член Союза Писателей РФ. Тексты переводились на немецкий и сербский языки. Победитель VII Международного поэтического конкурса «45-й калибр» (2019); спецпризер Гумилевского конкурса "Заблудившийся трамвай" (2019), лауреат конкурса литературной журналистики "Молодой Дельвиг" (2018), обладатель гран-при IV Международного поэтического фестиваля "Всемирный день поэзии" (2019)

ПОЭЗИЯ

***Г

Бог говорит Гагарину: Юра, теперь ты в курсе:
нет никакого разложения с гнилостным вкусом,
нет внутри человека угасания никакого,
а только мороженое на площади на руках у папы,
запах травы да горячей железной подковы,
березовые сережки, еловые лапы,
только вот это мы носим в себе, Юра,
видишь, я по небу рассыпал красные звезды,
швырнул на небо от Калининграда и до Амура,
исключительно для радости, Юра,
ты же всегда понимал, как все это просто.
Мы с тобой, Юра, потому-то здесь и болтаем
о том, что спрятано у человека внутри.
Никакого секрета у этого, никаких тайн,
прямо как вернешься – так всем сразу и говори,
что не смерть, а яблонев цвет у человека в дыхании,
что человек – это дух небесный, а не шакалий,
так им и рассказывай, Юра, а про меня не надо.
И еще, когда будешь падать –
не бойся падать.

***

Конец июля выдался дождливым,
вверху – туман, и лужицы – внизу.
В метро узбечки продавали сливы,
и базилик, и нежную кинзу.

И срезанной травой пах ветер хлесткий,
а там, где скошена была трава,
стояли тонкокостные подростки
и целовались, как гусенка два.

Укрой меня, пожалуйста, укрой же,
дай мне заснуть, согреться в тишине

под крепкою под каменною кровлей,
и за руку держать тебя во сне

в дождливом лете, в сумрачном июле,
где человеки в призрачном дыму
так сонно бродят, души распахнули,
так тянутся незнаемо к кому.

***

Я не брала с собой ни единой вещи из дома, ни крошки хлеба,
чтобы никогда не найти дороги назад.
Братья мои спят под высоким северным небом,
Братья мои неродившиеся, из небыли, из нигдебыли,
Братья-нечеловеки, здесь под камнями спят.

камушки мои да сокровищи.
потерялась и не ищи.

Я собираю прозрачные камни в море во время отлива,
первые ягоды ищу между сосновых корней,
я прохожу по желтым иголкам через бузину и крапиву,
слушаю только шум деревьев да птиц стрекотливых,
день ото дня становясь все зорче и все немей.

камушки мои да сокровищи,
не бери с собой ни единой вещи.

Так я и останусь, прозрачным камнем, деревянным
                              резным талисманом,
носовой фигурой затонувшего корабля.
В лабиринте из вросших в землю камней каждый вспомнит
свое и странное,
вспомнит заветное. С моря подступают клочья тумана.
Невозможно сладко пахнет земля.

ПОЭЗИЯ

***

когда спадет жара, наступит ночь,
тогда дорогу вдаль мне напророчь,
дорогу в свет. и сядем у костра.
от солнца так морщинисто-стара
трава, но расправляется в ночи.
я потеряла старые ключи
и возвращаться некуда. паук
бежит по стыку загорелых рук.

давай как будто это лето - не
последнее. Как будто там, в волне
большой реки мы далеко плывем,
потом сосиски жарим над огнем.
как будто будут лета - много,
но...
ну хоть одно, пожалуйста, одно.

пока мы живы, живы мы пока,
и лета не кончается река,
давай молчать и жечь большой огонь,
и жук ползет, и ты его не тронь.
пусть будет.
тоже постарайся быть,
и ветер шевелит вверху дубы.
давай же слушать ветер, пить же ром
и есть сосиски над большим костром.

***

как страшно умирать,
когда повсюду одуванчики цветут,
как желтые цыплята – там и тут,
и вот еще – сиренью во дворах
запахнет скоро.
нет, ну как тут умирать.
куда еще – вот липы зацвели,
как нежно, господи, как страшно - уходить
от влажной и вздыхающей земли,
так холодит в груди.
так нежно, господи, и так легко, легко
касаться тонких листьев абрикос,
зеленых и шершавых.
далеко
не отпускай любимых, обнимай,
поскольку в этот нежный, страшный май
никак нельзя их отпускать – а вдруг
как птицы, улетят, и не удержит
кольцо из рук,
и что тогда останется – надежда.
в тумане кажется, что человек стоит
на горке, и рукою машет, и
как будто можно подойти
(на самом деле, нет).
а все это лишь свет, небесный свет,
который заливает все пути.

ПОЭЗИЯ

***

Бежал, бежал, бежал, потом упал,
А сверху небо крыло минометом,
Земля передо мной была слепа
И пахла медом.

А я не умер, нет, не умер я,
Сказали, будто умер, но не умер,
Стал легкий, как кувшинка у ручья,
Почти бездумен.

И призывали женщины весну –
В проемах окон. Протирали окна,
Чтоб свежий ветер больше не заснул,
Трепал белья полотна.

И пели детям женщины: «Бай-бай,
Спи, милый, станешь красным командиром,
Меня забудешь, папку забывай,
Скачи над миром».

А я не умер, я лежал везде,
Расслаблен был и радостен, безмыслен,
Но кровь была в серебряной воде,
И черная земля прокисла.

Под синим небом, под жарой земной
Лежал, и облака как простокваша.
И крови на два метра подо мной.
И всё то наше.

***

Вот мертвый кот, пускай он оживет,
Пускай откроет розовый свой рот,
Оближется и двинется домой.
Пускай не будет визга тормозов,
Пусть он придет, на наш вернется зов,
И смерти чтобы не было весной.

Пусть будет солнца мякоть, мята, мед,
Как страшен и прекрасен ледоход,
Когда река – весь мир, и ты – река.
И небо сократится до цветка,
И жизнь сладка, на языке сладка.
О Господи.
Свети издалека.

О Господи, я так хочу домой,
И я иду над сморщенной водой,
И забываю: я вездешний гость,
И никакого дома у меня,
Но: солнце, лужи, ветер, малышня,
И над рекою изогнулся мост.

И если есть бессмертие, оно
Сейчас парит над площадью Сенной,
Течет, как бесконечная река.
Но все-таки: вот этот мертвый кот –
Пускай он встанет и домой пойдет,
И правда утвердится на века.

ПОЭЗИЯ

***

когда вот так: горбатые домята
и сморщенная мокрая рябина
и на полях разобранных и смятых
лежит трава, – мы помним о любимых

и так ещё от чёрно-снежных ёлок
вечерний горизонт слегка мохнатый
и на берёзах тоненьких и голых
туман и снег как сахарная вата

то мы тут ходим со своей любовью
больные ходим со своей любовью
и носимся со внутренней любовью
и производим мир своей любовью

а мир и сам гляди же происходит
горчит во рту вода листва опала
и птицы с ней взлетели в небо хоть и
укрыты мы от неба одеялом

из серого и тёплого как в детстве
из сахарного снега и из облака
а мы тут носим никуда не деться
вот это что стозевное и обло

храни тебя от чёрного пространства
от космоса голодного ночного
горячее дыханье лиса-братца
и снег и человеческое слово

***

в осажденное десятилетие не завезли любви,
по телевизору диктор, жирен и безволос,
уговаривал: мол, без паники, дескать, общество оздоровим,
дескать, кто не любит, тот менее уязвим.
говорил, потом вещание прервалось.
ныне ее выдают по карточкам,
главным образом малым сим:
детям,
калекам с перебитым хребтом,
старикам светлоглазым и тем, кто неизлечим,
иногда матерям и душевнобольным,
ну а мы, молодые, и так проживем.
проживем.
как же мы любили, раскаляясь изнутри добела,
как же тратили мы ее бездумно, когда была,
как дарили щедро прохожим и городам,
котятам, щенкам,
причудливым облакам,
людям, которые боль приносили нам.
в осажденном десятилетии, где падает черный снег,
где человек человеку хуже, чем волк, - человек,
где пытаются строить новый мир на крови,
я живу на старых запасах любви.
я пытаюсь не ненавидеть ни тех, ни тех,
улыбаться в отравленной темноте,
ну хотя бы не бить в ответ.
я не знаю, как близко я к последней черте,
я не знаю, когда я пойму, что запасов нет,
я не знаю, как долго мы сможем пробыть людьми,
но, пожалуйста, если надо,
возьми.
возьми.

Ольга КАЧАНОВА

Поющий поэт поколения 80-х, автор и исполнитель песен, член Союза писателей Казахстана, член жюри крупнейших международных фестивалей авторской песни, ведущая семинаров и мастер-классов, автор нескольких сборников стихов и рассказов, а также песенных альбомов. CD «След одиночек» Ольги Качановой и Вадима Козлова признан «альбомом года» в Казахстане. Оказавшись на окраинах развалившейся империи, Ольга Качанова активно занималась поддержкой русского языка и культуры в Казахстане. Сотрудничала с драматическим театром, писала песни для кино, руководила фестивалями и песенными проектами. Многие годы выпускала на радио и телевидении авторские программы, посвященные музыкально-поэтическим жанрам: «Песня, гитара и мы», «Под крышами Парижа», «Театр авторской песни», «Мои поющие друзья». На центральном республиканском канале транслировался «Проект Ольги Качановой» - более ста ежедневных передач о песенном творчестве.

ПЕРЕД РОЖДЕСТВОМ

Какая странная погода,
Какая странная зима...
Дома плывут как пароходы
И пароходы как дома.

И отличаются немногим
Иллюминатор и окно,
В них чувство дома и дороги
Соединяются в одно.

Проспект перетекает в пристань,
Где в предрождественские дни
Поблескивают серебристо
Домов сигнальные огни.

А меж огнями, фонарями,
Снуют, настырны и юрки,
С заиндевевшими кудрями,
Тинэйджеры как катерки.

И девушки вплывают в зиму,
Непозволительно стройны,
Переполняя одержимо
Ив Сен Лорановы челны.

А кой-кому не до Лорана,
Форсить зимою не с руки -
Бочком к бочку, катамараном,
Плывут куда-то старики.

И те, кому досталась пара,
Не замерзают в эти дни,
Двойными облачками пара
Обогреваются они.

И это больше чем искусство,
Куда важнее, чем кино,
Когда два одиноких чувства
Объединяются в одно.

И в эту странную погоду
Давай попробуем вдвоем
Пройти вне времени, вне моды,
Сквозь этот зимний водоем.

***

А год как год... Проходим мимо,
Расставив метки тут и там.
И горький опыт пилигримов
Идет за нами по пятам...
Тот опыт прост – живи в отсеке,
Где багажу и места нет,
Небесным Органам Опеки
Вручив посадочный билет.

А день как день. Взлетает Боинг,
Где всем напуганным нальют, -
То средство от фантомной боли
Давно без пошлин продают.
Здесь все для нас, готовых к бегству
И не готовых к высоте...
Небес Охранное Агентство
У самолета на хвосте.

А рейс как рейс. Проходит гладко,
Но лайнер встанет на дыбы,
Летя над маминой оградкой,
Которую подправить бы...
И в этой точке невозврата
Покаюсь я и поклянусь -

; ПОЭЗИЯ

Люби меня любовью брата,
И я сюда еще вернусь.

(Рейс Алматы-Лондон-Нью-Йорк)

МАМА

Бедное мое сердце
плачет о тебе, мама.
Вот уже и солнце село,
только мне дня мало.

Мало мне ночи душной,
год прошел - а мне мало...
Я прижмусь щекой к подушке,
вышитой тобой, мама.

А на ней цветут розы
незабудки, пионы...
Сколько я не лью слезы,
не распустятся бутоны.

Даже если слез ливень
или затяжной дождик...
Если б я была счастливой,
ты бы прожила дольше.

Ты бы прожила дольше -
вышила цветов больше.

ПРО МОЮ СОБАКУ

Мир спроектирован не так,
Как мы хотели.
Я не смогу согреть собак
В своей постели.

И предложить бездомным псам,
Большим и малым,
Нырнуть хотя б на полчаса…
На полчаса под одеяло.

Нырнуть и вынырнуть весной
Не в волчьей яме,
Не в теплой будке расписной,
Не на Майями…
Не на коротком поводке,
Не в Зазеркалье,
А в том забытом городке,
В том городке, в том Забайкалье.

Там далеко, в начале дней,
Меж сосен чахлых,
Была мне всей родни родней
Моя овчарка.
Мы с ней сидели на крыльце
Как две подружки.
Я помню на ее лице -
Ее лице! - все конопушки.

Я уезжала, лет пяти –
Уже не крошка.
Она бежала вдоль пути,
Разбив окошко
В том доме, где мы жили с ней
Весной нездешней.
Моя душа была честней,
Была честней и безутешней.

Как далеко тот путь лежит…
Уже полвека
собака старая бежит
За человеком.
А человечек вот он весь

Стоит бесправно.
И не достать ни до небес,
Ни до стоп-крана.

ЛЮБИТЕ СТАРОГО ПОЭТА

Юрию Кукину

Любите старого поэта, который любит небылицы,
он так мечтал опохмелиться,
но город наш ему не рад.
Проездом в городе уездном он все окрестности обшарил,
но больше всех ему мешали
жена и фотоаппарат.

Любите старого поэта, ему жена годится в дочки,
ведет его на поводочке, -
шаг вправо, влево, как побег,
и метит объективом в сердце, но не убьет,
подранит малость,
чтоб лучше старому писалось
назло критической пальбе.

Поэт играл когда-то в джазе, а нынче рокеров ругает
и даже не предполагает,
что через много-много лет
какой-нибудь залетный рокер, мечтающий опохмелиться,
рассказывая небылицы,
на тот же сядет табурет.

Простите старому поэту круговорот вина в природе,

круговорот вины в народе
и эту утреннюю дрожь.
Любите старого поэта, который так и не заметил,
что день был короток и светел,
на эпитафию похож.

***

Ахматова тоже болела,
Лежала, смотрела в окошко.
И пело уставшее тело,
О том, что осталось немножко...

О том, что осталось две строчки
Подправить в заветной тетрадке,
А после без всякой отсрочки
Взлететь над землей без оглядки.

Взлететь вместе с клином гусиным
Над полем, над талым болотцем,
Любя с нерастраченной силой
Все то, что внизу остается.

Ах, если бы тратиться снова....
Хотя ни к чему эти траты,
Когда остается два слова,
Две строчки до мартовской даты.

До взлета над птичьей аллеей,
Над полем, над талым болотцем...
Я тоже лежу и болею, -
На этом кончается сходство.

ОСЕНЬ В ТБИЛИСИ

В Тбилиси осень, и Кура
С утра сера и серпантинна.
Прогулочные катера
Стоят у пристани картинно.

Но мы обходим за версту
Прогулочки речные, с риском,
И к парапету на мосту
Не подступаем слишком близко.

Опоры старого моста
Уже порядком отсырели,
И, кажется, сошли с холста,
С архивных снимков, с акварелей.

И мы запечатлеть должны
Немного красоты картинной,
Но не хватает глубины
И памяти оперативной.

И трудно резкость навести,
Когда снимаешь слишком близко
Высоковольтные кресты
На фоне осени тбилисской.

И не хватает широты,
Мировоззренческого шика,
Чтобы припомнить все мосты,
Мосты – от мала до велика.

Из миллиона алых роз
Из Саперави и аджики -
Ну где еще такой вот мост
Благоуханный есть, скажите?

И поднимаясь в полный рост
Со свитками, что сами свили,
Пройдем неразведенный мост,
Небесный мост Бараташвили.

А вот и сам он над Курой
Стоит и словно смотрит в воды,
Куда заводят нас порой
Неподлинные переводы.

А подлинники так просты,
Чисты, как памяти колодец.
За нами вечные мосты
И лики наших Богородиц.

ЛЮБИТЬ СИЛЬНЕЙ

(ДЛЯ ПЕНИЯ ПОД ЛЮТНЮ)

Похолодало. Небо все синее,
Строка короче, гуще цвет чернил…
Когда ты разлюбил, люби сильнее,
Люби сильнее, чем когда любил.

Не умножай разлуки и печали,
Не ожидай, когда вернется пыл.
Люби сильнее, чем любил вначале,
Люби сильнее, чем когда любил.

Ледок уже затягивает прорубь,
И в небе отражается вода…
Когда ты разлюбил, любить попробуй
Еще сильнее, чем любил всегда.

Глотни еще разок морозный воздух,
От трезвости холодной опьяней.
Когда ты разлюбил, еще не поздно

ПОЭЗИЯ

Любить сильней, любить еще сильней.
И спустится небесная подмога,
Растопит синий лед, добавит сил…
Не оттого ли, что угодно Богу,
Угодно Богу, чтобы ты любил.

И спустится небесная подмога,
Растопит синий лед, добавит сил…
Все оттого, что так угодно Богу,
Угодно Богу, чтобы ты любил.

МЫ ХОДИЛИ СЛУШАТЬ БИТЛЗ

Мы ходили слушать «Битлз»,
Было нам семнадцать лет,
И, конечно, мы влюбились
И друг в друга, и в квартет.

У нечаянной свободы
Мы стояли на краю,
И боялись перевода
Этой фразы: «I wantyou»…

«I wantyou, Iwantyou, Iwantyou…»

Целовались на скамейке,
Обнимались, что есть сил…
«Может, все же ты еврейка», -
Мальчик мой меня спросил.

Что сказать девчонке русской,
Чтоб себе не навредить?
И мерцал под тонкой блузкой
Крестик на моей груди.

Отвечала вздохом вдовьим
И смотрела в темноту…

И прижался магендовид
К православному кресту.

«I loveyou, Iloveyou, Iloveyou...»

Сердце билось, не разбилось,
Но нарушило обет, -
Я пришла послушать «Битлз»
Через много-много лет.

Это шито белой нитью –
Запоздавший мой приход...
Мне все слышится: «Ineedyou»,
А тебе наоборот.

«Ineedyou, Inedyou, Ineedyou»...

Мы такое повидали,
Мы дожили до седин,
Говорю тебе: «О, darling,
Верю в то, что Бог един».

Сердцу биться, не разбиться...
А твое - стучит в ответ.
Я пришла послушать «Битлз»
Через много-много лет.

«I love you, I love you, I love you...»

ПОЭЗИЯ

***

Что для страны мы? Для эпохи?
Да так… не хороши, не плохи.

Мы – рядовой, расходный материал,
Которой свою прочность потерял
В боях за жизнь, за хлеб, за речь свою -
А что еще отвоевать в бою?

Одни они достойны наших дней,
Они одни нас делают сильней.
Простецкий хлеб замешан на воде,
Как наша жизнь – на песне и беде.

Мы –материал. И нас прошьют с канвой
Родной, бедовой, хлебной, речевой.
Да, нас прошьют. И к первому стежку
Иду-бреду по первому снежку.

И каждый след мой будет занесен,
Как каждый в книгу жизни занесен.
Что до страны и до эпохи –
Они как мы, ни хороши, ни плохи.

МУЗЫКА ВНУТРИ

Если честно разобраться, не листая словари,
Надо, братцы, опираться лишь на музыку внутри.

На такие интервалы, нисходящие как снег,
Те, что мама напевала, вышивала в полусне.

И не в том, конечно, дело, будь ты гений или нет...
Лишь бы песенка летела, будто бабочка на свет.

И не в том, как ты играешь, и не в том, как ты поешь.
Дело в том, как ты вбираешь. Дело в том, как отдаешь.

Ведь такое может статься, что погаснут фонари,
И придется пробираться только с музыкой внутри.

А когда мы доберемся до ферматы-тишины,
Вот тогда и разберемся, для чего мы рождены.

Геннадий

КАЦОВ

Р русско-американский поэт, писатель, эссеист, литературный критик, журналист, теле- и радиоведущий. В 1980-х был одним из организаторов легендарного московского клуба «Поэзия» и участником московской андерграундной литературной группы «Эпсилон-салон». С 1989 года живёт и работает в США. Стихотворения опубликованы в энциклопедической антологии «Самиздат века» (1997), в самиздатских «Митином журнале» и «Эпсилон-салон»; публикации в журналах «Звезда», «Знамя», «Дружба народов», «Октябрь», «Нева», «Интерпоэзия», «Новый журнал» и многих других. Член редколегий журналов «Времена» (США) и «Эмигрантская лира» (Бельгия). Автор 7 поэтических сборников, поэтического альбома в жанре экфрасис «Словосфера», и сборника стихов, прозы и эссе «Притяжение Дзен». Лонг-лист «Русской Премии» (2013, 2014), шорт-лист Волошинского Конкурса (2014), лауреат премии журнала «Дети Ра» (2014) в номинации «Поэзия». Учредитель литературно-музыкальных вечеров в нью-йоркском музее им. Николая Рериха (сезон 2016–2017). Вместе с супругой Рикой Кацовой осуществил международный литературный проект «70» (2018), посвященный 70-летию Государства Израиль.

ПОЭЗИЯ

ЖИЗНЬ СВЕТОФОРА УДАЛАСЬ

КРАСНЫЙ

***

всякий раз просыпаешься от немоты,
в сновидениях мир обретает черты:
каждый контур – что твой не анфас, так профиль,
и водитель маршрутки с твоим лицом,
даже курочка-ряба с твоим яйцом,
да и город с названием Г.Кацов –
из песочных чертогов, воздушных дворцов,
где не нужен бетон и прокатный профиль

там, во сне, те же недруги и друзья,
всё, что можно, и всё, чего там нельзя –
сразу знаешь, едва ты припал к подушке,
там отдельно есть свет, и отдельно - тьма,
и сума, и товарка её – тюрьма,
и внезапно проснувшись, там стонут «ма!»,
чтоб в кошмарах ночных не сойти с ума,
ибо не по телам там тоска – по душам

ибо времени там, до рассвета, в обрез,
сон твой – явь им, а дальше – с банальными «бес»:
бесконечность, да вера в твоё бессмертье…
громко капает в кране всегда вода,
так же там говорят: «я с тобой навсегда!»,
не внимая тому, что проходят года,
и когда «навсегда» наступает – тогда
в гроб кладут, как обычно, без мерки

их, оставленных, жаль, и случается так,
что какой-нибудь шорох, сиянье, пустяк
сон напомнит – и ты пожимаешь плечами,

а бывает, что тень разглядишь на стене,
словно кто-то знакомый из царства теней
робко машет оттуда рукою – извне,
там забытый, и вдруг приближаясь ко мне,
произносит, что здесь мы ещё не встречались

***

морозный звук замёрз в воде
что льдинкой на ветру повисла
в седой из веток бороде
листвой покинутого смысла

и он безмолвен в декабре
от низкой взял температуры
уменье строить в словаре
из букв застывшие фигуры

он в окруженье тишины
в её возможно середине
и от него удалены
моря и тундры и пустыни

планеты небосвод и тот
кто в марте как пацан дворовый
себе положит льдинку в рот
и снова отогреет Слово

ПОЭЗИЯ

***

Не тревога, а звуков кромешный базар за окном,
За стеклом – серый снимок рентгеновский с ветками
рёбер:
Город ночью не спит, отражаясь в воде кверху дном,
И впадает к утру в океан тенью от небоскрёба.

В ней плывёт пассажир. Его замысел тысячи лет
Был невнятен и чётче не стал после пыток роддома –
То ли тот, кто ведёт его, в долгой дороге ослеп,
То ли сам он себя потерял по пути, как ведомый.

Освещает заря, *как* забыт в ранний час пассажир,
Словно зритель его наблюдает, слепя свето-тенью:
То ли к смерти плывёт, свою жизнь до секунды прожив.
То ли жизнь до секунды прожив, в свой плывёт день
рожденья.

***

школьницы проходят, от смеха давясь
ветер над кульком демонстрирует власть
жизнь светофора удалась
двоясь в витринах, машины плывут
ты другим не узнаешь себя наяву
в снах тебя иначе зовут
кончился завод у водосточных труб
вслух, в безмолвии: «в порошок сотру»
снег выпадает к утру
выпадает: «к чему замерзает вода?»
и столбам зачем, цепляясь за провода
лезть неизвестно куда
«мойра, кидай!», покидай в конце
виснет морщинами смех на лице
кто там стоит на крыльце?
до фонаря улице, куда ты и с чем
в яблоко глазное заползает, что червь
и веко моргает вотще

JETLAG[1]

ни зги, ни жив, не лги – ни мёртв
поют сирены за окном
и ночью «Боинг» в сотни мётл
летает с ведьмой заодно

не суть – где верх сейчас, где низ
шесть лун в костяшке домино
стучат так твёрдо о карниз
как будто ветками в окно

не спи – спи, не смыкая глаз
ты обнаружишь, что в стене
есть круглый непролазный лаз
из комнаты твоей – вовне

мышей летучих в нём полёт
и вдоль дорожки лунной писк
но если кто-то позовёт
ты не тянись туда, не спи

не спи – ты знаешь, что и как
ночных овец считать начни
а как дойдёшь до пастуха
то лучше не общайся с ним

ни зла вблизи нет, ни добра
ни зги – потерян овцам счёт
Вдали, за морем серебра,
Судьба черешенкой растёт.

---

[1] Jetlag (джет лег) – синдром смены часовых поясов, дискомфорт после перелёта на большие расстояния, разница во временных поясах

ЖЁЛТЫЙ

***

Коль листва облетела, и туча сливается с кроной –
Через них птичий клин пролетает, и сонные звёзды
В лунном свете глядят, как на ветке качается Хронос,
Осветляя к утру по краям отуманенный воздух.

Опускается ртуть и всё уже сжимается месяц,
Пробуждается в колбе алхимик и клён оловянный,
В серебристой росе – превращает кочующий Мессинг
В слиток золота, в суть вещества из восточных Диванов.

Время движется вспять на рассвете, корою бурея,
Поджигая предвестья сугробов осеннею охрой:
Два последних грача, будто после погрома евреи,
Перед тем, как взлететь, на прощанье трагически охнут.

Пустоту время года данайским подарком приносит –
Сколько хватит, в охапку сосулек-разлук набери, но
Продержись, ведь с зарёй, даже если закончится осень,
Хронос, с ветки склонившись, на небо наносит белила.

INDIAN SUMMER[2] НА БРУКЛИНСКОЙ AVENUE M

В душном воздухе яблоки преют
на кошерных лотках от Glatt Mart'а:
все индейцы из бруклинских прерий –
в аккуратных кипах, сплошь не марких.

Их подруги, скрывая телесность
в длинных платьях, трясут париками,
так привычно толкая тележки,
будто так же толкали веками.

За индейками – в пейсах, похожи
друг на друга и мал мала меньше,
с шумом валит толпа краснокожих:
Бени, Ури, Ароны и Мойши.

А за ними – их сёстры в чулочках,
в длинных платьях: пусть мамы пошире,
но, как клоны, похожи их дочки –
Ханы, Сарры, Рахили и Ширы.

И какое здесь тысячелетье,
и названье местечка, в котором
им молиться – неважно, их дети
лишь бы чтили Субботу и Тору.

Консерваторы и либералы
делят гений свой пусть со злодейством,
но налив «Манушевич» в бокалы,
Трубку мира раскурят индейцы.

Если всё это им отзовётся
(в век гарантий мир, всё же, знакомый)
то придётся менять на сиротство
снова чувство привычное дома.

---

[2] Indian Summer – Индейское лето, в Америке тот же период ранней осени, что Бабье лето в России

• Геннадий Кацов

ПОЭЗИЯ

***

ангина – и начальных классов
лежит в постели ученик
его негаданный двойник
в провале зеркала возник
сюда попав зеркальным лазом

он смотрит молча в тишине
квартиры, взрослыми забытой
и выглядит предметом быта
но тем страшней в окне избито
январский фон за ним синел

за ним тянулись новостройки
и провисали провода
и снегом мёртвая вода
сквозь зеркало вошла сюда
сугробом горбясь перед койкой

стояла липкая жара
тёк пот, температура сорок
по градуснику, – тот, который
был отражён, в тьму коридора
прошёл и шумно там играл

раздался звук упавшей шпильки
в прихожей загорелся свет
больной подумал, что в обед
вернулась мама... вовсе нет
в окне всё падали опилки

ПОСЛЕДНЕЕ ВОСКРЕСЕНЬЕ МАРТА В ЕВРЕЙСКОМ РАЙОНЕ МИДВУД

Утром *задний* водитель *переднего* вслух упрекает,
Мол, не следуешь правилам! И поражает сигналом
Так убийственно громко, так слепо и часто, как Каин,
Много раз проколов тело брата, – и всё было б мало.

Так сложилось: застыв на «зелёном», столетняя «хонда»,
В ожидании, видно, Машиаха, у магазина
Загружалась покупками и не давала прохода
Тем водителям сзади, терпение чьё – не резиновое.

Вдруг в сей Мидвуд-трагедии – глас среди ясного неба:
«Отпустила бы, как фараон из Египта, народ мой!»
И о том же сказал рядом с «хондой» паркующий ребе
Звучно так, что жена оглянулась старьёвщика Лота.

***

День поздней осени. Растерян,
раскаяньем парк бредит поздним,
и, сдав одежду, все растения
угрюмо стынут в преисподнем.

Им слышится: в дороге дальней
немая ночь, без птичьих трелей
рассвет – с приказом, свыше данным,
об их немедленном расстреле.

Под выстрел грома, вспышки молний –
Вдруг время года наступает,
Когда, белеса и безмолвна,
Покроет синь пространства память.

Когда тела сугробов павших
Уже не выдыхают пара –
И между ними ангел падший
Бредёт. Как видно, ищет пару.

ЗЕЛЁНЫЙ

ТРИНАДЦАТОЕ

Среди застреленных, чьи тела не плачут и не стонут,
Среди раненных, ещё не знающих о своей участи,
Над разбухшей от крови сумочкой от «Луи Виттона»,
Неподалёку от разорванной пулями блузки от «Гуччи»,
Над осколками кафеля в остывающем луковом супе,
В прогорклом от пороха густо задымленном воздухе,
Возле сгустка на полу, расплывшегося словно под лупой,
Посреди причитаний барменов и чьих-то возгласов, –

Восходит медленно, млея от счастья, его душа,
Озираясь по сторонам и в везенье своё до конца не веря,
Бережно, как родитель новорождённого малыша,
Проносит себя под потолком, затем исчезает за дверью
В том направлении, где должна быть Джанна, где ждут
Черноокие нежные гурии – и в преддверии жарких объятий,
Видит небо, как чёрное зеркало, как над миром зависшую
                                                           жуть,
Отразившую трупы и с дюжину красным сочащихся пятен.

НАЧАЛО ОБЫЧНОГО ЛЕТНЕГО ДНЯ

Не столь мужи мудры, сколь молчаливы.
В Дамаске сталь, у мумий гизский битум.
Вновь урожай несобранной оливы
Зачтёт земляк-Мидас себе в убыток.
Персидские ковры и крик павлина
На утренней террасе. Воздух полон
Сопрано женским в песне муэдзина,
Прошедшего, знать, курс по смене пола.

Халиф ещё не встал, и в Халифате
Наложницы, заложники, солдаты
Спят – кто в темнице, кто в своей кровати,
А крупный и не очень, но рогатый
Домашний скот пасётся произвольно,
Трава растёт, с рассветом тени чётче,
Светило, как Аллаха верный воин,
Восходит в небо к гуриям почётно.

По древним повестям про Насреддина,
Что с возрастом, как вина, хорошеют,
На пустыре снимается картина
О том, как рубят и кромсают шеи
Неверным – мнут, ломают, разрезают;
Они – смерть принимают. До намаза
Успеть бы. И недалеко коза им
Проблеет, строя глупые гримасы.

ПЯТНИЦА, 13-Е

Наливая напиток, созвучный с Charlie Hebdo,
Чей букет, как напел сомелье, был Бальзаком отмечен,
Под загадочным знаком amour в этот пятничный вечер
Мы гарсона Гаскона попросим зажечь заодно,
Раз читатель уж ждёт обязательной рифмы, – свечи.

Paris Combo всё также звучит, и в углу теплей,
Как казалось тогда и теперь, и парижский особый
В этом сказочном месте есть шарм, запах лука и сдобы,
Что достаточно, чтобы отметить здесь наш юбилей
За всё тем же оранжевым столиком, иль подобным.

За наш вечер! Салют! Хорошо, что нельзя, ma chère,
Ничего изменить: ты с годами прекрасней, я – старше,
Если б мог сочинять, каждый день посвящал тебе стансы,
Ведь я всё же великий поэт, как ты знаешь, в душе,
И таким же великим, не смейся, в душе остался.

Да, конечно, другая страна: Liberté совсем
Довела до того, что звучит алькоголь по-арабски,
От своих же идей, извини за брюзжание, в рабстве,
Мы сегодня, хоть Fraternité из предложенных тем
В этот вечер не самая лучшая, но дурацки

С автоматами выглядят двое у входа – ведь
Хэллоуин завершён, так что сбросить костюмы пора бы.
Я совсем не расист, но зачем с автоматом арабу
Разрешать заходить в ресторан? Voila! Мне ответь:
На закуску возьмём Escargots de Bourgogne или краб…

МЕСТО КАЗНИ

Своих жертв выводили на пустырь утром рано
В комбинезонах по цвету Звезды Давида,
Перед тем, как обезглавить, снимали на видео,
За спиной вслух зачитывали суры Корана.

В униформе: штаны до середины лодыжек,
Без карманов чёрные, навыпуск, рубашки, –
Привычным движением, как режут барашка,
По горлу – и туша, обмякнув, не дышит.

Клочковатобородые – слуги традиций,
И затем, чётко помня свои ритуалы,
Пальцы вымочат в тёплом, еще светло-алом,
Что, по книгам священным, совсем не водица,

Но такая же жидкость – она помогает
Извлекать звуки разной длины и накала,
Если смоченным пальцем, как по краю бокала.
Только музыка с кровью другая. Другая.

Впереди долгий день, но в нем зрителю места
Больше нет – контур тихой мелодии хрупок,
И водя по краям обезглавленных трупов,
Подпевают себе музыканты оркестра.

Борис КОСТРОМА

Врач-анестезиолог по профессии, Борис Кострома родился в Москве. Воспитывался в детском доме. Закончил 1-ый мединститут имени Сеченова. Служил военврачом. Стихи начал писать в детстве. О своем творчестве говорит сдержанно: "Я всегда очень любил играть со словами. Перестал писать после переезда в Америку. Наверное, потому, что исчезла потребность. Возможно, и потому, что появились другие увлечения: компьютер и путешествия. Исколесил всю западную Европу вдоль и поперёк. Обожаю Тоскану. Летом текущего года захотелось писать опять... Я сам очень люблю фривольную лексику и часто использую её в своих опусах. Но то, что произошло с языком в России, вызывает у меня ощущение глубокого шока. Возможно, это естественная эволюция языка. Но почему в сторону "фени"? По-видимому, мои стихи - это попытка вступиться за поруганный "великий и могучий". Довольно неуклюжая, но чем богаты... Почему не публиковался раньше? А зачем? У меня лишь несколько кумиров в поэзии, но они недостижимы: Блок, Пастернак и Цветаева. Мои стихи ничего не добавляют к тому, что я есть. И, вообще, они не обо мне. Для меня это способ перевести подспудные эмоции в сферу сознания и, таким образом, избавиться от них".

Последние 20 лет автор, чье творчество мы представляем широкому читателю впервые, живёт и работает в Нью-Джерси, США.

ПОЭЗИЯ

***

Я плыву на плоту
        по изгибам языческих рек
И горланю стихи,
        произвольно меняя слова.
Самодельный браслет
        я использую как оберег.
«Диалогом про пир»
        разжигаю сырые дрова.

Как библейский пророк,
        я по пояс зарос бородой.
Вместо пресных акрид
        поедаю малину с куста
И дорогой волхвов
        тороплюсь за восточной звездой,
Зная, что не смогу
        прикоснуться к пелёнкам Христа

***

Я в Сан-Джиминьяно верначу лакал
Под солнцем
Тосканы.
И спьяну интимные струнки искал
У знойной
Роксаны.

Едва ли она понимала меня,
Такого
Бухого,
Но таял барьер, растворялась броня
В бокале
Сухого.

Тосканское солнце мне шею пекло,
Троилось
На вилке,
Сливалось с вином, проходя свозь стекло
Зелёной
Бутылки.

И если забыть про кирпичный гараж
И морду
Машины,
То нас окружал ренессансный пейзаж
С ожившей
Картины.

Над дверью таверны пестрел образок,
Скрипели
Качели...
Казалось, что выполнен каждый мазок
Самим
Боттичелли.

Мне грезились плющ, обвивавший столбы
Вдоль мраморных
Лестниц,
Парчовые платья и бритые лбы
Тосканских
Прелестниц...

Я между веками протягивал нить,
Почесывал
Темя
И тщетно надеялся остановить
Бегущее
Время.

; ПОЭЗИЯ

***

Дон Алонсо Кехано,
Деревенский простак.
Ты строка из романа,
Ты забавный пустяк.
Ты ведь даже не пешка
На доске мудреца,
Ты всего лишь усмешка
На лице хитреца.

Брось копейное древко,
От души позлословь,
Знай, тобосская девка
Не подарит любовь.
Целый день отработав,
Донья рухнет в кровать,
А на старых задротов
Дульсинее плевать.

Грустный росчерк таланта,
Стань весёлой строкой.
Расседлай Росинанта —
Кляче нужен покой.
Хватит умных речений,
Возвращайся назад,
Не ищи приключений
На морщинистый зад.

Ржавый таз брадобрея
Скинь с высокой горы —
Мир не станет добрее
От дурацкой игры,
Волны лжи и коварства
Не покатятся вспять...
Лучше — выпить лекарство
И немного поспать.

***

Я много лет хотел поехать к морю,
И вот однажды, как в чудесном сне,
Оно решило осчастливить Борю
И, щедрое, само пришло ко мне.

Конечно, я напуган был вначале,
Ощупывал одежду с мандражом.
Мне повезло. Они не подкачали.
Ни плеск волны. Ни уретральный жом.

Итак, оно однажды окружило
И принесло счастливый раскардаш.
И часть моей свободы одолжило –
Но ведь за счастье даже жизнь отдашь.

Я, как дельфин, играю на просторе:
Плыву, ныряю, над волной лечу…
И слышу визги: "Боря, выйди с моря!"...
Но выходить из моря не хочу.

***

Я подъезжаю к перепутью,
Читаю надпись, не спеша,
И беспросветно чёрной жутью
Переполняется душа.

Грузить деталями не буду,
Но, смысл пророчеств упростив,
Я вижу, гибель ждёт повсюду
И никаких альтернатив.

Не для того меня рожали!
Какой же мудрый носорог
Кладет замшелые скрижали
У перепутья всех дорог?

ПОЭЗИЯ

Не верьте сказочному бреду,
Встречайте Новую Зарю!
Пожалуй... я назад поеду
И жизнь с начала повторю.

***

Что-то хочется эротики,
Жару хочется поддать.
Кольца-брошки, шляпки-ботики,
Силиконовые ротики –
Попрошу не предлагать.

Испытать Земли вращение,
Ощутить фотона вес.
Я желаю извращение,
Я хочу деликатес.

Дайте мне словечки разные.
Дайте хоть на полчаса
Эти низменные грязные
Непотребные отвязные
Нежные благообразные
Кружевные словеса.

Хоть чужие, хоть известные,
Что звучат со всех сторон.
Дайте мне лексемы пресные,
Дайте сочный омофон.

Я сложу их в ларчик кованный,
Размешаю в кутерьму
И затем, как зачарованный,
Буду брать по одному.

Испытаю грусть особую,
Осознав, кого люблю,
А потом на зуб попробую
Или... дырку просверлю.

***

Ты утром покидаешь здание
Моих многосерийных снов
И все основы мироздания
Вновь потрясаешь до основ.

Ты каждый день меняешь облики,
Но я мгновенно узнаю
Твои следы на белом облаке
И поступь легкую твою.

Ты можешь быть девчонкой слабою,
Дриадой в солнечном лесу,
И даже – рОковой бой-бабою,
Надевшей кожу и джинсу...

Все эти дивные истории
Хочу прожить, пока живу.
Но снов и жизней траектории
Не совпадают наяву.

ПОЭЗИЯ

ЧУДАКОВАТЫЙ ПИРАТ

Пират не должен быть пижоном!
Я неприятно поражён…
Его зовут, конечно, Джоном,
Он даже выглядит, как Джон.

На нём тельняшка от Армани,
Нога обута в Хьюго Босс,
И сквозь прореху на бандане –
Клок хной окрашенных волос.

Как символ звонкой оплеухи
Воображению юнцов, –
В пробитом дыроколом ухе
Висит цепочка для часов.

Но, в главном, он, пожалуй, точен:
Небрит, умеренно чумаз,
Его язык бодрящ и сочен,
Он одноног и одноглаз.

Глазищем чёрным, как галчонок,
Как голенище сапога,
Всех окружающих девчонок
Он раздевает донага.

И, выбрав сдобную молодку,
Ей предлагает леденцы,
Затем впускает нас на лодку
И чинно отдаёт концы.

*

И… мы плывём над знойным летом,
Веслом кромсая облака,
И каждый хочет быть поэтом
На шхуне Джона-чудака.

Он правит прочь от пошлой суши.
Туда, где Радость и Покой.
Он направляет к Свету души
Своей уверенной рукой.

Мы постигаем сущность моря,
Воды и неба круговерть.
Джон, разве есть на свете горе?
Джон, разве существует смерть?

Мы видим Джона нашим мэтром,
Лучом прозрения во тьме.
И счАстливо играет с ветром
Веселый Роджер на корме.

*

Звонок! Конец аттракциона.
Мы говорим ему: "Прощай"
И удаляемся смущенно,
Оставив что-нибудь на чай.

*

А ночью, лежа на кушетке
И разомлев от очага,
Пират храпит, как буйвол в клетке,
И рядом спит на табуретке
Его железная нога.

ПОЭЗИЯ

ОДИНОКИЙ ВОЛК

*«Ты – молитва лазурная,
Ты – пустынная тишь,
В это небо безбурное
Молчаливо глядишь.»
(А. Блок)*

Все обиды мои и страхи
Я по пунктикам помяну
И с помоста старинной плахи
Тявкну жалобно на луну.

Чтобы сетовать полной грудью,
Мне «пустынная тишь» нужна,
А московскому многолюдью
Так несвойственна тишина.

Пусть не делает это чести
Вольным доблестным племенам,
Я тоскую на Лобном Месте,
Озираясь по сторонам.

Все собратья ушли на небо,
Смертью взятые на бегу,
Я – один и за корку хлеба
Душу волчью продать могу.

МОИ СТИХИ (ТРИПТИХ)

ЗАЧАТИЕ

Шальная радость озарения,
И зоркость внутреннего зрения,
И чей-то возглас одобрения
Сегодня встретились во мне.
Не опасаясь повторения,
Я вновь пишу стихотворения
И в миг духовного горения
Сжигаю душу на огне.

РОЖДЕНИЕ

Как поселянин перед жатвой,
Проснусь до первых петухов
И окаймлю сапожной дратвой
Основу будущих стихов.

Затем, для пущей правды жизни,
Вплету краюху калача,
Сивушный привкус первача,
И грусть по лапотной отчизне
Под крик весеннего грача.

Добавлю в ткань боренье духа,
Тяжелый груз прошедших лет
(Литературная межпуха
Оценит этот пируэт).

Не в силах с искусом бороться,
Полью миазмами котов...
Читатель, принимай уродца!
Он к встрече с публикой готов!

ПОЭЗИЯ

ВОСПИТАНИЕ

Мои стихи, мои больные дети,
Я никогда вас не водил к врачу.
Я не желаю быть за вас в ответе,
Но и в приют отправить не хочу.

Живите на краю моей судьбины,
Отца благословляя и браня,
А как – прогнувшись или выгнув спины –
Решительно не трогает меня.

Я не сумел вам дать и пару сотен,
Я в вас вложил лишь то, что смог постичь –
Вокабулы московских подворотен
И местечковый говор Брайтон-Бич.

Не поднимайте руку брат на брата,
Дружите и забудьте поскорей
Эвтерпу, Калиоппу и Эрато –
Трех ваших никудышных матерей.

Простите непутёвого папашу...
И, чтобы в прозу жизни не уйти,
Варите галактическую кашу
На простокваше Млечного Пути.

БУРАТИНО

Наспех сделанный из полена,
От макушки до башмаков,
Я надеялся вожделенно
Отыскать Страну Дураков.
Где посеянная монетка
За ночь вырастет в капитал,
И смешная марионетка,
Как роскошная статуэтка,
Гордо встанет на пьедестал.

Жизнь другим раздаёт награды,
Время катится под уклон.
Наш Пьеро – гражданин Канады.
Умер в сытости Артемон.
Процветающая Мальвина
Красит кобальтом седину.
Не обласкан лишь Буратино,
Но древесная сердцевина
Не даёт мне пойти ко дну.

В плоском мире сосновой чушки
Выделяется только нос,
Ведь Джузеппе, снимая стружки,
Всё подбрюшие напрочь снёс.
Нити, вытянувшись, провисли,
Стали сдержанными слова,
Чувства с возрастом подзакисли,
И фильтрует шальные мысли
Деревянная голова.

Деньги, девочки и свобода –
Философская болтовня.
Я – имущество кукловода,
Папа Карло пропил меня.
Я ещё не привык к разлуке,
Но сочувствия не прошу...

В балагане смолкают звуки.
Я, безвольно раскинув руки,
В реквизитном шкафу вишу.

РОДИТЕЛЯМ

Вот так они, счастливые, и жили.
Детей рожали. С Бахусом дружили.
Легко сжигали собственные жизни
На алтаре служения отчизне.

Пускай людская жизнь ценилась мало,
Отчизна эти жертвы принимала.
И, завернув свой стан в гранитный пеплум,
Дорогу в Вечность удобряла пеплом.

СТРАСТЬ

Мы не делимся на части.
Наши узы не порвать.
Первобытной силой страсти
Приковала нас кровать.
Мы почти вросли друг в друга,
Странно выглядим извне,
Но пульсируем упруго
В предрассветной тишине.

Мы не ведаем покоя.
Нам антракты ни к чему.
Мы – двуглавое «такое»,
Неподвластное уму.
Мы с одеждой сняли маски,
Позабыли важность слов –
Только стон в ответ на ласки
Выползает из голов.

Горько-сладок, как лекарство,
Бесконечный поцелуй.
Фея ночи, ты не царство,
А блаженство наколдуй.
Если нужно, чистым ядом
Наши души отрави,
Лишь дозволь остаться рядом
И свихнуться от любви.

***

Я в безбрежной любви купаюсь
И, внезапно коснувшись края,
Миллионом брызг рассыпаюсь,
На мгновение умирая.

А потом – вижу небо в звёздах
И опять среди звёзд порхаю.
И вбираю любовь как воздух,
Каждой клеткой её вдыхаю.

Анна **МОРКОВИНА**

Родилась в Саратове. В 1990 году окончила филологический факультет Саратовского государственного университета им. Н.Г. Чернышевского по специальности «журналистика». Публиковаться начала ещё в студенческие годы преимущественно со статьями о культуре, театральными рецензиями.

С 2002 года - главный библиотекарь Саратовской областной библиотеки для детей и юношества им. А.С. Пушкина, заведующая Пушкинским сектором и художественный руководитель библиотеатра «Лукоморье». Член Союза журналистов и Союза театральных деятелей России, член Международной гильдии писателей (МГП). Стихи, статьи и сценарии Анны Морковиной публиковались в периодических изданиях Саратова, Новокузнецка, Уфы, Москвы, в альманахах «Содружество» (Болгария) и «Австралийская лампада». В 2014 году она стала победителем «Заплыва поэтов» на Волошинском фестивале (Коктебель). Автор сборников «Занятия не по расписанию» (2007) и «Я желаю тебе открывать острова» (2018). На стихи Анны написаны несколько песен и романсов А. Конаныхиным, Е. Мелёхиной, Л. Липатовой, М. Симоновой и другими.

ПОЭЗИЯ

***

Уходят под воду таинственно страны,
Былые восторги, былые обиды…
Конечно, романтики выглядят странно, –
Но знаю, что есть на земле Атлантида.

Укрыл океан неземные чертоги,
Следы колесниц, поцелуи влюблённых,
Всё взял Посейдон. Как завидуют боги!
А люди всё верят и ждут напряжённо.

Поэты, художники верят, как дети,
Что время придёт и найдётся пропажа,
И вновь запускают незримые сети
Из яви и снов за прекрасным миражем.

Ведь ты, Атлантида, меня не обманешь?
О, как человечество ты будоражишь!
Другим поколениям сказку расскажешь,
Налётом серебряных слов покрываясь…

В.С. ВЫСОЦКОМУ

Человек с особым зреньем,
человек с особым пеньем,
живший с явным нетерпеньем
правду всю нам рассказать,

и с позицией гражданской,
а не утешитель дамский…
Переулочек Таганский
нас к тебе ведёт опять.

И в театре, и в музее
вьются те же ротозеи,
о которых пел ты злее:
в жизни много дурачков!

Пел на сцене, на арене,
не вставая на колени –
это было откровенье,
жизнь без розовых очков.

В каждой роли был собою,
не заигрывал с толпою,
говорил нам всем такое:
вынимая сердце вновь:

«Отворите ваши души!»...
Ты – и Гамлет, и Хлопуша,
Потрясённый зритель слушал
И про смерть, и про любовь.

Как про братские могилы
И про горы петь вполсилы?
Как без смеха петь про пошлость?
Совесть будет ли терпеть?!

Нет, ты не был равнодушным
Ты б не стал, обняв полушку,
В переполненной психушке
Телевизоры смотреть.

Смерть подкралась тихо сзади,
не спасла Марина Влади…
Изданы уже тетради,
кончен прерванный полёт…

На Ваганьково, с цветами,
Будешь ты навеки с нами…
С распростёртыми крылами
Твоё творчество живёт!

ПОЭЗИЯ

***

Ты приснился сказать мне, что я неправа.
Пусть историю нашу рассудит трава,
дождь с небес, ветра стон или солнечный свет...
Ну, а может быть, спора давно уже нет.

***

Человек, превратившийся в памятник,
Ставший символом нашего города...
Мы друг к другу идем на свидание
Мимо церкви и консерватории.

Смотрит вдаль Николай Гаврилович,
Изучает Арбат саратовский.
За спиной его стадион шумит,
Где собор Александра был Невского.

Вспоминает он Ольгу Сократовну,
Даму с отчеством древних философов.
Эрудированного священника
И редакцию «Современника»...
Время в тонких очках отражается,
Руки скрещены независимо.
Но «Что делать?» – вопрос не решается
Ни в столичных кругах, ни в провинции.

***

На отуманенном стекле
Я нарисую нечто.
Ты спросишь: «О? Быть может, Е?»
А я скажу: «Конечно».

«На отуманенном стекле...»
Красивая цитата,
Как сказка о добре и зле, –
Я в ней не виновата.

Сошла с рисунка Кузьмина
Татьяна: шея, локон.
Запечатлел на времена
Ее поэт у окон...
И вот туманный Альбион
Взглянул поверх крылатки,
Героя запечатал он
Льдом розовой облатки.

Он расшифрован – и спасен,
Оправдан – и свободен...
А нам всё тот же снится сон,
Ведь Пушкин вечно в моде.

ПОЭЗИЯ

ДОМИК НАЩОКИНА

Дарит Павел Александру
В память дружбы неразлучной
Домик дивный, филигранный,
Чтобы жизнь была не скучной.

Пусть хотя бы в этом мире,
Здесь, в игрушечной квартире,
Клеветы и зла не будет
И гостят подолгу люди.

Клавикорды и бильярды,
Лампы, лестницы и ширмы –
Все, как есть, в миниатюре
Сочинили ювелиры.

Красный дуб не пожалели
И хрусталь для безделушки,
Чтоб, забыв свои дуэли,
Веселился взрослый Пушкин.

***

Трагедий нету маленьких,
Нет горя мелких порций –
И Гость приходит Каменный,
И умирает Моцарт.

И пир, чумой приправленный,
И в посвисте метели
Пустеет бал, оставленный
Убитым на дуэли.

Прощай, задира-мученик,
Игрушка злых наветов,
Оставивший – по случаю –
Весь мир, тобой воспетый.

ПУШКИНСКОЕ БОЛДИНО

Неприметное Болдино,
Словно яркая искорка.
Это – малая Родина
Поэта российского.
Удивительно скромное,
Но опрятное, чистое,
По-крестьянскому доброе,
По-сентябрьски лучистое.

Здесь писал по-особому,
Испытав вдохновение,
Человек, заслуживший
Званье русского гения.

С этих кленов и вязов
Небывалый оброк
Он собрал – многоцветье
Поэтических строк.

Трижды был здесь, как в сказке,
На отцовской земле.
Только с мукой и лаской
Думал он о семье.

Вот бы здесь поселиться
С Натали и детьми!
Не пускает столица
И архивы в пыли.

Пугачевская тема
Емка и глубока.
Не стихи, не поэма –
Все тверже рука.

ПОЭЗИЯ

По дорогам ненастным
Возвращается он,
На короткое счастье
Судьбой обречен.

И останется в памяти
Благодарных потомков
Золотая усадьба,
Ропот кленов негромкий.

***

А я читаю Мопассана
и вспоминаю, как ни странно,
московский садик «эрмитаж»
и оснеженные решетки,
того актера профиль четкий,
потом – в театре бельэтаж…
Колючий сумрак расставанья,
и долгий взгляд, и на прощанье
пожатье слабое руки…
Потом – перрон, вагон морозный…
всю ночь от нас бежали звезды
и городские огоньки.
Теперь же пасмурное лето,
и ярко-рыжая планета
всю ночь отражена в воде
и дразнит апельсинной коркой.
И ставни со скрипящей створкой,
и обнаженное плечо…
Но чуда нет – ему не сбыться…
которую уж ночь не спится,
и Мопассан тут ни при чем.

***

Пространство на сердце
поросло травой и рыжей ржавчиной.
А воздух тепл и свеж, и полон самыми
прозрачными литературными ассоциациями.
«Липки» закрыты. Ключ еле поворачивается,
скрипя в воротах,
ну и бог с ним, а я иду по обочине,
                  кромкой серого снега,
            дыша этими эмоциями,
этими встречами,
и этой радостью. Белые дождевые облака
            на синем небе подергиваются
сизым пеплом,
совсем не похожим на полотна Рене Магритта.

***

Синий краб свой надевает панцирь
И уходит боком, по-английски.
Заключенный обживает карцер,
А мажор потягивает виски.
Не спеша, вразвалочку, бродвеем
Или старой улочкой затертой
Мы идем друг к другу, как умеем,
Может, третий век или четвертый.
Если поспешить (мы это знаем),
Нас любовь в свой не поймает невод.
Бог за нами сверху наблюдает.
У него по режиссуре «неуд».

ПОЭЗИЯ

***

Я желаю тебе открывать острова,
Где цветы и пахучие травы.
Где от звонкого ветра пьяней голова,
Где не будет любви запоздалой.

Там и звезды – в ладони, и солнце – в лицо.
Путь на остров укажут созвездья.
Птица Рух необычное сносит яйцо:
Кто найдет – тот достоин бессмертья.

Где же этот корабль, что поможет доплыть?
Где команда из верных матросов?
Приключений не рви путеводную нить –
И откроешь таинственный остров.

***

Я постигаю апрель
Медленно, словно букварь,
Настраиваю свирель,
Подглядываю в словарь.

Там, где нежнейший прострел
И одуванчиков рост,
Чудится пение стрел
И оперения хвост.

Серёжки на тополях
Выросли исподтишка,
И набирают размах
Молочные облака.

***

Я хочу просыпаться и видеть тебя,
Засыпать, о любви бормоча полусонно,
Подарить тебе все… Отдари мне себя
Этой ранней весной, этим летом зеленым.

Слепы дни без тебя, а с тобою полны
Смыслом тем, что понятен двоим лишь на свете.
Слышишь тихий рожок? Это звуки весны –
Кай и Герда смеются, влюбленные дети.

***

Тонкие пальцы к вечернему небу воздев,
Смотришь из глубины веков ты, прекраснейшая из дев.
Складки плаща на сильные плечи легли,
Голову плащ покрыл с каймой в золотой пыли.
Господи, Бога Матерь, утешная для всех людей,
Скорбь мою разведи, думы мои развей!
Господи, помоги тому, кого я люблю.
Припадая к твоим стопам, о счастье тебя молю.
Господи, благословен будет каждый твой миг и час.
Свет небеса прольют на безутешных нас.

ПОЭЗИЯ

***

Так бережно, как можешь только ты,
С небес на землю учишь опускаться,
Чтоб из полетов, из своей мечты
В свое гнездо родное возвращаться.

Внезапно, с места пробуя, рывком,
Я падаю и плачу от бессилья
И по ночам, от ярости, тайком
Ломаю и порой сжигаю крылья.
Но... вырастает новое крыло,
Как будто Бог дает мне шанс подняться
И снова в небо, где всегда светло,
К воротам райским, к ангелам взобраться.

***

Словно дар чудесный свыше –
День последний сентября:
Осень. Золото над крышей
И лазурные моря.

Это Вера, и София,
И Надежда, и Любовь –
Именинницы святые –
Нас одаривают вновь.

В этот день как не бывало
Ни печали, ни дождя, –
Словно нас поцеловало
Это лето, уходя…

***

Я танцую на каждой примете –
Сочиняю пять строчек о лете.
А оно ускользнуло, растаяло,
Только смуту на сердце оставило,
Только смуглые руки, румянец…
Продолжаю застенчивый танец.

Осень дышит уже за плечом,
Гладит волосы ветром и дымом.
Я не знаю, писать ли… О чем,
Если ты остаешься любимым.

***

Когда бы не отец, к кому б ходила
Тобою, парк, покрытый снегом белым,
Как будто простынею или мелом;
Когда б не он, то что бы с нами было?

Там бабушка жила, там родились мы
С сестрою в однокомнатной квартире.
Теперь живем мы в параллельном мире,
По Интернету посылая письма.

И сын мой где-то виртуалит рядом –
Любимый сын, с моим любимым взглядом.
И муж в свою фантастику погружен, –
Как будто мир реальный им не нужен.

Но снег идет и покрывает дланью,
Ажуром оренбургским... Кроткой ланью
Ты смотришь, парк, задумчиво и ярко.
За снегом выхожу, как за подарком.

ПОЭЗИЯ

***

В такие моменты
лучше не быть собой.
Лучше быть тёплым ветром,
душистой травой

и стеклянной витриной,
отражающей облака,
безымянной картиной
провинциального городка,

и мотивчиком вечным,
возникающим из глубин,
и кузнечиком, встреченным
в поле один на один…

Город медленно тает
в августовском парном молоке
и кузнечик взлетает
в небеса налегке.

ЛЕТНИЕ СТАНСЫ

На улице Пушкина ива
плакучая тихо растет,
прохладна, скромна и красива.
Над нею плывет небосвод,

и облако, словно Гораций,
всю мудрость июля вобрав,
не может грустить и смеяться,
чтя кодекс таинственных прав.

И бюст загорелый поэта,
чьи очи печалью полны,
томится, как памятник лету,
до будущей – лучшей – весны.

***

Я столько лет мечтаю о Михайловском
И не была в Заводе Полотняном.
Но болдинской тропы я помню абрисы,
Где выросший поэт гулял без няни.

Усыпанные золотыми листьями,
Чернеют вод прозрачные глубины.
И дышит осень пушкинскими письмами,
И в каждой строчке – силуэт любимый.

***

Мы научились лгать открыто.
В нас искренность – на самом дне.
Зачем нам искренность, скажи-ка,–
Горька и пряна, как аджика –
Обмана сладок леденец.
Но жизнь – не сладкая резина
И не товарная корзина,
Куда мы наспех набросали
То, цену чью не знаем сами.

Я больше не хочу об этом.
Все перебродит этим летом,
И я себе сплету венок
Из слов, что ты сказать не смог…

ПОЭЗИЯ

ПУШКИН И САРАТОВ

Как жаль, что здесь, в «саратовской глуши»,
Нет подлинных свидетелей поэта,
Чьим именем овеян край, –
Пиши, доказывай, – сочтут мечтою это!

Передо мною пушкинский маршрут,
Вернее, разных два – где «за» и «против».
Вот стрелочки к Саратову ведут,
А вот наш город стороной обходят.

Конечно, «за»! К барьеру, краевед,
Тебя историк строгий вызывает.
Коль ты романтик, скажешь – спору нет,
Что Пушкин был у нас! А там кто знает...

Искали почитатели примет,
Французские стихи переводили,
В «Евгении Онегине» ответ
И в «Капитанской дочке» находили.

Саратов привлекал всегда его:
Василий Львович, «дядя честных правил»,
Храброва удалого своего
саратовской дорогою отправил.

В имении Голицыных поэт
Не побывал – но Вяземский был точно.
Из «каменистой Саратовии» привет
Зубриловская отсылала почта.

Там, где Державин некогда ловил
Разбойника Емельку Пугачева,
И Пушкин, вероятно, тоже был –
Мы по письму к жене судить готовы.

Был в колеях расхлябанных Увек,
И ось кареты пушкинской сломалась
В Клинцовке... Наш художник целый век
Уверен был: там встреча состоялась!

Пусть версия... Но как разубедить
Саратовских поклонников поэта.
Сегодня этот миф не разделить
С реальностью – но как прекрасно это!

Есть улица, и школа, и музеи,
И с именем его библиотека,
И памятники... Множество друзей
У Пушкина в Саратове два века.

***

Проходят зимы, вёсны, лета,
Но на земле живут поэты.
Не о секундах и часах –
Они поют о небесах,
Они поют про жизнь и смерть,
Про море и земную твердь,
Про «горний ангелов полёт»...
И Бог перо им подаёт!

Юлий **ВАЙСМАН**

Автору этих строк есть что вспомнить. Он родился в 1929 году в Кишинёве. В юном возрасте пережил эвакуацию, потерю близких и послевоенное воссоединение семьи. Позже он стал врачом и заведовал неврологическим отделением больницы в Ростовской области. В 1993 году эмигрировал в США, где жил в Нью-Йорке, пока в 2019 году не переехал в город Сан-Диего на юге Калифорнии. Автор книги мемуаров «История одной жизни», отрывки из которой предлагаем нашим читателям.

ПУБЛИЦИСТИКА

ИСТОРИЯ ОДНОЙ ЖИЗНИ

НАЧАЛО ЭВАКУАЦИИ

Наступил 1941 год. Мы проснулись рано утром 22 июня из-за того, что стёкла дребезжали от разрывов бомб на бульваре. Я помню низко летящие немецкие самолеты с крестами на фюзеляжах, издающие свирепый устрашающий гул. От самолетов отрывались черные точки бомб. Испугавшись, я крикнул бабушке Цейтл: «Молись Богу!»

Должен заметить, что после ареста отца весной к нам подселяли советских военных. Сначала это был капитан медицинской службы, человек низкого роста, среднего возраста, ничем не примечательный. Он тихо входил через парадную дверь и ложился спать, не общаясь с нами. После него у нас проживал летчик по фамилии Шрамко, к которому из деревни приехала жена. Летчик был краснощекий, подстриженный под «бобрик», тоже ничем не примечательный. Все разговоры супругов велись вокруг еды и нарядов. Помню, как его жена пошла гулять в ночной рубашке, несмотря на замечание мамы, что это не платье.

Еще помню: во дворе жил замминистра Молдавской ССР, и я был влюблен в его дочь Юлю. Нам было по 12-13 лет.

Приход советской власти отбросил всех учеников назад, якобы для изучения русского языка, хотя практически все говорили по-русски. Таким образом, я стал ходить в советскую школу, в пятый класс вместо шестого. Школой руководил директор, Георгий Захарович, фамилию которого я, к сожалению, не помню. Ему дважды было суждено сыграть решающую роль в нашем эвакуационном спасении.

Несмотря на то, что основной удар немецких войск пришелся на Минск и Ленинград, а на южном фронте не было никаких прорывов, нам удалось прожить в условиях войны только до 16 июля 1941 года. За этот период мама раздобыла справку, дающую право на эвакуацию. Мы стояли за этой справкой в длинных очередях и прятались от бомбежек в траншеях на территории моей школы.

Мы также часто ночевали у дедушки на вокзале Вестерничены. В ночном небе были видны ракетные выстрелы, после которых появлялись одинокие немецкие самолеты-бомбардировщики. Во время одной из таких ночных атак дедушка Мендель выскочил на улицу в ночном белье. Бабушка Хейвет крикнула: «Что же ты делаешь? Они тебя заметят!»

В городе было полно диверсантов. Возле старого базара находилась высокая колокольня. Однажды днем, возвращаясь от дедушки домой, мы были свидетелями настоящего боя между засевшим на колокольне диверсантом и милицией.

Теперь я начну рассказывать о чудесах, которые на всем пути эвакуации выручали нас, давали нам повод верить в то, что мы остались целы и невредимы благодаря какой-то сверхъестественной силе.

Мы ночевали 16 июля в погребе дяди Давида вместе с его семьей. В городе гремели взрывы. Город горел. Уходя, советские войска подрывали все, что можно было подорвать. Мы проснулись рано утром от стука в погреб, и я услышал бабушку Хейвет, которая кричала безумным голосом: «Что вы тут спите! Город горит, все бегут, на вокзале стоит последний пассажирский поезд. Вы должны немедленно уехать. Бегите на вокзал!»

Заранее были приготовлены маленькие чемоданчики и сумки со всем необходимым – все то, что можно было увезти. Мы понимали, что нам придется либо уехать, либо остаться в неизвестности. Особую ценность для меня представлял пиджачок, карманы которого были наполнены марками из моей коллекции.

На перроне под парами стоял эшелон, переполненный людьми. Схватив кое-что из приготовленного багажа, мама, я, брат и бабушка Цейтл (мать моей мамы) побежали на вокзал, который находился в двух шагах от дедушкиного дома, и остановились у последнего вагона. Там стоял боец с ружьем и никого не пропускал. Мама взмолилась: «У меня дети!» – но солдат был непреклонен. В дверях вагона появился военный в чине лейтенанта с двумя кубиками на петлицах. Я узнал в нем директора школы Георгия Захаровича, который спросил: «Вайсман, что ты тут де-

ПУБЛИЦИСТИКА

лаешь?». За меня ответила мама: «У нас есть справка об эвакуации, и мы бы хотели уехать, но солдат нас не пускает». И тут мы услышали команду: «Пропустить». Солдат отступил, и мы, тяжело нагруженные, сначала подняли бабушку, потом Фиму. Я забрался сам. Последней была мама.

Нас провожали дедушка Мендель и бабушка Хейвет. Мама предложила им ехать, но они отказались. Как и многие другие пожилые люди, они верили, что после прихода немцев с ними ничего не случится.

Помню, что в поезде оказались мои двоюродные сестры, еще какие-то родственники, и этот последний поезд, отошедший от вокзала Вестерничены, был нашим спасением – вскоре в город вошли немецкие и румынские части. Все, кто не успел бежать, попали в гетто. Большинство из них было уничтожено.

Как потом рассказала бабушка Хейвет, которая впоследствии присоединилась к нам в эвакуации, в городе невозможно было оставаться: город горел, и люди начали уходить на восток. Дедушка и бабушка тоже, в конце концов, решили уйти, хотя надеялись, что война скоро кончится, и они вернутся. Дедушка, будучи религиозным человеком, выйдя из дома, забыл талес. Он сказал бабушке, чтобы она шла, а сам вернулся, намереваясь догнать бабушку по дороге. Больше они никогда не виделись. Уже будучи в Волгоградской области, я узнал со слов родственников, что дедушку видели просящим милостыню в Одессе, после чего он пропал без вести. Его искали, но нигде не нашли. Позволю себе привести стихотворение моей дочери, Эллы Ромм, которое называется «Старик» и основано на упомянутых выше событиях.

Старушка с пыльным чемоданом,
Сутулый набожный старик.
Забыт Талмуд на фортепьяно
Среди бумаг и прочих книг.
Вой самолетов, крики, скрежет,
Последний эшелон, вокзал.
– Ты поезжай одна, а мне же
Сам Бог вернуться указал.

И он ушел. Был воздух вязкий
От гари пепельно-багров,
Солдатские мелькали каски,
Стонал горящий Кишинев...
Просить он милостыню станет,
Потерян, голоден и сед.
Она замерзнет в Казахстане,
Отдавши внуку теплый плед.
Пропавший без вести в итоге
В Одессе (по словам молвы),
Умрет он с мыслями о Боге,
Который их не спас, увы...

Наш эшелон медленно выезжал из горящего Кишинева. Солдаты взрывали телеграфные столбы и железнодорожные пути за нами. Медленно продвигаясь, поезд пересек бывшую границу на реке Днестр, проехал Бендеры, Тирасполь и благополучно прибыл в Одессу. Нас не покидала мысль о том, что случилось с дедушкой и бабушкой, с семьей Давида и Копеля, сумели ли они эвакуироваться, ведь справка об эвакуации была только у нас. По прибытии в Одессу нам велели освободить поезд и дальше добираться на восток своим путем, так как в Одессе царил хаос и неразбериха.

Мама знала только одно: надо ехать на восток. Мы оседлали товарняк. На открытых вагонах его располагался груз, накрытый тентами. Нас было несколько семей, и мы устроились возле этих грузов, охраняемых солдатами. К нашему удивлению, поезд ушел очень быстро. Авиация противника кружила в небе, советских самолетов не было видно. Мы уже считали себя спасенными, но солдат, охранявший груз, оповестил нас о том, что товарняк перевозит бомбы, и если самолет обнаружит нас и выстрелит, то мы взлетим на воздух.

Особого страха, должен я заметить, тогда еще не было, так как мы пока не представляли себе, что такое смерть на войне. На этом опасном товарняке мы, хранимые судьбой, добрались до станции Вознесенск, откуда эшелон уходил на фронт. У мамы были деньги, мы купили билеты на пассажирский

ПУБЛИЦИСТИКА

поезд и, проехав весь юг Украины, Кривой Рог, Запорожье, прибыли в Батайск Ростовской области, где нас впервые официально сняли с поезда как беженцев и накормили в столовой. Справка, которую мама с большим трудом раздобыла в Кишиневе перед отъездом, нам очень помогла. Я помню внимание украинского населения. Люди выносили к поезду еду, фрукты, яблоки, и мне тогда казалось, что война продлится несколько недель, как говорили газеты, что в Германии будет революция, как нам внушали, и что мы вернемся целыми и невредимыми в Кишинев. Я был начитан, довольно грамотен для своих лет, поэтому доставал газеты, где мог, и, зная географию, говорил маме, что немцы продвигаются на Восток и что нам надо бежать, так как уже взяты Кишинев, Одесса, Львов и Минск. Думаю, это также сыграло роль в нашем спасении, так как многие эвакуированные оседали в тех или иных местах, не желая больше никуда ехать, потому что верили в быстрое окончание войны.

Из Батайска нас организованно увезли в город Сальск. Оттуда – в Пролетарск, южный район Ростовской области, где мы временно поселились в колхозе имени Буденного. Рядом протекала река Маныч. Там жили донские казаки, которые приняли нас дружелюбно. Мама пошла работать в колхоз. Фиму отдали в детский сад. Туда же, исключительно для пропитания, отправили и меня, хотя я не подходил по возрасту. С нами была тетя Хана, жена одного из дедушкиных братьев, и еще несколько семей. По соседству каким-то образом оказались мои двоюродные сестры, а с ними бабушка Хейвет, которая, так и не встретив деда, влилась в группу эвакуированных.

В колхозе Буденного нам жилось довольно хорошо: мы были сыты, стояло теплое лето. Но однажды ночью, когда ситуация на фронте ухудшилась, о чем я знал из газет, в дверь постучали. Грозный голос приказал указать на местонахождение председателя колхоза и секретаря парторганизации, добавив: «Если не скажете, то буду стрелять». Нам сразу показалось, что это диверсанты, стало страшно, и тетя Хана скомандовала: «Ложитесь на пол!». Она крикнула, что мы ничего не знаем. Нас не тронули, но мы еще долго лежали на полу и никак не могли прийти в себя.

После пережитого страха женщины решили, что надо эвакуироваться из этих мест, несмотря на кажущееся благополучие. Перед нами встал вопрос: куда ехать, ибо власти уже не интересовались нашей дальнейшей судьбой. Единственная железнодорожная ветвь из Пролетарска шла на северо-восток, к Сталинграду. Мама решительно обменяла очередной костюм папы на мешок со свежим белым хлебом. К этому хлебу мы захватили мешок лука, так как ничего из продуктов больше в доме не было. Затем мама наняла человека, отдав ему очередную вещь из гардероба, поскольку деньги к тому времени кончились, и он отвез нас на станцию Пролетарская, где мы и другие эвакуированные незаметно ночью погрузились со своими семьями на железнодорожные платформы с углем. Бабушек мы устроили в тамбурах, чумазые мальчишки сидели прямо на угле. Так, с Божьей помощью, считая себя в очередной раз спасенными, мы двинулись на Сталинград. Поезд ехал с долгими остановками, мы брали уголь, разводили костры, женщины варили похлебку. На станции Котельниково мы сошли с поезда, потому что дальше он не шел, и пришлось ночевать прямо на скамейках в парке. Мы были предоставлены самим себе. К этому времени у нас кончились запасы хлеба и лука.

И тут случилось очередное чудо. Будучи старшим среди мальчишек, я повел их на перрон, где непрерывным потоком на Сталинград шли воинские эшелоны. Это был конец осени 1941 года. Мы с любопытством разглядывали военных и поезда. По книгам Гайдара я знал, как выглядит бронепоезд, и безошибочно узнал его, когда он подошел к перрону. Из вагона вышел военный, чье лицо мне показалось знакомым. Мы подошли ближе, и я услышал: «Вайсман, это ты?». Каково же было мое удивление, когда я узнал в этом уже старшем лейтенанте директора школы, Георгия Захаровича! Я рассказал ему, что мы эвакуируемся и застряли в Котельниково, не зная, что делать, что мама меняет вещи, и что мы живем в парке. Он спросил, есть ли у нас хлеб или деньги. Получив

• Юлий Вайсман

отрицательный ответ, Георгий Захарович исчез в поезде, который уже стоял под парами. Через минуту выскочил на перрон с двумя буханками хлеба и 30 рублями одной банкнотой. Отдав их мне, он сказал: «У меня больше ничего нет. Скажи маме, чтобы немедленно ехала дальше». Как я впоследствии понял, это было то время, когда немцы шли на Сталинград, находясь где-то между Доном и Волгой.

Наступали холода. Среди эвакуированных появился человек, который начал вербовку на строительство оборонительных сооружений в городе Абганерово, что в 100 километрах южнее Сталинграда. Он обещал зарплату, паек и теплые вещи. Мама ухватилась за этот спасательный круг. Мы сели в пассажирский поезд, который шел на Сталинград. Нас высадили в Абганерово. В моей памяти осталась теплая уютная комната, где мы жили. Каждое утро я уходил с мамой копать окопы. Это были не простые окопы в человеческий рост, а противотанковый ров, который рылся машиной. Наша задача состояла в том, чтобы выносить оставшуюся во рву землю. Явственно помню огромное количество людей, доставленных из Сталинграда, цвет советской интеллигенции, в шляпах, в беретах, одетых по-городскому, в основном пожилые мужчины и очень молодые женщины. Над нами жужжали фокке-вульфы, но бомб не сбрасывали. Очевидно, велась аэрофотосъемка.

Наступала зима, работа закончилась, и мы съехали в более дешевую квартиру. Денег не было, еды тоже. Четко помню, как ночью, находясь в каком-то амбаре, голодный, я шарил рукой по полу, находил единичные пшеничные зерна и подносил их ко рту. Понимая, что так дальше жить нельзя, группа эвакуированных обратилась к властям, которые предложили переезд на зиму в калмыцкий колхоз Тибиткинерово, где можно было найти работу и перезимовать. На какое-то время мысли о войне ушли на задний план, потому что главное было прокормиться.

Погрузив последние пожитки, бабушек и Фиму на сани, мы двинулись в путь. Был страшный холод, начался буран. Вскоре я потерял из виду идущих сзади маму и других женщин. У нас был отрез теплой материи, который мама когда-то купила, чтобы сшить пальто для папы. Видя бабушку Хейвет, которая была легко одета, и, догадываясь, что ей холодно, я пытался накрыть ее полотном, но она посмотрела на Фиму и сказала: «Лучше накрой Фиму и себя». Бабушка Хейвет замерзла у меня на глазах, но я не знал этого до тех пор, пока мы не приехали в село, и встретившие нас мужчины не сказали мне об этом. Нас выгрузили, повели в дом, а бабушку куда-то забрали. Через какое-то время пришли наши мамы. Кто, как и где хоронил бабушку, я не знаю.

В колхозе работы не оказалось. Помню, как нас всех поместили в одну комнату. С нами оказался единственный мужчина, пожилой сапожник, богатством которого был мешок с колодками для обуви. Однажды, когда нечем было топить «буржуйку», железную печурку с дымоходом, выходящим в окно, обеспокоенные женщины, предложили ему топить печь колодками. Несчастный пожилой человек стоял на коленях и молил этого не делать, но другого выбора у нас не было. Тепло его колодок берегло нас от замерзания еще несколько дней. Когда стало совсем невыносимо, мама наняла очередные сани, погрузила бабушку, меня и Фиму и увезла назад в Абганерово, откуда она решила непременно ехать дальше на Сталинград.

К тому времени у нас снова кончились продукты. Однажды я вышел на перрон, где почувствовал дурноту и головокружение. Я присел на скамейку, очевидно, бледный, как стена. Солдаты, находившиеся вблизи, подхватили меня под руки и привели в зал ожидания. Мама поняла, что это был голодный обморок, вынула из чемодана что-то из вещей, ушла на перрон и вернулась с буханкой хлеба, разрезала ее и предложила всем по куску. Но бабушка Цейтл, которая понимала, что ей не выжить в свои 70 лет, отказалась есть, добавив: «Я не голодна, отдай это детям». Вскоре после этого моя бабушка тихо и незаметно отошла в мир иной. И только много лет спустя, переоценивая эту историю, я понял, что она, так же, как и бабушка Хейвет, пожертвовала собой ради нас, детей. Когда я спросил маму, как она похоронила бабушку, она рассказала, что наняла двух молодых ребят, отдала им последний костюм дяди Колмана, и ночью они увезли ее на саночках и похоронили.

ПУБЛИЦИСТИКА

Приходится удивляться мужеству и жертвенности женщин нашей семьи. Царство им небесное! Теперь, когда никого уже не осталось, один раз в году, в Йом Кипур, я молча читаю заупокойную молитву Изкор обо всех ушедших родственниках, далеких и близких, которые у меня всегда в сердце.

Итак, мы двигались на северо-восток. Перрон Абганерово был полон народу. Все ждали редкого пассажирского поезда «Ростов-Сталинград». Нечеловеческими усилиями и, очевидно, личным обаянием мама достала билеты, сумела заставить совершенно чужих людей поднять нашу, теперь уже облегченную, семью и опустить в тамбур вагона поезда, который стоял на станции не более трех минут. Помню, как по головам осаждающих вагон пассажиров эти люди подняли Фиму, потом протолкнули маму, а я как-то взобрался сам. В руках у меня был мешок с обувью. Очутившись в вагоне, мы вздохнули с облегчением и двинулись в очередную неизвестность.

В Сталинграде я первым соскочил с поезда, опустил свой мешок на землю и повернулся к маме, которая передала мне Фиму. Потом помог ей спуститься и вдруг услышал взволнованный голос: «А где же обувь?» Мешка с драгоценной зимней обувью не стало.

На вокзале, который затем вошел в историю как один из последних оплотов защитников Сталинграда, располагался эвакопункт. Это было третье организованное учреждение помощи беженцам на нашем пути. Мама показала свою, уже превратившуюся в лохмотья, справку. Нам дали талоны на питание на несколько дней вперед и направление в эвакогоспиталь, который помещался в школе. Это был конец 1941 года. Немцы наступали. Отложив атаку на Москву, они рвались на Кавказ к Бакинской нефти, наступая на Сталинград армией Паулюса, чтобы выйти к Волге, перерезав тем самым снабжение центра страны.

Хочу включить в свое повествование воспоминания моей двоюродной сестры Бимы, семья которой тоже прошла тяжелой дорогой эвакуации: «Все родные мамы и дедушки Генриха Брохмана погибли в гетто. Мы спаслись из горящего Кишинева, сев в какой-то состав. Потом оказались в Караганде (Тельманский район, поселок 22, колхоз Красная Нива), где мороз доходил до 40 градусов и более. Я ходила в первый класс, а все тяготы новой жизни легли на плечи мамы. Были такие бураны, что нас, детей, обматывали веревкой, чтобы не потерялись».

ИЗ СТАЛИНГРАДСКОЙ ЖИЗНИ

Жизнь в Сталинграде нам казалась сплошным праздником, потому что нас кормили, поили и возили в баню. Я с ребятами ходил по пустующей местной школе, рассматривал экспонаты, библиотеку, иногда по ночам брал книги из шкафа и читал.

Сталинград расположен на холмах, и когда нас возили в баню, то несчастный газик при подъеме в гору приостанавливался от переключения скорости, чуть подавал назад, и мне казалось, что мы сейчас разобьемся, сорвавшись с холма, который в моем воображении вырастал до огромной горы.

Потом мама заболела сыпным тифом. Сердобольный доктор по фамилии Ланг убедил ее лечь в больницу и не беспокоиться за детей. Мама была острижена наголо и, перенося тифозный бред, изредка выглядывала в окно, чтобы помахать нам с Фимой рукой. Вскоре и Фимочка заболел дизентерией. Его также госпитализировали сначала в общее, а позже в детское отделение из-за осложнения в виде воспаления почек. Я остался один. В начале 1942 года беженцев начали переправлять на левый берег Волги в бывшую республику немцев в Поволжье. Места эти были незаселенные, так как в 1941 году немцев выселили оттуда в Сибирь и Среднюю Азию. Меня хотели отправить вместе с другими, несмотря на отказ ехать без мамы и брата. И отправили бы непременно, если бы на пути к безжалостным чиновникам не стал доктор Ланг. Вместо того, чтобы разлучить семью, он отправил меня в палату к брату, где мы с ним расположились на одной койке. Это соломоново решение совершенно постороннего человека спасло меня от разлуки с семьей, которая неизвестно к чему могла бы привести. В отсутствие мамы я всячески ухаживал за братом, ощущая на себе долг старшего в семье. Этот сюжет из моих

• Юлий Вайсман

ПУБЛИЦИСТИКА

воспоминаний лег в основу другого стихотворения моей дочери Эллы, которое называется «Госпиталь».

> Мама наголо острижена,
> Мне уже тринадцать с гаком,
> Мы с братишкой строим хижину
> У тифозного барака.
> Вот и брата взяли в госпиталь,
> В небе ни луны, ни солнца.
> Сиротой скитаться по свету
> Неужели мне придется?
>
> Доктор роста двухметрового
> В окровавленном халате
> Разместил меня, здорового,
> С братом на одной кровати.
>
> То от страха зубы клацали,
> То от ветра и от стужи,
> По тропе эвакуации
> Ковылял я неуклюже.
>
> Разгорелось солнце рыжее,
> Небо в шелковых барашках...
> Мы каким-то чудом выжили.
> Видно, родились в рубашках.

К моменту выздоровления Фимы к нам в палату положили несколько детей из блокадного Ленинграда. Даже сейчас, будучи врачом и повидав больных дистрофией в первые годы работы, я не могу описать, в каком виде предстали передо мной эти несчастные дети. На них были только кожа, кости да впалые глаза. Еще помню страшную картину, которую не могу обойти молчанием. В палату вошел мужчина, тоже из Ленинграда, выглядевший точно так же, как и дети. Вытащив из кармана пачку червонцев, он попросил санитарку сварить ему курицу. Он понимал, что умирает, и ему очень хотелось умереть сытым. Через несколько часов, в ночное время, видимо, нарушая предписание врача, пришла санитарка с кастрюлей, пригласила из соседней (взрослой) палаты этого мужчину и предложила ему еду. Не съев и половины, он повалился на бок и скончался на моих глазах. Эта сцена до сих пор преследует меня. Всякий раз я ее рассказываю, как один из самых страшных эпизодов сталинградской эпопеи, ибо именно тогда я осознал по-настоящему, что такое смерть.

Мама выздоровела, и через несколько месяцев, весной 1942 года, нас перевезли в город Палласовку на левом берегу Волги. Мы поселились в пустом доме, где не было даже стекол в окнах. В этой местности непрерывно дули ветры, случались частые песчаные бури, и власти вскоре поняли, что эвакуированные здесь не выживут, то есть их нужно отправлять дальше. Немцы оккупировали Сталинград, и оставаться в прифронтовой полосе было нельзя. Поэтому нас посадили в пульмановские вагоны (для скота) и отправили с очень медленной скоростью через Оренбург, Челябинск и далее на Северный Казахстан. Мы доехали до Петропавловска, там нас посадили в пассажирский поезд. Он доставил на станцию Булаево, где к вокзалу подогнали колхозные подводы. Стокилометровый путь до Возвышенского совхоза мы проделали за сутки. С нами было несколько семей из Кишинева.

Приехав в совхоз, нас и еще одну семью с девочкой Розой, которая была старше меня на один год, привезли в отдаленное село, где мы и провели два года до приезда отца. Мама трудилась на различных работах, в том числе на животноводческой ферме: возила воду из колодца, расположенного в степи, ходила с женщинами на полевой стан, где с ними лопатила зерно, доила коров, ухаживала за быками, а я старался во всем ей помогать. В совхозе действовала школа-четырехлетка, и для того, чтобы получать паек хлеба и кусок сахара, нас с упомянутой выше девочкой записали в 4 класс.

Школа была неприглядная. Помню молодую учительницу. Она вела все предметы, но имела обыкновение убегать на свидание к молодому солдату, так как в совхозе располагалась резервная часть. Однажды я проявил свои знания по географии,

ПУБЛИЦИСТИКА

подойдя к карте, и молодая учительница поняла, что может оставлять меня вместо себя. Я выходил к доске и рассказывал сцены из прочитанных романов Жюля Верна, показывал на карте маршруты путешествия Магеллана, Колумба, и дети с удовольствием меня слушали. Так вместо 7 класса я дважды ходил в 4 – ради куска хлеба.

Хочу рассказать об одном эпизоде, который был очередным чудом во имя моего спасения. В мае месяце, когда еще не растаял весь снег, мы с ребятами возили на быках солому для скота. Отъехав от фермы на значительное расстояние, мы погрузили целую скирду соломы на сани и пустились в обратный путь. Я шел последним, так как эвакуированных ребят местные всегда оттесняли. Вдруг среди ясного неба начался буран страшной силы: все кружилось, вертелось, мы потеряли ориентацию и не знали, что делать. Я зарылся в солому и ждал решения старших ребят. Страха не было, было холодно. Хотелось только тепла и еще не видеть того, что перед глазами. Посовещавшись, местные ребята приняли единственно правильное решение: поставить во главе колонны самых старых быков. Все укрылись в соломе, буран по-прежнему бушевал с осатанелой силой, не виданной даже в Сибири. Очевидно, я уснул и очнулся, когда сани с шумом вошли на ферму. Нас, шестерых ребят, спасли старые быки, которые нашли дорогу, несмотря на буран и пургу. Не всем повезло так же, как нам. Позже я узнал, что в этот буран погибла часть стада вместе с пастухами, которые, ведомые пургой, зашли в озеро и утонули.

Еще помню эпизод, когда мама ухаживала за быками. За мной погнался один из них. Я сумел увернуться, вскочив на какое-то возвышение. Бык посмотрел на меня разъяренно, как на корриде, но отступил.

Следующее чудо также случилось в этом Богом забытом отделении совхоза. Каждое утро маме нужно было привозить на ферму бочку воды. Водовозку нельзя было оставлять на морозе, так как вода могла замерзнуть и разорвать бочку. Но что мы, городские жители, могли понимать в сложном водовозном деле?! Однажды вечером мы выехали за водой по сильному морозу.

Лошадь тяжело дышала, из ноздрей свисали сосульки. Наполнив бочку водой, мы должны были вернуться немедленно, но лошадь начала нервничать, стучать копытами и не сдвинулась с места. Стояла ужасная тишина, и вдруг мы услышали вой. В темноте я увидел блестящие огоньки. Мы поняли, что это волки, присутствием которых и объяснялось странное поведение лошади. Мама решила возвращаться на ферму. Надо было спасать себя, лошадь, которую мы выпрягли и взяли под уздцы, повернув в сторону фермы. Бригадир, увидев нас, ошарашено спросил: «А где бочка?» Мама рассказала про волков, про то, что мы спасли лошадь, которая испугалась не меньше нас. Бригадир ответил, что нам нечем будет поить скот. Он заставил нас повернуть обратно, пока бочка не замерзла. К счастью, никаких волков уже не было, равно как и страха. Мы не столько рассчитывали на лошадь, сколько сами толкали водовозку, чтобы побыстрее вернуться. К слову сказать, это была единственная водовозка на ферме.

Как я уже говорил, в Сталинграде у нас украли зимнюю обувь. Летом я ходил босиком, но однажды осенью, когда мы с ребятами возили зерно от комбайнов, вдруг повалил снег, и для того, чтобы не отморозить ноги, я должен был погрузить их в зерно. После этого я побежал домой и с плачем заявил маме, что больше не могу идти работать без обуви. Тогда мама пошла к директору совхоза. Директором был сосланный троцкист. Он очень вежливо объяснил маме, что в его распоряжении обуви нет и единственное, чем он может помочь, это выделить сыромятину, из которой, если правильно ее скроить и объединить концы шнурком, можно создать онучи или постолы по-молдавски. Мама получила сыромятину, и вместе с нашей соседкой она сшила детям некое подобие обуви.

Хозяйка дома, в котором мы снимали комнату, была женой фронтовика. Кроме наших двух семей, у нее квартировал сосланный оппозиционер, отличавшийся необычным пучеглазием. Его звали Федя. Он занимался сапожным делом, был весь искалечен, крив на ноги и беззуб. Очевидно, он сожительствовал с хозяйкой, так как впоследствии она роди-

ПУБЛИЦИСТИКА

ла ребенка. Федя рассказал мне свою историю, из которой я понял только то, что он был в тюрьме, где его очень сильно били и пытали, и все, что на нем сейчас видно,— это следы рук палачей. Хозяйка выделила нам участок земли, на котором мы сажали картошку – единственное средство нашего пропитания. Уходя на работу, мама велела мне варить ведро картошки, чего нам хватало на сутки. Однажды мы с мамой поехали рубить ракиту, так как в Северном Казахстане печи топили либо кизяком, либо ракитой. Мы взяли подводу, топоры, заготовили целый воз дров для себя и для хозяйки. Наступила зима. Нам выдали валенки, и это была единственная обувь. Не имея домашних тапочек, а также желая продлить жизнь валенкам, дочь наших соседей предложила дерзкий план. Ночью, когда по селу раздавался только лай собак, в кромешной темноте мы вышли из дома, снабженные бритвенным лезвием, найденным у хозяйки. Мы подошли к складу на краю села, и моя спутница сказала: «Ты худой, лезь в щель в дверях. Там будут рулоны комбайновых лент. Отрежь два куска, а я буду на страже». Я выполнил эту операцию, и мы благополучно вернулись домой. Брезент мамы спрятали в подушки и затем использовали для производства тапочек и калош. Таким образом, сам того не желая, я стал вором. Хорошо, что пропажи никто не заметил, и наш поступок остался безнаказанным.

Началась подготовка к сдаче зерна государству. Мы с мамой были посланы на элеватор в центральную усадьбу совхоза для очистки зерна от примесей. Там я обратил внимание на женщин, которые воровали зерно, пряча его в шароварах. Заметив мамино удивление, одна из женщин сказала: «Геня, почему ты не носишь шаровары?» Мама все поняла и на следующий день надела папины штаны и заправила их в чулки. Конечно, мы не знали, что Сталин сажал за колоски, которые люди утаивали и не сдавали государству. Инстинкт жизни превыше всего, нужно было кормить детей, и мама пошла на этот риск. У хозяйки были жернова, которые мы с Фимой, сидя на полу, крутили в две руки. Появились мука и крупа, а с ними лепешки, суп, каша.

Правда, с солью была такая же проблема, как и с сахаром. Шёл третий год войны.

Приведу последнее из трех стихотворений Эллы, объединенных под названием «Триптих».

КОЛОСОК

Нет от супруга давно вестей.
За колосок – тюрьма.
Маме нечем кормить детей.
Мама сходит с ума.
Мама работает каждый день,
Ходит в колхозный амбар.
– Ты шаровары, Аня, надень,
Как же без шаровар?–
Бабы сказали, она поняла
Без объяснений, и вот,
В папиных брюках, ну и дела,
Мама в амбар идет.
Ловко штанины заправив в носки,
Зерен набрав запас,
Мама несет домой колоски,
Мама спасает нас.

ОСВОБОЖДЕНИЕ ИЗ ЛАГЕРЯ

Напомню, что в 1944 году мы получили письмо от папы, который досрочно освободился и благодаря стараниям дяди Копеля разыскал нас в эвакуации. Внезапно ворвавшись в нашу жизнь и увидев ее нищету, папа на следующий же день поехал в центральную усадьбу совхоза и, переговорив с директором, таким же ссыльным, получил предложение стать заместителем директора совхоза по горюче-смазочным материалам.

В этом районе жили поляки, сосланные в 1939 году. Ребята молодые и очень решительные, они записались к генералу Андерсу, который, не желая воевать на советском фронте, создавал свою собственную армию. По согласованию с англичанами (так как польское правительство в изгнании находилось в Ан-

ПУБЛИЦИСТИКА

глии), его армия должна была дислоцироваться в район Ближнего Востока, чтобы внести свою лепту на войне в Северной Африке. Мы переехали в центральную усадьбу совхоза. Я пошел в восьмой, а Фима – во второй класс, но у нас не было бумаги и чернил. Мама делала чернила из угля и золы, а писали мы на газетной бумаге между строк. Мы были практически раздеты, мама донашивала последнее платье. И тогда папа решился на авантюру, подсказанную ему поляками. Поехав в город за горючим, он сумел продать бензовоз и на эти деньги привез мешок муки, картошку, одежду, обувь, бумагу и прочие необходимые вещи. Более того, папа по подсказке поляков умудрился купить тощую корову, которую мы, городские жители, к сожалению, так и не смогли осилить. Впоследствии мы решили ее продать.

Чтобы продать корову, надо было поехать в город. Мама наняла возчика. В течение суток по дороге, окаймленной тайгой, мы с этой коровой шли к базару, где ее и продали. Рискованные действия моего отца были актом отчаяния, и они могли плохо закончиться, так как папа, освободившись, сразу встал на учет в милицию. Но случилось очередное чудо, и его активность осталась незамеченной. А через несколько месяцев он был вызван к начальнику милиции, который пытался завербовать его на роль осведомителя среди эвакуированных. Понятно, что согласиться на это отец не мог и, попросив один день для принятия решения, поехал к полякам. Посоветовавшись, поляки предложили ему два варианта. Отец мог записаться добровольцем в польскую армию и уехать в Палестину. Или – в Красную армию и сразу же, не заезжая домой, прибыть в Семипалатинск в распоряжение некоего майора Штромберга, который формировал запасной танковый полк. Не долго думая, мой отец отбыл в Семипалатинск, сообщив нам, что едет в командировку. Через несколько дней мы получили от него письмо с фотографией, на которой он был в форме младшего сержанта. Там же содержалось указание сходить в милицию и предъявить это письмо. Получив вместо осведомителя Вайсмана его послание, начальник милиции топнул ногой и сказал: «Ну, хитрый еврей, выкрутился все-таки!» Это было еще одним чудесным исходом из сложной ситуации.

В 1944 году Сталин осуществил переселение кавказских народов: чеченцев, ингушей, крымских татар, калмыков, греков, болгар, турок-месхетинцев и других, «не вызывавших доверия», в Среднюю Азию и Сибирь. В один из зимних дней этого года мы увидели страшную картину: к нам привезли чеченцев, среди которых были женщины и дети. Солдаты буквально выбросили их на снег. Мне даже помнится, что некоторые из несчастных шли босые. Наши мамы приютили одну семью, которая потом была отправлена в отдаленное селение. Еще помню, что в школе появились два новых учителя-кавказца: учитель истории и учитель литературы. Эти мужчины через несколько месяцев исчезли так же внезапно, как и появились. Я думаю, что их обвинили в поджоге дома секретаря парторганизации совхоза, который в то время произошел по неизвестным причинам.

Помню напугавший всех случай в центральной усадьбе совхоза, где жили эвакуированные из Кишинева зубные врачи, брат и сестра. Их убили местные бандиты с целью ограбления.

До того, как мы переехали в центральную усадьбу, я, работая в совхозе вместе с другим ребятами 12-15 лет (взрослых мужчин не хватало), поменял множество профессий: был прицепщиком, помощником комбайнера, зерновозом, возчиком горючего, пастухом. Однажды в ночную смену я выехал с трактористом пахать совхозное поле. Я сидел на огромном семилемеховом плуге. Земля целинная, трактор американский «Катерпилар» заводился металлической ручкой. Тракторист велел мне покрутить барабан, но я не смог сдвинуть его ни на миллиметр. Тогда он посадил меня на плуг для работы прицепщиком. В мою обязанность входила очистка плуга от прилипшей земли посредством поднятия тяжелого рычага, который я с трудом сдвигал двумя руками. Мы сделали полкруга, тракторист, видя, что я засыпаю, и, боясь, что я упаду под плуг, велел мне лечь в борозду и ждать его возвращения. Помню лишь, что я мгновенно уснул. Тракторист, совершив один круг, чуть не задавил меня, потому что лишь в последний момент вспомнил обо мне и разглядел в свете фар.

ПУБЛИЦИСТИКА

Но вернемся к рассказу об отце. Прослужив в 1945 году несколько месяцев до Победы, папа, не заезжая к нам, так как боялся НКВД, уехал в Кишинев, куда уже вернулся его младший брат Копель. В Кишиневе он устроился на свою доарестную должность в тресте, которым руководил все тот же товарищ Чернявский, и сразу же послал нам вызов. Отпраздновав Победу, мы, радостные и счастливые, долго не думая, вместе с другими эвакуированными из Молдавии оседлали очередной пульмановский вагон и двинулись в обратный путь. Стояло лето 1945 года.

ВОЗВРАЩЕНИЕ В КИШИНЕВ

Эвакуированных было очень много. Чтобы занять удобное место, вагоны брали штурмом. Мама с Фимой забрались первыми, а возле меня оказалась молодая женщина, рядом с которой я и проехал весь путь, ухаживая за ней, насколько это было возможно, испытывая внезапно вспыхнувшую влюбленность. Казалось, что и она отвечает мне взаимностью. Я не сохранил в памяти ее имени, не могу вспомнить ее лица, но каждый раз, уже будучи врачом и проезжая поездом Кишинев-Унгены через станцию Сипотены, я выходил на перрон. Мне почему-то казалось, что я обязательно ее встречу.

На одной из уральских станций нас пересадили в пассажирский поезд, и мы освободились от опеки эвакуировавших нас властей. Мы двинулись на Москву, так как иного пути в Кишинев не было.

Ранним утром поезд пришел в тупик станции «Москва-Товарная». Я был старшим среди ребят, и у меня появилась идея посмотреть Москву. С одобрения мам ватага мальчишек отправилась на ближайшую станцию метро. Мы рассматривали красочные орнаменты стен, архитектуру. Москва после казахстанской степи казалась нам раем на земле.

Внезапно на одной из станций чьи-то цепкие пальцы схватили меня, и все мы оказались в милицейском участке. Нас приняли за воров-карманников, видимо, из-за обносившейся одежды. Милиционер пытался объясниться с нами на воровском жаргоне, показывал какие-то фигуры из пальцев. Когда мы ничего не поняли, он разразился нецензурной бранью. Среди всего прочего я услышал намек на мою национальность. Мы попали в очень неприятную ситуацию, грозящую арестом и отделением от матерей. Но тут вмешался старший по званию, который проверил по телефону данные о поезде. Нас отпустили. К счастью, мы вернулись без опоздания, и через некоторое время поезд покинул Москву.

Проехав в течение нескольких суток расстояние до Кишинева, в один прекрасный летний день, после пятилетнего отсутствия, мы, живые и радостные, были встречены дядей Копелем и папой...

Ростислав ПОЛЧАНИНОВ

Ростислав Владимирович Полчанинов – историк, общественный деятель русского зарубежья, коллекционер. Всего ему принадлежит 2000 статей, учебники по истории и географии России, истории Русской Америки и русского искусства. В настоящее время проживает под Нью-Йорком и продолжает активно заниматься общественной деятельностью, а также изданием журнала «За свободную Россию». Ростислав Владимирович стал автором нашего альманаха год назад, выступив с замечательной публикацией о Давиде Бурлюке. А отпраздновав свой 100-летний юбилей, он снова оказал нам честь, предложив эссе о Булате Окуджаве и героине его романа «Путешествие дилетантов».

ПУБЛИЦИСТИКА

БУЛАТ ОКУДЖАВА
И ЛАВИНИЯ БРАВУРА

Моё заочное знакомство с Булатом Окуджавой состоялось, вероятно, в 1966 году, после прочтения статьи Михаила Михайлова об Окуджаве под названием «Лето московское 1964» в «Посеве» или после прослушивания первой зарубежной долгоиграющей пластинки с песнями Окуджавы, которую в Чикаго выпустила фирма Dolgich Book Store (1523 N. Harding Avenue)

Среди мелодий на пластинке была песня «Про Чёрного кота», с явным намёком на Сталина и про, якобы, американского солдата, хотя всем ясно было, что речь идёт о советском солдате. Формально и одну и другую нельзя было назвать антисоветскими, но что-то антисоветское в них чувствовалось. И даже в таких совсем безобидных песнях Окуджавы как «Последний троллейбус» или «Вы слышите, грохочут сапоги» тоже ощущалась если не антисоветскость, то неподцензурность. Они не были похожи на напетые на пластинки советские лирические песни, как например «В далёкий край товарищ улетает» или «Ну-ка, ветер, гладь нам кожу». Это отсутствие обязательных призывов, вроде «...ты представь, что за тобою полоса пограничная идёт», привлекала слушателей, и в то же время беспокоила власть имущих. Эти песни, хоть и исполнялись Окуджавой не на сцене, а только в кругу друзей и знакомых, получали потом широкое распространение через магнитофонные записи. Так было положено начало неподцензурному «Магнитиздату», особенно волновавшему власти.

В Москве в то время была хрущёвская оттепель, однако для кого тёплая, а для кого и не очень. Советское правительство потребовало от Югославии изъять журнал с «Московским летом», но Югославия, с одной стороны, отказалась изымать журнал, а с другой стороны — посадила автора на 9 месяцев. Михайло Михайлов, несмотря на своё типичное сербское имя Михайло, был сыном русских эмигрантов, но "осербив" своё имя, хотел этим подчеркнуть свою сербскость.

Статья Михайло Михайлова прошла бы незамеченной, если бы её не напечатал выходивший в те годы во Франкфурте-на-Мейне (Германия) НТ-Совский журнал «Посев» — причем, в переводе Ярослава Трушновича, сына похищенного большевиками в Берлине в 1954 году члена НТС, Александра Рудольфовича Трушновича (Рудольфа до принятия православия), словенца по происхождению.

Биография Окуджавы в общих чертах хорошо известна, как в России, так и за границей, но к общеизвестным фактам всегда можно добавить малоизвестные и почти никому не известные.

Булат Шалвович Окуджава родился в Москве 9 мая 1924 года, и родители дали ему имя Дориан, в честь красавца Дориана Грея, получившего мировую известность после показа фильма, который был выпущен в 2009 году с девизом «Молодой навсегда. Проклятый навеки». О сюжете этого фильма в Интернете было сказано: «Красавца Дориана Грея искушает пресытившийся жизнью лорд Уоттон. Юноша уверен, что его внешность — залог успеха во всём, и стремится познать удовольствия мира. Совершая мерзкие поступки, он, благодаря своему лицу, остаётся в глазах общества чистым. Однако истинная суть этого лица чудесным образом проступает на портрете, нарисованном некогда очарованным им художником — и наступает прозрение».

Родители Дориана Окуджавы были крупными партийными работниками и заменили имя сына на Булат, а булат — это то же, что и сталь. Думаю, родители решили, что это имя более подходит для сына убеждённых коммунистов, каковыми они были.

Отец Булата и оба его дяди были расстреляны в 1937 году, а мать в 1938 году сослана в Карла, откуда вернулась только в 1947 году, не потеряв веры в коммунизм, считая виновником всех бед только лично Сталина.

ПУБЛИЦИСТИКА

После реабилитации родителей и начавшейся десталинизации Окуджава вступил в 1956 году в КПСС, желая этим оказать поддержку Хрущёву, но в 1972 году был исключён из партии из-за публикаций его произведений в «Посеве». Получился скандал, причём в глупом положении оказался не Окуджава, а исключившая его партия. Руководство КПСС поспешило договориться с Окуджавой. Решение об исключении было отменено после какого-то не очень ясного заявления Окуджавы, что он осуждает всех, кто пытается неправильно толковать его произведения.

Окуджава, насколько мне известно, был первым, кто исполнял под гитару свои песни. На концерте в Петербурге (в те годы Ленинграде) был встречен публикой враждебно, но потом, наоборот, стал очень популярным. Первый сборник своих песен он выпустил в СССР в 1964 году. Хотел ему дать название «Последний троллейбус», но в издательстве это название заменили на «Весёлый барабанщик». В этом же году и «Посев» выпустил книгу Окуджавы «Будь здоров, школяр» (Повесть. Стихи опубликованные и неопубликованные). Судя по Википедии, в которой об этом ничего не сказано, об этом и о других посевских изданиях в России известно очень мало. Как сказано в «Свободном слове «Посева» 1945-1995», этим издательством были опубликованы следующие произведения Окуджавы:

В 1964: «Будь здоров, школяр» (этот сборник был уже упомянут). Затем в 1965 по-русски и по-немецки — Ausgewahlte Gedichte. Ubertagung aus dem Russischen Mary von Holbeck, «Проза и поэзия», 3-е дополненное и исправленное издание (1968, 4-е изд.1970, 5-е изд. репринт 1977), Два романа: «Бедный Амвросий — Фотограф Жора» (1970), «Проза и поэзия» (6-е дополненное издание,1982), затем — 7-е снова дополненное издание (1984).

В 1974 году Окуджаве исполнилось 50 лет. В СССР в таких случаях юбиляров обычно поздравляли и о них писали. Но когда Окуджаве исполнилось 50 лет, никто, кроме меня, об этом не написал. Одна моя статья была напечатана в НРС 7 июня, а другая в «Единении» (Сидней) 9 августа.

В этих статьях у меня было сказано: «Булат Окуджава — поэт-самородок, и не просто поэт, а поэт-бард, к тому же ещё и первопроходец — основатель нового песенного жанра, завоевавшего мировую известность благодаря Магнитиздату».

Там же у меня было сказано, со ссылкой на статью Е.Зеленского «Слушая Булата Окуджаву» в НРС от 29 декабря 1968 года: «На своём выступлении в Париже 30 ноября 1967 года, когда его из публики спросили, почему в СССР нет пластинок в его исполнении, он ответил: «Это очень сложный вопрос, потому что десять лет назад, когда я начал выступать с этим жанром — это было совершенно неожиданно для людей, от которых зависит литература и искусство в моей стране. Всех почему-то шокировала гитара. Ну, и было очень трудно, как вы понимаете… постепенно привыкли. Теперь в Москве и в нашей стране очень много людей, которые исполняют свои песни под гитару, и их, к сожалению, уже никто не критикует …».

Сперва в СССР появился неподцензурный Самиздат. НТС разными путями добывал Самиздат, печатал его в Германии и отправлял тоже разными путями, как говорилось «туда», то есть обратно в СССР, где НТСовские издания стали называть Тамиздатом, а когда появились магнитофонные записи, то в Зарубежье их назвали Магнитиздатом.

Смею по-прежнему утверждать, что Окуджава был первым, кто стал исполнять свои песни под гитару. Его последователями были Высоцкий, Галич, Ким, Клячкин, Ножкин и многие другие. Их стали называть бардами, но кто-то догадался, что бардами были древние кельтские певцы, сопровождавшие своих воинов и поднимавшие их дух против врагов своими песнями. Было приказано называть бардовские песни нелепым название «авторские песни», будто все прочие песни не были написаны авторами.

… Появление рецензии на новую книгу Окуджавы привлекло моё внимание. Этой книгой был роман «Путешествие дилетантов», первый роман Окуджавы на историческую тему. Мне сразу показалось, что события романа совпадают с тем, что я знал от матери о Лавинии Бравура, но имена в романе были не те,

ПУБЛИЦИСТИКА

и у меня не было уверенности, что речь идёт именно о Лавинии Бравура, пока в одном месте я не встретил её имя.

А Лавиния Бравура была тётей моей бабушки, и многие подробности мне были известны от мамы. Она говорила, что о ней писалось в немецких и французских книгах того времени, мало известных русским читателям. Единственной на русском языке оказалось «Путешествие дилетантов» Окуджавы.

Моя бабушка. Говорят, что Лавиния Бравура очень на неё похожа.

Прочитав этот роман, в котором Окуджава вывел Лавинию Бравура как польку, я написал статью в нью-йоркской газете «Новое русское слово» (от 7.09.1970 г.), кем она была в действительности. Статью переслали Окуджаве, а потом у меня состоялась встреча с ним в Нью-Йорке, в 1981 году, когда он давал концерт.

От Окуджавы я узнал, что о Лавинии Бравура было написано, но довольно коротко, в петербургской газете «Свет» (1910). Эта публикация случайно попала в руки Окуджавы, и он решил, на основании сказанного в газете, написать роман, что и сделал.

Роман подвергся в СССР резкой критике. Окуджаву обвинили в том, что он написал «якобы» исторический роман, не имея на то необходимых данных. Моя статья как пра-племянника Лавинии оказалась сильным козырем в руках Окуджавы. Он меня за это поблагодарил и рассказал все подробности, связанные с работой над романом.

Я сказал, что если бы он изменил имя главной героини романа, я бы не имел права утверждать, что речь идёт именно о Лавинии Бравура. Могло ведь быть и случайное совпадение! И я спросил Окуджаву, почему он всем изменил имена, а только ей оставил настоящее имя, дав таким образом мне право написать, кем была в действительности Лавиния.

Окуджава задумался, и сказал: «Такова была Воля Божья», а потом добавил, «а вы знаете, я дал нарочно песне «Пока земля ещё вертится...» название «Молитва Франсуа Вийона» чтобы прикрыться его именем». И тут же спросил меня, знаю ли я, кем он был? Я ответил, что знаю, и что на эту тему даже писал в НРС. Сказал Окуджаве и о том, что моя статья к его 50-летию была, вероятно, единственной, отметившей его годовщину. Окуджава моей статьи не видел и рассказал, что в Союзе кто-то написал статью про него, но она ему не понравилась, он рассыпал готовый уже набор и просил ничего не печатать.

К тем скудным сведениям, которые Окуджава смог подчерпнуть из газетной статьи, он старался добавить описание нравов и обстановки того времени. Он мне сказал, что найдя где-то текст какого-то письма тех лет, он его полностью воспроизвёл, но, конечно, многих деталей и нюансов не мог нигде найти.

Про императрицу и Николая I и его «Васильковые дурачества» много написано в Интернете. Однажды на балу-маскараде он стал приставать к одной девушке в маске, которая потом оказалась его дочкой. Многое можно было бы подчерпнуть из хранившейся в архивах переписки современников, но в советское время эти архивы для Окуджавы были недоступны.

Пушкинистам известно, что кроме «Васильковых дурачеств» у императора был и особо тесный круг придворных, собиравшихся в Аничковом дворце. Известно, что императору понравилась красивая жена Пушкина, и он пожаловал Пушкина в камер-юнкеры, чтобы таким образом включить в тот узкий круг и жену Пушкина.

Люди, близкие ко двору, постоянно устраивали балы, которые император Николай 1 охотно посещал. Он приглашал к себе на ужин красивых девушек или замужних молодых дам, посылая к ним своих адъютантов. На одном из таких балов он заметил молодую красавицу Лавинию Жадимировскую, жену богатого коммерсанта, поляка по происхождению. Он послал адъютанта, который сообщил Лавинии, что Государь император приглашает её к себе на ужин. Зная, что это значит, Лавиния спросила адъютанта — приглашает ли с мужем? Адъютант ответил, что без. Лавиния сказала, что ей неудобно ехать на ужин без мужа. Адъютант поспешил заверить Лавинию, что он это всё устроит, и что со стороны мужа возражений не будет, но Лавиния всё равно отказалась

ПУБЛИЦИСТИКА

Многие девушки, зная, в чём дело, тоже отказывались, но матери уговаривали их поехать к императору на ужин, часто даже ехали с дочками вместе. Согласие на ужин обеспечивало не только покровительство двора, но и хорошее замужество. Императрица брала на себя заботу выдать такую девушку за какого-нибудь молодого офицера-аристократа, которого сообразняла не только красота предлагаемой ему невесты, но и в будущем лёгкое продвижение по службе и вообще покровительство двора.

Императрице врачи запретили продолжать с императором супружеские связи, и она из любви к мужу, входя в его положение, была согласна, что кто-то на какое-то время заменит её. С одной стороны можно было бы восхищаться такой жертвенностью, с другой стороны у неё не было выхода, а были даже слухи, что всё это ей даже нравилось. Правды, однако, мы никогда не узнаем.

Известно, что девушки вскоре после ужина зачислялись во фрейлины императрицы, и они знали, что их близость к императору могла быть только от бала до бала.

Лавинии не нужен был ни жених, ни покровительство двора, и она предпочла плыть против течения. Она решительно отказалась ехать к императору на ужин, став единственной отказавшейся от такой чести. Она стала известна этим не только в придворных кругах России, но и намного шире. О ней говорили повсюду, и многие ею восхищались.

«Бравура, из рода маркизов Манини, как русский полковник интендант, участвовал в войне 1812 года. Он был женат на венгерке Марии Фёдоровне, урождённой Геделя, которая после его смерти вышла второй раз замуж за англичанина Роберта Кохун. Старшего сына звали Александр Людвиг Франц Антон Мария. Дочь — Лавиния Теодозия, которая родилась в Москве 27 января (вероятно по старому стилю) 1833 года. Оба от первого брака.

Как сказано в одной из публикаций, «27 января 1850 года сын коммерции советника и кавалера Ивана Алексеевича Жадимировского, потомственный почетный гражданин Алексей Иванович Жадимировский, православный 22 лет, обвенчался с девицей Лавинией Александровной Бравура, католического исповедания, 17 лет, падчерицей управляющего английским магазином. Лавиния не любила Алексея».

Молодожёны поехали за границу в свадебное путешествие. Вернувшись в Петербург, Жадимировские стали известны тем, что собирали у себя изысканное общество, но брак так и не стал счастливым. В 1854 году Лавиния влюбилась в князя Сергея Васильевича Трубецкого (1815-1859), сына генерал-адъютанта Александра I, который в числе друзей Лермонтова был секундантом на дуэли поэта с Мартыновым, а также состоял членом «Кружка шестнадцати». Лавиния бросила мужа и уехала с князем в неизвестном направлении. Император Николай I поднял, можно сказать, всю полицию на ноги, и беглецы были настигнуты в Тифлисе (ныне Тбилиси, Грузиия). Предполагая, что их могут искать вдоль западной границы империи, беглецы думали скрыться на Кавказе, но князь был опознан и арестован. После того, как его выпустили из тюрьмы, он, лишённый дворянства и офицерского чина, вернулся в своё имение Саппун Мурманского уезда, а Лавиния, которая развелась со своим мужем, устроилась в имение экономкой. 19 апреля (вероятно, по старому стилю) 1859 года Трубецкой скончался, и Лавиния стала хлопотать о выезде за границу. Император Александр II разрешил выезд, и Лавиния переехала в Вену. Там она вскоре вышла замуж за Филиппа цу Кастелл-Кастелл (Philipp zu Castell-Castell) (1840–1876), а после его смерти, будучи в Вене, вышла в третий раз замуж за графа фон Зюхтелн (v.Süchteln). Скончалась в Вене 19 июня 1891 года (вероятно, это новый стиль).

Мне известны шесть книг, написанных про неё, одна по-русски Булата Окуджавы «Путешествие дилетантов» (Москва 1979, 1980, 1986, 1990, 2004, 2005, Таллин 1988, Екатеринбург 2003) и перевод её на английский под названием Nocturne (NY, Harper & Row, 1978), одну по-французски и четыре по-немецки.

Из истории Лавинии сделали и театральную постановку, и оперу, а в наши дни одна девушка в Москве, назвавшись Лавинией Бравура, предлагает вступить с нею в связь в Интернете. Мне кажется, что роман Окуджавы «Путешествие дилетантов», выдержавший 8 изданий, говорит о большом интересе читателей к затронутой Окуджавой теме.

Игорь **РОТАРЬ**

Ж журналист-аналитик, репортер. В качестве военного корреспондента работал на всех войнах бывшего СССР: Донбасс, Приднестровский конфликт, Ингушско-Осетинский конфликт, Грузинско-Абхазский конфликт, гражданская война в Таджикистане, война в Чечне (как первая, так и вторая). А также в Афганистане, Боснии и Герцеговине, Руанде (1998), Косово и Албании. Итогом этих поездок стали книги «Исламские радикалы бывшего СССР» (переведена на английский) и «Войны бывшего СССР: от Горбачева до Путина». Игорь Ротарь - автор более 1000 статей в ведущих российских и западных СМИ. Перебравшись несколько лет назад в США, Игорь Ротарь умышленно не стал вести жизнь типичного американского обывателя. Журналист пожил в индейских резервациях, в отдаленной, изолированной от внешнего мира, эскимосской деревушке в аляскинской тайге и в православном монастыре в суровой пустыне на границе с Мексикой. Итогом этих путешествий стала книга «Непарадная Америка», отрывки из которой публикуются в этом номере.

ПУБЛИЦИСТИКА

ИЗ ГЛАВЫ «СЕЛЬСКАЯ АМЕРИКА»

У большинства россиян Соединенные Штаты чаще всего ассоциируются с небоскребами, техническим прогрессом и атрибутами роскошной жизни. Отчасти это действительно так. Но США – это еще и страна с чудесной и почти девственной природой. Как шутят местные, беседуя с европейцами: «У вас культура, а у нас натура».

На мой взгляд, тем, кто приехал в Америку на короткое время, лучше не засиживаться в городах, а арендовать машину и поехать в глушь, дикую природу. Звучит парадоксально?! Как знать, но не исключено, что именно великолепная социальная структура среди почти первозданной природы и является главным американским чудом.

Так, Ильф и Петров в книге «Одноэтажная Америка» назвали главным символом Америки маленькую гостиницу, стоящую посреди бескрайней пустыни, но тем не менее предоставляющую все мыслимые удобства. Хороша ли такая «повернутость» на однотипном комфорте повсюду — это уже другой вопрос, но, пожалуй, именно эта черта и является одной из главных особенностей Америки.

«Нам просто необходимо, чтобы первозданная природа была доступна. Даже если мы доедем лишь до ее кромки и просто поглядим вдаль. Это придаст нам уверенность в том, что люди — разумные существа»,— писал около полувека назад американский писатель Уоллес Стегнер.

Его пожелания сбылись. В мире найдется мало стран, где человек так же приближен к природе, как в США.

Я живу на окраине Сан-Диего (пятого по населению города США) и каждый раз, подъезжая к своему дому, должен быть очень внимательным: дорогу часто перебегают дикие кролики. Те же, кто живет в получасе езды от города, вынуждены проявлять еще большую осторожность – под колеса могут попасть койоты или даже олени. Вокруг (не более часа езды) всех сколько-нибудь крупных американских городов расположены национальные парки и заповедники, природа в которых практически не изменилась со времен Колумба.

ПОЧТИ КАК НА ДИКОМ ЗАПАДЕ

Пустыни западных штатов переносят путешественника в декорации знаменитых вестернов, таких как «Великолепная семерка», «Хороший, плохой, ужасный» и прочих.

Действительно, лет сто пятьдесят назад это был край авантюристов, ковбоев и бандитов. Сейчас все значительно скучнее, а прежнюю бандитскую романтику можно ощутить лишь в музеях и туристических «салунах». Но хотя сегодня «лихих людей» сменили туристы, пустыни по-прежнему очень красивы.

Например, очень величествен национальный парк «Долина Смерти» в Калифорнии, где была зафиксирована максимально высокая температура в Северной Америке. Этот парк увековечен в знаменитом фильме Микеланджело Антониони «Забрийски Пойнт».

Именно так называется один из каньонов долины. Героиня фильма секретарша Дарья едет в резиденцию своего босса в Долине Смерти. Путь ее лежит через бескрайние пески, где лишь изредка попадаются забытые богом поселки.

Сегодня, спустя полвека, здесь мало что изменилось. Разве что местные жители стали воспитаннее. Так, в фильме в одной из деревушек группа мальчишек лет 10 пытается задрать девушке юбку – в нынешней благопристойно-скучной Америке такое исключено: во-первых, теперь детям запрещено гулять без взрослых, да и современные сорванцы уже не такие хулиганы, какими когда-то были их деды.

Однако, и современным американцам по-прежнему не чужд дух авантюризма. Они любят экстремальный спорт. Через всю Америку, от Канады до Мексики проложена знаменитая «тихоокеанская тропа». По ней можно идти горами и пустынями через все США, практически не соприкасаясь с цивилизацией. Немалое количество американцев проделывают это путешествие, занимающее около трех месяцев.

В Долине Смерти ежегодно проходит самый крупный в США двухдневный марафон, очень популярны многодневные путешествия через пески на велосипедах. А однажды я встретил семью с шестилетней дочкой, планирующую четырехдневный переход через пустыню без пищи.

ПУБЛИЦИСТИКА

Кстати, коли вы уж оказались в пустыне, то лучше остановиться не в отеле, а в кемпинге. Стоянки для палаток значительно удалены друг от друга, и вы почувствуете себя настоящим Робинзоном. Купив в любом сельском магазинчике дрова (решившийся рубить деревья, чтобы развести костер, в глазах окружающих превратится в преступника) и приготовленную фермерами национальную американскую еду джерки (вяленое на солнце мясо), вы можете провести вечер почти так же, как американские первопроходцы. Звездное небо над головой, шорохи пустыни и вой койотов – что еще нужно, чтобы вообразить себя настоящим покорителем Дикого Запада?

СЛИШКОМ МНОГО ШИКУ

«Горы не понравились Остапу: слишком много шику, никчемное воображение идиота!» – писали в романе «12 стульев» Ильф и Петров. Именно такие «чересчур красивые» горы – в знаменитейшем калифорнийском парке Йосемити. Иногда местные пейзажи напоминают лубочные картинки не слишком искусного художника. Ну зачем три водопада рядом? Вполне хватило бы одного, максимум двух. Но и при таком «безвкусии» – все равно красиво и, главное, необычно.

Однако часто американские виды просто не укладываются в сознание человека из восточного полушария. «Да это и не похоже на землю. Пейзаж опрокидывал все, если так можно выразиться, европейские представления о земном шаре. Такими могут представиться мальчику во время чтения фантастического романа Луна или Марс», – писали Ильф и Петров о Гранд каньоне. (Илья Ильф, Евгений Петров, Одноэтажная Америка). Не только соглашусь с классиками, но и добавлю, что «марсианистостью» отличаются и многие другие национальные парки Аризоны и Юты.

В тоже время короткие прогулки по национальным паркам скорее напоминают посещение музея в компании толп туристов. Гораздо интереснее отправиться в длительный поход по горам. Для этого вы обязаны зарегистрироваться в офисе национального парка или заповедника. За порядком в зонах дикой природы следят не столько егеря, сколько их добровольные помощники-волонтеры.

«СДЕЛАТЬ МИР ЛУЧШЕ»

В одном из своих путешествий я разговорился с такими волонтерами. Жена владельца автомастерской из ближайшего к национальному парку городка проводит в горах два дня в неделю. Ее работа требует изрядной физической подготовки. С рассветом она поднимается на высоту две тысячи метров и до вечера расчищает туристические тропы. «Я не могу улучшить весь мир, но могу сделать небольшое доброе дело», – гордо объяснила она.

Ее напарник – школьный учитель-пенсионер. Он тоже хочет делать доброе дело и заодно поддерживать себя в хорошей физической форме, чтобы не превратиться в «жалкую развалину».

Иногда «стремление сделать мир лучше» просто зашкаливает. Так, я был свидетелем того, как егерь-волонтер (в свободное от работы время) ловил собаку, потерявшуюся в горах. Как мне объяснил этот добрый старичок, если не спасти собаку, то ее могут съесть медведи. Правда, я знавал американцев, обожавших животных, но бывших отнюдь не добрыми к людям. Что ж, я надеюсь, что этот волонтер был не таким.

К слову сказать, порой такие волонтеры отличаются чрезмерной педантичностью. Так, иногда меня заставляли переставить палатку, так как она на метр (!) была ближе к ручью, чем положено по правилам. Вас также могут заставить переместить бивуак, если его видно с тропы (туристы должны ощущать себя среди первозданного мира).

ЭКОЛОГИЧЕСКИЕ КУРЬЕЗЫ

Главный принцип, по которому функционируют национальные парки и заповедники США – избегать вмешательства в жизнь дикой природы. Доходит до курьезов. Как-то раз в одном из таких национальных парков я хотел положить в рюкзак приглянувшуюся мне шишку, лежавшую на земле. И тут же

ПУБЛИЦИСТИКА

был отчитан рассерженным волонтером: «Мы здесь только гости и не должны ничего менять в мире природы!».

Но и формальные ограничения в парках и заповедниках очень жесткие – за оставленный мусор грозит штраф в 1 тысячу долларов. Однако эти карательные меры приходится применять крайне редко – подавляющее большинство американцев не позволяют себе ничего подобного.

Порой рвение американских экологов кажется чрезмерным. Так, на горных тропах можно увидеть плакаты, сообщающие, что использованная туалетная бумага – тоже мусор, и ее (даже в многодневных походах) нельзя выбрасывать, а следует уносить с собой. Пока, правда, все же допускается оставлять ее в специально вырытых ямах. Но скоро с таким варварством будет покончено. Уже сегодня продвинутые туристические группы носят с собой специальные герметичные пакеты (чтобы не было запаха) для использованной туалетной бумаги.

Можно посмеиваться над чрезмерной экологичностью американцев, но факт остается фактом: всего в часе езды от Лос-Анджелеса и Нью-Йорка природа более первозданная, чем где-нибудь в отдаленных уголках Сибири.

ИЗ ГЛАВЫ «ДОБРОТА ПО-АМЕРИКАНСКИ»

ПЯТИМИНУТКИ ВЕЖЛИВОСТИ

Первое, что поражает иностранцев (причем не только наших вечно хмурых соотечественников), побывавших в США — это привычка американцев всегда и всюду улыбаться. Дружелюбие в этой стране просто удивительное: создается впечатление, что любой местный житель готов бросить все свои дела затем, чтобы помочь случайному прохожему. Одним такое поведение импонирует, другим кажется чем-то лицемерным и наигранным. Хорошо или плохо то, что американцам так нравится быть «хорошими парнями»?

Сейчас это может показаться почти невероятным, однако факт остается фактом: еще в начале прошлого века американцы считались довольно угрюмой нацией, и их часто противопоставляли жизнерадостным французам. Ритуалы доброжелательности начали культивироваться относительно недавно – во времена Великой депрессии. Многие голливудские звезды, которые ввели моду на знаменитую улыбку (например, Фрэнк Синатра), искренне считали, что атмосфера всеобщей, пусть и формальной, доброжелательности несомненно улучшит настроение и снизит уровень агрессии в обществе.

Увы, в реальности начинание кинозвезд распространялось среди населения достаточно медленно, и если посмотреть фото американцев 50-х годов прошлого столетия, то угрюмые (а может, просто естественные?) люди еще преобладают на снимках. Окончательно голливудская улыбка «победила» лишь в 70-е годы прошлого столетия.

Но в наши дни «пятиминутки вежливости» бесспорно являются неотъемлемым атрибутом жизни этой страны. Так, например, если ты оказался с американцем в одном лифте, только очень невежливый человек ограничится приветствием незнакомцу. Просто необходимо сказать, какая сегодня замечательная погода, и поинтересоваться делами случайного попутчика. Если же на улице идет проливной дождь, то и это не повод для угрюмого молчания: вам обязательно пожелают хорошего дня.

Именно изображение радости при встрече с соседом и расспросы о его жизни являются одним из важнейших признаков, что ты – «настоящий американец», а не «диковатый иммигрант».

Если же ты случайно посмотрел в глаза незнакомцу, он обязательно тебе улыбнется в ответ. Кстати, этот приобретенный мною «американизм» оказал мне дурную услугу в России: когда я улыбался посмотревшему на меня человеку, меня воспринимали как ненормального или гея.

В России считается, что в США, благодаря усилиям феминисток, не принято открывать дверь перед женщиной и пропускать ее вперед. На самом деле, по крайней мере сейчас, американцы вновь открывают дверь перед незнакомцами, но делают это вне зависимости от того, кого хотят пропустить – мужчину или женщину.

Иногда привычка американцев быть доброжелательными приводит к курьезным, с точки зрения иностранцев, случаям. Так, я был свидетелем весьма странной сцены. Один россиянин, у которого умерла мать, на вопрос сослуживца, как дела, честно поведал ему о своем горе. В ответ сослуживец лучезарно ему улыбнулся и ответил: «Замечательно!» Конечно же он не хотел обидеть слишком откровенного русского. Дело в том, что, согласно «правилам», ответ на такой вопрос стандартный: «отлично», поэтому мужчина, не слушая своего собеседника, на автомате произнес ритуальное слово.

А один раз я, купившись на внешнее радушие, и вовсе попал в довольно обидную историю. Я шел по очень плохой горной дороге, непроходимой для обычных машин, как вдруг меня догнал внедорожник с американцами. Янки просто излучали дружелюбие, но, когда я попросил их подбросить меня несколько километров до моей машины, они (не переставая улыбаться) отказали.

Или еще пример. Моя знакомая перепутала ключ от бассейна жилого комплекса, где жила. Естественно, калитка на территорию бассейна не открывалась. Американцы, находящиеся в бассейне, стали давать женщине советы, а один даже попытался открыть калитку ее ключом. Но вот просто открыть дверь территории бассейна (изнутри она открывалась без ключа) добрые янки не стали, но при этом не переставали улыбаться. Помаявшись с ключом, моя знакомая была вынуждена вернуться домой.

После этих историй, американцы стали напоминать мне жителей планеты Альфа из знаменитого кинофильма Данелии «Кин-дза-дза». Жители Альфы обожают природу, очень бережно относятся к флоре и фауне. Они вежливы и презирают съедаемых страстями дикарей галактики Кин-дза-дза — из них они делают кактусы.

На самом деле американцы, конечно, не с Альфы и среди них немало добрых людей. Стоит говорить о другом: о том, что вежливость американцев становится малозначимой в ситуациях, когда, для того чтобы проявить альтруизм, им приходится идти на некоторые жертвы или хотя бы неудобства. В этом случае американцы ведут себя, как и россияне— в зависимости от личных качеств.

Кстати, лично я часто сталкивался с американской добротой и удивительным радушием. Как-то раз в аэропорту я обедал за одним столиком с незнакомым американцем. Когда я хотел заплатить, официант мне сказал, что за меня это уже сделал мой «друг». «Просто у вас лицо немного грустным было. Я хотел сказать вам, что жизнь прекрасна! И не пытайтесь мне вернуть деньги – обидите!» – объяснил мне свое поведение мой новоявленный приятель.

Или еще пример. Однажды, пересекая пустыню, я не учел, что автозаправки в таких местах редки. До ближайшего городка мне доехать не удалось, однако, как оказалось, по счастливому стечению обстоятельств мой автомобиль заглох на повороте на американскую военную базу. Вскоре около меня остановился джип, за рулем которого сидел здоровенный морпех. Военный объяснил, что на базу меня не пустят, и предложил привезти бензин в канистре. Однако все мои деньги были на кредитной карточке. Военный, созвонившись с охраной базы, посадил меня в свою машину и отвез на автозаправку закрытого для гражданских городка. К сожалению, местный банкомат принимал только специальные кредитки военнослужащих. Тогда великодушный морпех наполнил мою канистру за свой счет и отвез меня обратно к моей машине.

Конечно же, такое великодушие, связанное с жертвенностью, проявляют далеко не все американцы. Но почти любой из них поможет тебе, если для него это необременительно – принято быть «хорошим парнем». В США тебе всегда подробно объяснят дорогу и даже достанут из багажника машины карту местности. В любом магазине на автотрассе тебе с удовольствием нальют кипятка в термос и позволят подзарядить мобильник.

Верхом неприличия в США считается хамить человеку, допустившему невольную ошибку. Если автомобильная авария произошла по вашей вине, пострадавший почти обязательно

ПУБЛИЦИСТИКА

скажет вам, что на вашем месте мог оказаться каждый. Справедливости ради, стоит добавить, что такое благородство частично объясняется обязательностью автостраховки.

И еще один пример воспитанности американцев. К лекциям в США я готовился с помощью русского преподавателя английского. По ее мнению, слово думать(think) я произносил, как тонуть (sink).

— Вы почти каждую фразу начинаете: «Я думаю», а студентам будет слышаться «Я тону», и в аудитории раздастся смех, – пугала меня преподаватель.

К счастью, во время лекций ничего такого не происходило, слушали меня очень внимательно.

Когда же я рассказал студентам о прогнозе моей российской преподавательницы, то они были просто возмущены, что о них могли так плохо подумать:

— У нас такое поведение невозможно в принципе. Это считается верхом неприличия.

ДЛЯ НАС ВЫ НЕ ИНОСТРАНЕЦ

Гораздо гармоничнее, чем в России, и межнациональные отношения между людьми. Открытые расистские высказывания здесь нереальны, а если ты плохо говоришь по-английски, считается верхом неприличия насмехаться над этим.

К любому мигранту здесь принято относиться подчеркнуто радушно. Нередко, услышав мой акцент, люди, причем часто очень простые, начинали говорить мне что-нибудь приятное. А один раз, когда я упомянул, что я иностранец, то меня тут же поправили: «Вы уже живете в США, так что для нас вы не иностранец, а свой».

В реальности, конечно, как и показали президентские выборы, далеко не всем американцам нравится иммиграция, но из этого отнюдь не следует, что сторонники Трампа будут недоброжелательны к приезжим.

Мне могут возразить, что все вышеперечисленные хорошие свойства американцев идут не «от сердца», а от «рассудка», и часто это так. Но, пусть и благодаря расчету, жизнь становится приятней и спокойней.

КОМФОРТНАЯ ДИСТАНЦИЯ

Кстати, такая формальная доброта утвердилась одновременно с так называемым американский стилем очереди: когда люди, соблюдая privacy, стоят чуть ли не в полуметре друг от друга. Как мне кажется, люди умышленно создают вокруг себя комфортное пространство. А еще лет пятьдесят назад американцы «дышали друг другу в затылок», как принято и сегодня в России или в соседней с США Мексике.

В то же время для человека, привыкшего к российской ментальности, такой американский стиль имеет и обратную сторону. Американцы редко идут на прямой конфликт, предпочитая жаловаться в административные структуры или полицию.

Вообще, полицию здесь принято вызывать по самому незначительному поводу: рядом с домом ходит подозрительный человек, соседские дети перекинули мяч через забор и т.п.

И самое интересное, что полиция действительно приезжает, каким бы незначительным ни был повод. У такого поведения есть основания: в Америке считается нарушением закона, если ты пытаешься разрешить конфликт сам, то есть, по сути, берешь на себя функции полиции.

Я часто оставлял свою машину на улице рядом с входом в мой дом, что формально запрещено правилами жилкомплекса. Никто из соседей ни разу не сделал мне замечания по этому поводу. Но в один прекрасный день автомобиль по звонку моего соседа отвезли на штрафную стоянку.

Вызволяя машину, я размышлял, что лучше: звонок в эвакуационную службу за моей спиной или то, что было бы в России, – выслушивать замечания со стороны соседа, после которых я бы сам убрал свой автомобиль. Я ведь заплатил приличный штраф.

Этот же принцип распространяется и на работу – в США в отличие от России часто трудно понять, доволен ли тобой работодатель, и разгадка может прийти только во время предельно вежливого увольнения.

И еще один минус отношений между американцами, с точки зрения россиянина. «Комфортная дистанция» предполагает и некую отчужденность. Доброжелательность людей отнюдь не означает, что ты им хоть чуточку интересен. Одиночество в США, возможно, более распространенное явление, чем в России. Дружба по-русски, когда можно ввалиться к другу среди ночи, делиться с ним всеми своими проблемами, здесь не то что полностью отсутствует, но все же менее часто встречается, чем в нашей стране. Друга здесь скорее воспринимают как компаньона по совместному времяпрепровождению.

Увы, часто американцы воспринимают и брак лишь как некое «сотрудничество». По официальной статистике, если муж потерял работу, риск развода увеличивается на 30% – жена часто считает, что «нарушен контракт».

При этом такое поведение женщин не свидетельствует о прямой корысти. Очень многие молодые образованные американки не хотят, чтобы муж получал больше, чем они, так как это якобы лишает их независимости. Однако при таком отношении женщины и менее терпимы к недостаткам мужа, и с большой долей вероятности не захотят жить с неудачником.

Из главы «Безделье как стиль жизни»

Американцы придерживаются двух крайностей: или работают, как проклятые, или же наоборот — ничего не делают.

Во время одной из моих поездок по США я познакомился с 23-летними Джоном и Элен, начавшими «путешествовать» сразу же после окончания школы. «Зарабатывают» они на жизнь попрошайничеством, приносящим им в среднем около 30 долларов в день. Огромную помощь в их «бизнесе» оказывает путешествующий с ними пес Бим — многие американцы не хотят кормить бездельников, но не могут отказать в помощи голодной собачке. Нельзя сказать, что образ жизни моих новых знакомых вызвал у меня уважение, но меня все-таки приятно удивило, как вежливо и приветливо говорили со мной эти странные бродяги. Еще более поразительным показалось то обстоятельство, что молодые люди были чисто одеты, трезвы и, в отличие от обычных бездомных, даже не пытались добиться у меня платы за интервью.

Джона и Элен можно с некоторой натяжкой назвать радикальными последователями дауншифтинга.

Термин «дауншифтинг» был впервые использован американской журналисткой Сарой Бен Бреатна в статье «Жизнь на пониженной передаче: дауншифтинг и новый взгляд на успех в 90-е». Дауншифтерами журналистка назвала людей, сознательно отказавшихся от карьеры ради свободного времени. Забавно, что, хотя в России этот термин сегодня очень популярен, в США его не помнит никто.

Большинство американских дауншифтеров время от времени все же работают. Как-то на дорогах Калифорнии я подобрал 28-летнего жителя Нью-Йорка Люка Уайта — журналиста-фрилансера. Он путешествует автостопом и ночует в палатке. Но с собой у него есть ноутбук с подключенным интернетом, видеокамера и дорогой фотоаппарат. Свои статьи журналист публикует на собственном веб-сайте, а также продает их время от времени в разные американские журналы. Стать штатным, а следовательно, хорошо оплачиваемым журналистом Люк и не думает. Ведь, по его словам, тогда он будет ограничен в тематике и жанре.

Довольно часто американцы ведут образ жизни дауншифтеров лишь в молодом возрасте, а потом остепениваются. Так, например, как-то я познакомился с оператором-фрилансером Тимом. После окончания университета он два года колесил по штатам на велосипеде, а кормился просроченной едой, которую перед закрытием можно получить в супермаркетах бесплатно. Сейчас мой знакомый остепенился, женился и более-менее неплохо зарабатывает видеосъемкой. Но все же и сегодня Тим не хочет заключать постоянный контракт, чтобы « не терять свободу».

Таких свободных американцев — многие тысячи. Дать универсальный ответ, почему эти люди добровольно предпочитают кочевой быт домашнему уюту и стабильности, вряд ли возможно. Чаще всего они говорят о том, что слишком любят свободу и не хотят связывать себя упорядоченной жизнью. Очень часто дауншифтеры признаются в тайном желании перевернуть мир: написать, изучив жизнь, гениальную песню или книгу или же просто научить людей жить в братстве и любви. Искренни они или нет — сложно сказать. Очевидно одно: с каждым годом число дауншифтеров в Америке только растет. Появились даже целые поселки, населенные исключительно такими людьми.

ПУБЛИЦИСТИКА

БЕЗ СВЕТА, НО С КОНЦЕРТАМИ

Одно из самых известных таких поселений — Слэб-сити, «последнее свободное место в США», расположенное неподалеку от Сан-Диего. Это поселение получило всемирную известность благодаря одному из его обитателей — Кристоферу Маккендлессу, о котором был снят знаменитый фильм «В диких условиях». Фильм рассказывает реальную историю молодого человека из обеспеченной семьи, который, отвергнув материальные ценности современного общества, перечислил все свои деньги на благотворительность, а сам стал бродягой. На протяжении двух лет под именем Александр Супербродяга он странствовал по США и Мексике. Конец этого молодого человека трагичен: он погиб на Аляске.

Расположенный в суровой пустыне поселок до 60-х годов прошлого столетия был американской военной базой. Именно здесь американский генерал Джордж Смит Паттон тренировал во время второй мировой войны танковые войска перед их высадкой в Северную Африку. Однако потом военные ушли, а на их землях стали обустраиваться хиппи. Строить на новом месте было легко, так как военные оставили после себя бетонные площадки слэб — по-русски плита.

Сегодня в поселке около 500 домов. В основном трейлеров, домов на колесах. Здесь живет около тысячи человек. В поселении нет воды, линии электропередачи и телевидения, но «слэбчан» это отнюдь не смущает. Воду они завозят в контейнерах из ближайшего городка, электроэнергию получают с помощью солнечных аккумуляторов, а телевидение воспринимают, как «ненужное излишество цивилизации».

Зато в поселке есть клуб, где каждую пятницу проходят концерты. По субботам в карма-кухне можно бесплатно полакомиться едой, приготовленной по кришнаитским рецептам. В центре городка стоит «кроссовочное» дерево, на котором вывешивают старую обувь для нуждающихся. А рядом с ним на бетонном фундаменте аккуратно разложена и слегка поношенная одежда.

Не забыты и духовные потребности. В ни кем не охраняемой библиотеке я обнаружил книги Толстого, Достоевского, а также множество литературы по восточной философии. Слэбчанам не чужд и юмор. Рядом со многими трейлерами стоят почтовые ящики с надписью: «Мой дом там, где я припарковался».

В поселке аж две церкви, которые, несмотря на ничтожное число прихожан, умудряются враждовать между собой. Священник церкви «Небеса» Ричард Вебер оказался крепким бородатым мужчиной, похожим на покорителя Дикого Запада из вестернов. Ричард не без гордости демонстрирует солнечный генератор, с помощью которого добывает электроэнергию. По местным меркам он богач: у него есть даже компьютер с мощным модемом. Пастор не склонен идеализировать обитателей Слэб-Сити. Здесь, как он говорит, собрались очень разные люди, среди которых попадаются и алкоголики, и наркоманы. «Объединяет нас, пожалуй, одно — мы решили уйти из американского общества», — рассказывает мне пастор.

Лично меня, как россиянина, больше всего поразило то, что в таком достаточно странном месте нет криминала. Я представил, как выглядело бы подобное поселение в России. Скорее всего, оно быстро превратилось бы в скопище наркоманов и алкоголиков. Однако в Слэб-сити этого не происходит. Когда слэбчане уезжают на несколько дней из городка, они без боязни оставляют на улице велосипеды (ценой под тысячу долларов) и другие дорогие вещи.

Одна из главных «фишек» Слэб-Сити — это «Гора спасения». Местный житель, бывший бродяга Леонард Найт, более двадцати лет разукрашивал красками внушительный по размерам холм. Энтузиаст исписал его многочисленными цитатами из Библии, а на вершине водрузил деревянный крест. Леонард Найт уверял, что Слэб-сити — лучшее место на земле, и он не уедет из него и за 20 миллионов долларов.

Увы, жизнь внесла некоторые коррективы в планы этого идеалиста. Под конец жизни он впал в старческое слабоумие и был отправлен в интернат для престарелых, где в конечном итоге и умер.

ПУБЛИЦИСТИКА

ИЗ ГЛАВЫ «ВЫЖИВШИЕ БУДУТ ЗАСТРЕЛЕНЫ СНОВА»

ЗАРИСОВКИ О ЖИЗНИ ИНДЕЙЦЕВ США

«Не вторгаться! Нарушители будут застрелены. Выжившие будут застрелены снова!» – увидел я огромный плакат на въезде в одну из индейских резерваций в Калифорнии. Пока я размышлял, стоит ли искушать судьбу, к моей машине подъехало четверо индейцев на квадроциклах. «А что, меня действительно могли застрелить?» — в полушутку спрашиваю я, пытаясь разрядить обстановку. «Вполне, мы действительно вас ненавидим!» – не моргнув глазом, отвечают неулыбчивые индейцы.

Согласно законам США индейские племена пользуются теми правами, о которых многие нацменьшинства могут только мечтать. Фактически резервация – это государство в государстве. Для индейских бизнесменов действуют серьезные налоговые льготы, в резервациях есть собственная полиция и племенные суды. Американская политкорректность заходит настолько далеко, что даже само слово «индеец» в американских СМИ почти под запретом: его заменяет словосочетание «коренной американец».

Разрешение на открытие в резервациях казино (игорный бизнес запрещен в других регионах США), а также беспошлинная продажа сигарет – очень серьезная помощь правительства США аборигенам страны. Увы, несмотря на все эти льготы, индейцы все же по-прежнему не любят белых.

«Наше положение значительно хуже, чем у американских афроамериканцев. Например, еще в начале XX века были индейцы-рабы. Мы чужие для США и сегодня».

«Приведу вам хотя бы один пример – операция по ликвидации Усамы бен Ладена носила кодовое имя "Джеронимо". А ведь Джеронимо – легендарный предводитель племени апачей, боровшегося с американскими войсками. Сравнение легендарного индейского лидера с террористом глубоко оскорбило индейцев! Это еще раз доказывает, что проблема коренных жителей Америки не решена и сегодня. Мы – чужие в этом государстве», – пытается объяснить мне нелюбовь к белым борец за права индейцев писатель и кинорежиссер Чаг Лоури.

По мнению господина Лоури, открытия казино не могут решить индейскую проблему в корне. Сегодня игорные дома имеют около 65 процентов племен. Однако лишь десять процентов из них имеют доходы от игорного бизнеса, достаточные, чтобы распределять их среди всех членов племени.

Более того, по мнению индейского активиста, разрешение игорного бизнеса даже вредно. «В XIX веке белые пытались ассимилировать индейцев насильственно. Детей забирали в специальные интернаты. Там ученикам запрещали говорить на родном языке и носить национальную одежду. А за провинности сажали на цепь и кормили лишь хлебом с водой. Сопротивлявшихся колонизаторам индейцев убивали, а коллаборационистов приучали к «огненной воде». Теперь же нас пытаются лишить самобытности более изощренными методами. Игорный бизнес глубоко чужд индейской культуре, он развращает аборигенов Америки», – убеждает меня индейский писатель.

«НЕ ПЕЙ ЗА РУЛЕМ!»

Индейский активист объяснил мне, что наиболее крупные резервации открыты для туристов, и по его совету я побывал в резервации Навахо в Аризоне. Площадь резервации, которую индейцы гордо называют «Нация Навахо» (и очень обижаются, когда их считают племенем), больше, чем территория такой страны, как Латвия. И резервация действительно имеет признаки государства: здесь свое правительство, парламент, флаг, полиция.

Первое, что поразило меня в «стране индейцев», как называют этот уголок в Аризоне, это очень необычные для Америки надписи на придорожных плакатах: «Не пей за рулем». Сегодня во всех индейских резервациях действует жесткий сухой закон, а наиболее внушительными по размерам зданиями здесь являются центры по реабилитации алкоголиков и наркоманов.

После обычных районов США мне показалось, что я оказался в какой-то стране третьего мира. Местный бизнес в основном представлен магазинчиками по продаже индейских суве-

ПУБЛИЦИСТИКА

ниров и высушенного по индейским рецептам мяса «джерки». Торговля идет в грубых, наскоро сколоченных сарайчиках или же просто на выставленных вдоль дорог табуретках. Приблизительно такие же базарчики мне приходилось видеть в сегодняшнем Таджикистане или же России начала 90-х. Белые не спешат покупать однообразные поделки, и если торговцу за день удается заработать десяток долларов, то это считается удачей.

Асфальтовая дорога связывает лишь наиболее крупные населенные пункты резерваций, в мелкие же деревушки приходится добираться по проселку. Электричество и водопровод проложены также лишь в основные поселки. Многие же индейцы предпочитают жить на отдаленных фермах в пустыне, и в таких домах нет ни света, ни водопровода.

ХУЖЕ, ЧЕМ НА ГАИТИ

Увы, как оказалось, есть резервации, где положение значительно хуже, чем у индейцев Навахо. Так, в резервациях племени Лакота многие показатели уровня жизни такие же (или даже хуже), чем на Гаити — беднейшей страны западного полушария:

Например, средняя продолжительность жизни в резервации Роузбуд в Южной Дакоте — 46 лет, а на Гаити — 47. Детская смертность среди индейцов Лакота в 3 раза выше, чем в среднем по США, а количество больных туберкулезом в восемь раз выше среднеамериканского показателя. (Indian Health Service (2013).Disparities. US Department of Healthand Human service).

Конечно же, столь страшные показатели во многом объясняются распространением алкоголизма среди индейцев (процент алкоголико в 5.5 раз выше, чем в среднем по США), но в любом случае такая статистика в одной из самых развитых стран мира выглядит чудовищно.

АССИМИЛЯЦИЯ ИЛИ ИЗОЛЯЦИЯ?

На то, как же нужно решать проблемы коренных жителей США, в Америке есть две прямо противоположные точки зрения.

«Я добиваюсь, чтобы индейцы вернулись к своему традиционному образу жизни: занимались охотой, рыбалкой, говорили на родном языке, поклонялись своим, а не чужим богам. Когда мы сумеем возродить наши традиции, то исчезнут и такие страшные для наших народов проблемы, как алкоголизм, наркомания, безработица», – рассказывает мне господин Лоури. Определенных успехов этот стихийный последователь Руссо уже достиг – так, ему удалось убедить калифорнийские власти сломать плотины на некоторых реках, что позволило индейцам вновь заняться рыболовством.

Самое интересное, что, несмотря на некую кажущуюся наивность суждений писателя, этот путь уже активно используется в некоторых странах. Например, в Австралии уже отчаялись цивилизовать аборигенов. Теперь их, напротив, всячески стимулируют жить вдали от белых, так же как жили их предки. Единственные отличия от прошлого: ружья вместо луков и моторные лодки вместо пирог.

Противники же «культурного многообразия мира» задаются вопросом: а хотят ли сохранять традиционный, почти первобытный уклад сами аборигены? Выросший в индейском поселке профессор Калифорнийского университета Пол Ховард пришел на встречу со мной с переведенной на английский книгой Владимира Арсеньева «Дерсу Узала».

«Как я понял из этой интереснейшей книги, русские относились к своим аборигенам гораздо терпимее, чем белые американцы к индейцам», – сразу же после приветствия без обиняков заявил господин Ховард.

По мнению этого ассимилированного индейца, «резервация – это как засасывающее болото». Хотя теоретически любой индеец может спокойно из нее уехать, на практике сделать это непросто из-за культурной пропасти между коренными жителями Америки и белыми.

Например, как утверждает профессор, индейский мальчик может на автобусе каждый день ездить в белую школу, но там сверстники будут на него смотреть как на маленького грязного дикаря. «На сегодняшний день для индейца есть, по сути, только один способ вырваться из этой трясины – уйти в армию. Наше спасение – отнюдь не в изоляции, а наоборот, в ассимиляции», – в сердцах заключает профессор.

ПУБЛИЦИСТИКА

ИЗ ГЛАВЫ "РЕПОРТАЖ ИЗ АЛЯСКИНСКОЙ ГЛУБИНКИ"

ВОДКА "КАМСНАТКА"

Рубленные избы с русскими печами, горьковатый дымок из труб, величественные реки, безбрежные леса и луга с березовыми рощами на косогоре — типичный пейзаж Аляски. Точнее ее буша — так здесь называют труднодоступные для цивилизации районы, куда можно добраться лишь по воздуху или по реке.

Я работал на Камчатке, и аляскинская глушь так напоминала мне Дальний Восток, что иногда я путался и называл американцам их полуостров Камчаткой. Они не обижались.

Даже самая популярная водка в местных магазинах называется «Kamchatka», хотя стоит по российским понятиям нереальные деньги — 40 долларов за 750 миллилитров!

ДУШЕВАЯ ВМЕСТО БАНИ

В отличие от «обычной» Аляски, американский комфорт не достиг буша. Водопровод здесь предмет роскоши, туалеты на улице — норма. Парового отопления нет– людей выручает русская печь.

Русские научили аляскинских аборигенов строить избы, но почему-то не приучили их к нашей классической бане. Местные не знают о существовании парилки с веником. Эти горемыки ходят в общенародную душевую, которая есть в каждой деревне. Кстати, в одной из деревень на Юконе местных так заинтересовал мой рассказ про русскую баню, что они собрались потратить часть поселкового бюджета на строительство общественной парилки.

СТРАСТИ ПО ЛОСЮ

Работы в деревушках буша почти нет. Единственные «богачи» — школьные учителя и госслужащие (работники «сельсовета» и почты). Раз в год молодых мужчин аляскинских деревень нанимают на месяц «тушить пожары» в Калифорнии. Заработанные в дыму три-четыре тысячи долларов — единственный годовой заработок для большинства местных жителей.

Как и в глухих сибирских и дальневосточных поселках, людей выручает натуральное хозяйство. Реки здесь кишат лососем. Пойманную рыбу обрабатывают, а красную икру бросают собакам — аляскинцы считают, что ее есть нельзя.

Я находил и срывал грибы — белые и подосиновики — даже на деревенских улицах.

С сентября по октябрь длится сезон охоты, и в это время буш «лихорадит». Каждая семья за месяц должна убить хотя бы одного лося. Этого хватит, чтобы прокормиться до следующего сезона. Впрочем, есть и другой способ. Приезжим городским охотникам можно добывать трофеи (рога, шкура), а вот вывозить мясо нельзя, поэтому они просто отдают его в местные школы. И с горемыками, которым так и не удалось убить «своего лося», в учебном заведении всегда поделятся мясом.

Зимой можно охотиться на соболя. В основном охотники ездят на снегоходах, но, в отличие от русского Севера, на Аляске по-прежнему популярны и ездовые собаки. Профессия каюра очень уважаема, и зимой в каждой деревне устраивают собачьи гонки. Забавно, но лучшие каюры – не коренные жители Аляски, а белые.

Увы, добыча соболя — дело непростое. Реально заработать на этом могут лишь немногие охотники-профессионалы, уходящие на зимовку в отдаленные на сотни километров от деревень охотничьи заимки. На Аляске у каждой такой избушки свой хозяин, а на Дальнем Востоке они — «общественные»: в них может остановиться любой охотник. Уходя из жилища, наши охотники всегда оставляют немного еды для следующего постояльца. Полвека назад такая же практика существовала на Аляске. Но потом от этой «общественной собственности» почему-то отказались.

> ПУБЛИЦИСТИКА

АЙВАНЫ, ПИТКИ И ГОЗАКИ

Большинство населения буша — коренные народы Аляски (индейцы и эскимосы). В их языках со времен российской колонизации — много русских слов. Белых людей они называют «гозак» (искаженное «казак»). Очень популярны местные имена Айван (Иван) и Питка (Петька), причем они могут быть и женскими. «Русские имена очень мужественные. Айван звучит почти, как I won! (я победил)», — льстили мне обитатели буша. Потомки русских в буше мне не встретились, но многие индейцы уверяли меня, что их дедушка (или прадедушка) были русскими.

Кстати, у флага Аляски «русские корни»: его придумал в 1926 году 13-летний мальчик — на четверть русский, на четверть алеут.

ЧЕКУШКА НА МОГИЛЕ

В прибрежной Аляске прежде проповедовали русские священники — незначительная часть индейцев до сих пор исповедует православие. В отдаленные деревушки на Юконе русские миссионеры не добрались, и индейцев-язычников обращали в христианство католические и протестантские пасторы.

Но поскольку русские жили на Аляске повсюду, православные церкви, хотя и редко, строились и в отдаленных поселениях буша. В деревушке Руби в бывшей православной церкви сегодня размещается клуб! Нет, здесь, в отличие от Советского Союза, не было «воинствующих атеистов», но, как мне объяснили, церковь построили, еще когда полуостров принадлежал России. Сейчас в деревне ни батюшки, ни прихожан, вот здание и решили использовать под очаг культуры.

«Приветы из русского прошлого» встречаются в самых неожиданных местах. Меня занесло на индейское кладбище, откуда открывается великолепный вид на Юкон. Каково же было мое удивление, когда на могилах я обнаружил чекушки с водкой! Этот обычай распространен только у православных и совершенно не известен ни католикам, ни протестантам.

Как мне показалось, аляскинские индейцы– христиане «эклектичные». Рядом с могилами я обнаружил маленькие игрушечные домики, где "живут души умерших". Такие же домики я встречал на кладбищах ханты и манси на Таймыре.

«ИНДЕЙЦАМ АЛКОГОЛЬ НЕ ПРОДАЕМ»

У коренных жителей Сибири и Аляски есть общая беда. Алкоголизм — бич для коренных народов по обе стороны Берингова пролива. Стиль пьянства очень похож. Когда я зашел на аляскинскую дискотеку, мне показалось, что я очутился на танцах в корякском поселке. Правда, на Камчатке пьяные корячки приглашали белого чужака к себе домой для «продолжения банкета». Увы, на Аляске я с этим не столкнулся, но, как заверили меня местные белые, нравы аляскинских аборигенов тоже очень раскованные.

На Аляске считается, что аборигены пьют потому, что подсознательно считают себя хуже белых. В России это версия не популярна. И понятно почему. В СССР аборигенам Сибири говорить на родном языке не запрещали, а вот на Аляске еще в 1960-х годах прошлого века белые учителя за подобное «преступление» мазали губы мылом. На магазинах и барах штата вывешивали плакаты: "Индейцам алкоголь не продаем". У аборигенов Аляски, страдающих от алкоголизма и не выдерживающих конкуренции с белыми, выработался четкий комплекс своей второсортности. В СССР же, где всем платили почти одинаковую зарплату, эта проблема ощущалась гораздо менее остро.

«НАШ РАСПУТИН» И ЧУКОТСКАЯ ДЕВУШКА

В деревне с русским именем Галина я познакомился с бывшим москвичом Львом Погребинским. Из-за огромной бороды местные называют его «наш Распутин».

Лева эмигрировал из СССР вместе с родителями в 13 летнем возрасте. Карьеру в США сделать не удалось. Иммигрант живет в палатке с печкой на берегу Юкона и уверяет, что в ней не холодно даже в пятидесятиградусный мороз. Туалета у бывшего жителя СССР нет, он просто ходит в ближайшие кусты. Моется Лева (не слишком часто) в общественной душевой деревни.

Сильное впечатление на Леву произвело знакомство с чукотской девушкой — научным работником, приехавшим на Аляску в командировку изучать быт местных индейцев. Лева достает из заветного тайника фотографии своей чукотской приятельницы. Держит он их столь трепетно, а говорит про свою знакомую с такой теплотой, что мне кажется, что он немного влюблен в ученую из России.

— Лена была поражена тем, насколько наша жизнь похоже на чукотскую. У нас она чувствовала себя как дома! — говорит мне бывший москвич.

ОТШЕЛЬНИКИ-МИЗАНТРОПЫ

Интересен и другой тип аляскинских белых. На берегу Юкона стоят отдаленные на десятки километров от деревень избушки. Естественно, ни об электричестве, ни о водопроводе здесь не может быть и речи. Живущие в них бородачи (как правило, ветераны войн) прямо говорят, что не хотят иметь ничего общего с нелюбимым им американским обществом.

Я побывал в гостях у ветерана вьетнамской войны Билла, живущего в избушке в двух часах езды на моторке по Юкону от ближайшей деревушки. В его жилище уютно: на стенах сушатся приятно пахнущие лечебные травы, в печке потрескивают дрова. Заросший почти по пояс бородой Билл оказался гостеприимным хозяином и приятным собеседником. Он предложил мне пять видов чая с разными травяными добавками и собственноручно сделанное брусничное и черничное варенье.

Но когда я завел разговор о Вьетнаме, ветерана начало просто трясти, и он стал производить впечатление не совсем адекватного человека. Я поспешил перевести разговор на более «спокойную» тему, и постепенно мой собеседник пришел в себя.

По словам Билла, на войне во Вьетнаме он приобрел два «недуга»: мизантропию и героиновую зависимость. Со вторым недугом он справился «относительно легко», а вот вновь полюбить людей оказалось сложней.

— Я рад гостям, с удовольствием общаюсь с интересными собеседниками, но долго жить в обществе мне тяжело. В одиночестве на природе я чувствую себя более естественно, — признается ветеран.

«ОБРЕСТИ СВОЕ Я»

Крайний пример аляскинского типажа затворников — семья американцев Дэвида и Роми Атчлей. Внешне супруги выглядят типичными американскими «яйцеголовыми»: оба в очках, изъясняются на хорошем литературном английском. В «прошлой жизни» Роми работала экологом, а Дэвид преподавал философию в одном из университетов. Но лет 20 назад Атчли перебрались в избушку в тайге в двухстах километрах от ближайшей деревни. За все это время они лишь один раз прожили три месяца в городе — у супругов родился сын. Но, как только «малыш слегка окреп», отшельники вместе с ребенком вернулись в любимую избушку.

В год они один раз ездят на неделю в ближайший городок, чтобы закупить продукты. Им нужны лишь соль, кофе и крупы — остальную пищу дает тайга.

По своим взглядам, Атчлей — типичные «леваки». Но причина отшельничества другая. Как объяснил мне Дэвид, живя среди людей, «человек теряет свое Я», и только вдали от социума можно понять истинный смысл жизни.

Возможно, взрослые Атчли и «обрели свои Я», а вот их сын производит впечатление странного мальчика. В свои 12 лет он не отходит от мамы, а сверстники, играющие в непонятные компьютерные игры, ему чужды. Цивилизация ему настолько не нравится, что он обиделся, когда я назвал его американцем.

Самуил
САВИЦКИЙ

тец Самуил Савицкий родился в Австрии 3 октября 1950 года. Уже с малых лет он понимал, что посвятит себя Богу. Его не сломило атеистически настроенное общество. После учебы отца Самуила призвали в армию. Из-за своей веры он попал в спецназ – в отряд, в котором находились люди, чьи жизни не считались ценными. После службы пришёл в известную группу «Машина времени», там он работал звукорежиссёром, был в дружбе с Андреем Макаревичем и даже стал его крестным. С 1974 по 1988 год отец Самуил служил в церквях Тулы и Москвы. После того, как ему запретили проповедовать в Советском Союзе, он был вынужден уехать в Америку. Выучил язык, стал пастором в американских церквях Пенсильвании, Вашингтона (Сиэтл), Аризоны. В то же время он был профессором духовного искусства в Университете Пенсильвании. Его невероятно глубокое понимание слова Божьего, мудрость и вера в людей поражали и привлекали всех, кто с ним сталкивался в жизни. После себя он оставил кладезь рукописей. Мы публикуем одну из его проповедей.

ПУБЛИЦИСТИКА

МЕЖДУ ТЬМОЙ И СВЕТОМ

Жить во тьме и во свету...

Вспомним первые строки Библии: «Да будет свет, и появился свет. Бог увидел, что свет хорош, и отделил его от тьмы. Бог назвал свет днем, а тьму – ночью. Был вечер, и было утро – день первый». (Бытие 1:3-5).

Несмотря на то, что каждый человек уже давно знает, насколько важен свет в физическом плане, тем не менее, человечество еще только начинает понимать всю важность света. Мы так долго шли к свету, и все еще продолжаем к нему идти. Несколько простых примеров из науки. Как мы сегодня передаем сообщения друг другу? При помощи световых волн. Мы используем лазер со световыми волнами, чтобы выполнить операции на таких деликатных органах, как человеческий глаз. А космос? Расстояние в нем измеряется в «световых годах», где свет проходит около 186 000 миль в секунду. Всеобъемлющее НАСА сегодня занимается вопросом света так же подробно, как они исследуют небеса.

Однако есть в свете нечто такое, что мне не дает покоя. Это его восприятие, понимание. Как слово «свет» используется в различных религиях и Священном Писании? При помощи него изображают истину, добро, понимание, открытость, спасение и другие светлые чувства. Тьму, в свою очередь, противопоставляют свету. Тьма используется в Писании, чтобы выразить все плохое: вселенское зло, беды, грехи, ложь – всё, что имеет темную окраску.

О свете говорит и Христос, когда он обращается к иудеям, говоря, что он был «Светом Мира».

Если обратиться к мировым культурам, то мы увидим, что практически все божества представлялись в качестве света. Простой пример - бог Ра у египтян.

Бога изображают в качестве света, потому что свет также не имеет очертания или формы. Вы не можете его подержать в руке, ощутить, закрыть в коробке. При этом свет – невероятная сила, которая может победить тьму. Тьма не может сосуществовать со светом, он разрушает ее влияние. Попробуйте зажечь свечу в темной комнате, и вы увидите, как тьма отступит. Одно маленькое пламя способно буквально пронзить тьму.

На примитивном уровне мы понимаем, что свет – это добро, а тьма – это зло. Свет уничтожает тьму. Добро уничтожает зло. Мы входим в комнату и включаем свет. Для чего? Потому что при свете мы видим вещи, понимаем, что происходит. При тьме нет. Свет от солнца помогает расти всему живому, обозначает жизнь, дарит нам тепло. От света у нас только приятные ощущения. Тьма же заставляет нас бояться, потому что мы не можем видеть и не знаем, что внутри этой тьмы. Это четкое понимание есть у нас с самого детства. А вот уже на более глубоком, духовном уровне, у людей до сих пор происходит непонимание света и тьмы.

Философы и богословы основывали свои идеи света на окружающем их мире, на законах физики, которые они могли наблюдать. Это пошло из западной философии. Эммануэль Кант (22 апреля 1724-12 февраля 1804 гг.) впервые заговорил об этой концепции, когда предположил, что духовный мир и физический мир взаимосвязаны и являются зеркалами друг друга. То, что истинно физически, истинно и духовно.

Если мы обратим наше внимание на современную физику и квантовую механику, то увидим, что в этих сферах сегодня существует множество новых теорий: теория струн, теория мета-мозга и будут создаваться еще много других, но их объединяет одна идея - физической свет может достичь плотного состояния существования.

Возьмем, к примеру, черную дыру. Как ее воспринимают? Как физическое проявление тьмы. Но, тем не менее, сама черная дыра заполнена огромным количеством света. Вакуум пространства, который мы воспринимаем как тьму, на самом деле является формой хранения света. Вот и получается, темнота, которую мы физически воспринимаем как тьму, на деле - это просто еще одна форма света.

Эту идею света и тьмы мы можем найти в Писании. Например, у Исаии 45-7 мы видим строки, что «Бог формирует свет и создает тьму», а в Евангелии от Иоанна 1:5 говорится: «Бог есть свет, и в Нем нет никакой тьмы». Поэтому то, что мы воспри-

ПУБЛИЦИСТИКА

нимаем как тьму, на самом деле – есть свет, но в другой форме. Если Вселенная пронизана присутствием Бога, то, несомненно, везде, где есть тьма во Вселенной, есть Бог, и везде, где есть Бог, есть свет. Если мы применим это новое знание о свете и тьме к вопросу о зле, то мы должны спросить себя - где есть место для существования зла? Где существует зло, кроме как в вере и поведении людей? Это значит, что зло есть только там, где человек вершит это зло. Вспомним строки гимна великого богослова Ефрема Сирина (306-373):

«Как вода окружает рыбу, так и она это чувствует,
Так же и мы все чувствуем Бога всюду, вокруг нас.
Он растворен в воздухе,
Мы им дышим.
Он смешивается со светом,
И входит в нас, как только мы открываем глаза,
Он смешивается с нашим духом,
И исследует нас изнутри, на предмет того, кто мы есть.
Он обитает в нашей душе...»

А в Псалме 139 мы видим следующие строки: «Куда пойду от Духа Твоего, и от лица Твоего куда убегу? Взойду ли на небо – Ты там; сойду ли в преисподнюю – и там Ты. Возьму ли крылья зари и переселюсь на край моря, – и там рука Твоя поведет меня, и удержит меня десница Твоя. Скажу ли: «может быть, тьма скроет меня, и свет вокруг меня сделается ночью»; но и тьма не затмит от Тебя, и ночь светла, как день: как тьма, так и свет».

У меня есть теория о грехе. Я не претендую на оригинальность, но вывел эту теорию для себя и называю ее «Теорией тараканов». Счастливы те, кто никогда не видели этих насекомых в своем доме. А те, кто видел, помните этот момент, когда вы заходите в темную комнату и включаете свет? Что делают тараканы? Надевают ли очки от солнца и подставляют свои тела к свету, как это делают люди? Нет! Они пытаются убежать от этого света, как можно скорее. Они мечутся по комнате, пытаясь вернуться в темное место. Так вот моя теория заключается в том, что грех реагирует на свет, как тараканы. Люди, которые живут во грехе, часто делают яростную попытку вернуться под покров тьмы, как эти тараканы. Потому что они надеются, что тогда их дела не будут видны.

«Не жди Страшного Суда. Он приходит каждый день».

Первая вещь, которая открылась в мире с приходом света, – это то, что люди не смогут больше таить свои грехи под покровом тьмы. Христос в том же послании Иоанна говорит: «Но тот, кто живет по истине, выходит на свет, чтобы было ясно видно, что то, что он сделал, было сделано через Бога». (Иоанна 3:21). Мы часто используем слово «осуждение» в очень негативном контексте. Но Бог также в своем суде открывает человеческое добро, праведность, чистоту, святость, а также зло. Видите ли, свет освещает и хорошее, и плохое. И каждая человеческая жизнь состоит из света и тьмы, из счастливых и печальных моментов, из чего-то жизненно-важного и из совсем незначительного, второстепенного. Важно то, как мы это все воспринимаем. Собираемся ли мы из-за этого закрыться в себе, стать депрессивными, циничным? Пытаемся ли мы убежать от себя, поддавшись искушениям, развлечениям? Или же мы собираемся открыть свое сердце тайне, которая так же естественна, как солнце и луна, день и ночь, лето и зима? Мы, как и большинство людей, скорее всего прошли через многие темные полосы в нашей жизни. Может быть кто-то из нас и сейчас в этой ситуации. Как мы решаем реагировать на смесь тьмы и света в нашей жизни? Зная, что любая жизнь - это баланс, можем ли мы позволить себе погрузиться во тьму, когда она приходит в нашу жизнь? Мы должны помнить, что темнота – это естественная и неотъемлемая часть человеческого состояния души, и ей можно противостоять, лишь понимая, что даже во тьме присутствует Бог. Этот мир, несмотря на всю его красоту и доброту, также является царством тьмы. Миллионы людей страдают и не видят, что им светит солнце. Даже если сегодня оно нам с вами светит, то завтра все может измениться. Впереди всегда есть какая-нибудь тьма, какая-нибудь несправедливость, какая-нибудь жестокость. И, даже если мы духовно обнищали, ослепли, у нас появились раны от прошлых страданий, мы думаем, что мы потеряли себя и перестали понимать, что происходит; несмотря

• Самуил Савицкий

ПУБЛИЦИСТИКА

на все это, если мы придем к Богу и исповедуем перед ним все свои состояния, то мы поймем: Бог есть источник жизни, который всегда хочет нас поддерживать, прощать и любить. Это все, что нам нужно, это все, чего мы хотим. Когда мы верим, что Бог знает, что для нас лучше всего, и когда мы ему доверяем, то, несмотря на любые обстоятельства, этот Божественный Свет станет источником духовного откровения, который поможет нам преодолеть наши искусственно выстроенные преграды и увидеть истину, какая она есть.

Я призываю вас к вере, что темные ночи никогда не будут бесконечны. Я призываю вас, чтобы вы радовались, веря, что надежда, свет, истина и любовь придут к каждому из нас. Мы можем это сделать, потому что свет и тьма всегда вместе в нашей жизни, они создают мозаику, и эта мозаика и есть наша жизнь.

«Пока у вас есть свет, поверьте в этот свет, чтобы стать людьми света (Иоанна 12:36). Аминь.

(Перевод Дарьи Новиковой)

"BETWEEN DARKNESS AND LIGHT"

Everyone knows the importance of light in the physical realm of life. Most remember reading of the time when God said, "Let there be light: and there was light". And God saw that light, that it was good: And God divided the light from the darkness. And God called the light day, and the darkness He called night. And the evening and the morning were the first day" (Genesis 1:3-5).

Humankind is just beginning to learn just how important light really is. We are now transmitting messages via light waves. We are doing wonderful things with the laser using concentrated light beams to do surgery on such delicate organs as the human eye among other things. Distances in outer space are measured in "light years" dealing with the understanding that light travels about **186,000 miles per second.** NASA uses light in many wonderful ways as they explore the heavens.

What concerns me is how the word "light" is used in the different religions and the Holy Scriptures to depict **right, good, truth, understanding, revelation, awakening, salvation, enlightenment, etc.**

Of course the opposite of light is dark.

Darkness is used in Scriptures **to depict evil, bad, calamity, sin, wrong, error, lies, etc.**

The image of light is not unique to Jesus, when he tells the Jews who were gathered around Him that he was the "Light of the World". Many cultures picture their deities to be light or sources of light. **The most notable of the cultures is that of the Egyptians. (Ra)**

The image of light is a powerful picture of God.

Light cannot be contained. Light has no shape or form. You can't hold it in your hand, or close it up in a box.

Darkness cannot co-exist with light. Light pierces the darkness and destroys its hold on life. **The flame of one small candle pierces the darkness.**

At a primitive level, it is obvious that the light is considered good and the darkness is considered evil. **On a deeper level,** the lack of understanding between the spiritual nature of light and darkness has created behavioral pattern of mankind's worldview, which is not the way it was designed to flow.

The reason behind our perception of the light being good and the darkness being evil is physical, and the philosophers and early theologians based their philosophy and religion on the ideas of the physics around them that they were able to observe.

In our history of experience as human beings, we have come **to accept the notion of a struggle between light and darkness.** We believe that light is good and darkness is evil because that is the perception we have always had and there has never seemed to be a need to challenge it. The simple reason behind this perception is that when the light is on, you can see things and understand what is going on. Light from sun provides warmth and it is the giver of life. Darkness, on the other hand, makes us afraid as we stand in it because we can't see and we do not know what is coming at us.

Every human life is made up of the light and the dark, the happy and the sad, the vital and the deadening. How you think about this rhythm of moods makes all the difference. Are you going to hide out in self-delusion and distracting entertainments? Are you going to become cynical and depressed? Or are you going to open your heart to a mystery that is as natural as the sun and the moon, day and night, and summer and winter? If you are like most people, you have gone through several dark nights of the soul. You may be in the middle of one now.

How to we respond to the mix of dark and light on life's journey? Knowing that any life is a balance, do we allow ourselves to go to darker places when they arise? A mindset of dark nights of the soul as natural and part of the human condition can help us face them, knowing that even in the darkness there is God's Presence.

This world, for all its beauty and grace, is also the realm of darkness. Things do not go well for millions, the sun shines not for many of our brothers and sisters, even if it shines today for us. There is always some darkness ahead. That dark trail, going into the night. The depression of uncertainty. Bad prognoses about our physical condition. It is when we are spiritually impoverished, blind, wounded, lost, and know it—and confess to God we know it—that this life-giving, life-sustaining Light becomes all we need and all we want. It is when we believe that God always has our best interests at heart, despite our present circumstances—that this Divine Light becomes the Spiritual Impulse that helps us to transcend our own limitations, and to discern a deeper sense of purpose that is infinitely bigger than our personal worlds could contain.

May we hope that dark nights do not last too long, may we rejoice in knowing that hope and light and truth and love will come to each of us. May we rejoice in knowing that our souls can be renewed, as light and dark intermingle to create this mosaic that is our lives. *"Believe in the Light, that you may become the children if Light"* (John 12:36)

LIVING IN DARK AND LIGHT

The reason behind our perception of the light being good and the darkness being evil is physical, and the philosophers and early theologians based their philosophy and religion on the ideas of the physics around them that they were able to observe.

This is a belief founded in Western Philosophy. **Emmanuel Kant (22 April 1724 – 12 February 1804)** first spoke of the concept when he talked about the idea that the spirit world and the physical world are related and that they are mirrors of one another.

What is true physically is true spiritually.

It was an obsession of his to understand how the spirit plugged into the physical. Modern physics and the advent of quantum mechanics has led to a whole new group of theories — grand unified theories, string theories, meta brain theory, and many others as well as new ones yet to come, but the idea remains and always will remain that physical light can achieve a dense state of existence.

For instance, in a black hole, much of the light is trapped inside of the actual black hole, so there is a massive amount of light inside of it. The perception of a black hole is that it would be a physical manifestation of darkness, and yet, **the black hole itself is filled with dense light**. The vacuum of space, which we perceive as darkness, is filled with matter and anti-matter, which is a form of storing light.

In this sense, the darkness of the vacuum is just **a state of light that is standing still.** So it turns out that **all of the physical perceptions of darkness around us** are **just another form of light.**

ПУБЛИЦИСТИКА

We find this idea of light and darkness supported in Scripture. Isaiah 45-7; "God forms light and creates darkness." John 1:5 states, **"God is light and in Him there is no darkness at all."**

If God is everywhere, then most certainly God is light and in Him there is no darkness at all, because even when it's perceived as darkness, for instance, a black hole, there is still light inside of these things in a different state.

If the Universe is penetrated by the presence of God, then most certainly wherever there is perceived darkness in the Universe, there is God, and where ever there is God, there is light. **If there is darkness, there is light**.

If we apply this new knowledge of light and darkness toward the question of evil, **we must ask, where is there a place for evil to exist?**

Where does evil exist except in the belief and a behavior of Humanity?

The truth is these are the only places that it does exist because it cannot exist in as an independent entity; it cannot because there is no place for it in the presence of

St. Ephraim the Syrian (306-373) was a great theologian, from one of his hymns:

"As the water surrounds the fish and it feels it,
So also do all natures feel God.
He is diffused through the air,
And with your breath enters into your midst.
He is mingled with the light,
And enters, when you see, into your eyes.
He is mingled with thy spirit,
And examines you from within, as to who you are.
In your soul He dwells ..."

"Where can I go from Your Spirit? *Where can I flee from Your presence? If I go up to the heavens, you are there; if I make my bed in the depths, You are there... If I say, "Surely the darkness will hide me and the light become night around me," even the darkness will* *not be dark to You; the night will shine like the day, for darkness is as light to You.* (Psalm 139)

I have a theory about sin. I don't think it's original.

But I call it the "Cockroach Theory." Now, since all of us live in such opulence – you've probably never personally seen this in your home before. But, if you've ever walked into a dark room and turned on the light, and there were cockroaches in that room – you know what they do? They don't put on their little cockroach sunglasses, and break-out the sun screen, and lay there worshipping that great glowing orb above them – like we humans do. No! You've seen what they do. They try to escape that light as quickly as they can. They dart all over the place as quickly as their little legs will carry them – trying to get back in a dark place as fast as they can.

And my theory is that sin responds to light – just like a cockroach does. People who are living in sin will often make as furious an attempt to get back under the cover of darkness when somebody hits the lights – as that cockroach does.

"Do not wait for the Last Judgment. It comes every day."

The first thing that the coming of the Light marked in our world was the reality of judgment. No longer could men keep their sin safely hidden under the cloak of darkness. And Jesus went on to say in that same passage, "But whoever lives by the truth comes into the light, so that it may be seen plainly that what he has done has been done through God." (John 3:21) We often use the word "judgment" in a very negative context. But God's judgment is also going to expose the good. . .righteous. . pure. . .holy – as well as the evil. **You see, light illuminates the good and the bad.**

"Believe in the Light, that you may become the children if Light" (John 12:36)
Amen

Юлия **СИНАРЁВА**

Психолог, семейный психотерапевт, расстановщик, тренер НЛП, автор книг «Любовь ушла, жизнь продолжается» и «Семейная пара: вместе или рядом». Закончила факультет психологии Московского Педагогического Университета в 1995 году. Занималась преподавательской деятельностью. Затем влюбилась в системные расстановки по Хеллингеру, и теперь вот уже 14 лет постоянно их проводит. Начала публиковаться сразу после окончания университета. С лета 2010 года живёт во Флориде (Джексонвилль). Большая часть её консультаций проходит в онлайн-режиме. Кроме того, в разных городах и штатах Юлия проводит мастер-классы на различные темы, а также индивидуальные консультации и системные расстановки в группах. "Встречаю множество интересных людей, вижу очень разные настроения у иммигрантов — и постепенно начинаю всё лучше понимать, как им можно помочь не просто Выжить, «прижиться на новом месте», а именно Жить Счастливо", – говорит автор, с чьей книгой, которая готовится к изданию, мы познакомим вас в этом номере.

ПУБЛИЦИСТИКА

ПАРАЛЛЕЛЬНАЯ РЕАЛЬНОСТЬ: ПСИХОЛОГИЯ ИММИГРАЦИИ

ПРО КНИГУ: ПОЧЕМУ Я РЕШИЛА ЕЕ НАПИСАТЬ И СЧИТАЮ ВАЖНОЙ?

Поскольку я профессиональный психолог и семейный терапевт с большим стажем, очень активно работаю онлайн с русскоговорящей аудиторией из многих стран, то за девять лет моей собственной иммиграции у меня, конечно, накопилось много материала о самых разных аспектах этого вопроса.

Моя практика показывает, что иммиграция очень неслабо перепахивает личность. И далеко не все оказываются к этому готовы...

Я хочу об этом говорить не только на своих консультациях, но и на более широкую аудиторию. Чтобы у всех нас было больше понимания, что и почему с нами происходит, и как это можно облегчить. Чтобы кто-то мог поделиться своим успешным адаптационным опытом и полученными на этом пути инсайтами.

Мне очень понравился вариант названия «параллельная реальность». Потому что в момент принятия решения об иммиграции мы действительно поворачиваем некую невидимую стрелку, и наш поезд начинает двигаться дальше по каким-то другим рельсам, по совершенно иной ветке развития событий. Мы сворачиваем на «новую жизнь», совсем не ту, какая была у нас до сих пор.

ПОЧЕМУ ИММИГРАЦИЯ ТАК СЛОЖНА ПСИХОЛОГИЧЕСКИ?

Почти все иммигранты снова и снова задаются одними и теми же экзистенциальными вопросами: Кто Я? К какой культуре я принадлежу? Где мой дом? Где я хочу состариться? И на эти вопросы нет ответов. Для большинства из нас всё слишком спутанно и размыто. И даже если вы «прижились» в новой стране, хорошо адаптировались, чувство «дома» и чувство принадлежности для многих остается чем-то неопределенным и неоднозначным...

КАКИЕ ТЕМЫ ОБСУЖДАЮТСЯ В КНИГЕ?

Мы говорим обо всех тех нюансах и закономерных сложностях, с которыми сталкиваются, так или иначе, иммигранты в любой стране. Но не с бытовой точки зрения, а с психологической.

То есть, как меняется в новой стране:
- наша самооценка и репутация (по каким критериям мы сами себя оцениваем как «успешных» или «неуспешных» в новых условиях – и как нас теперь оценивают новые и старые знакомые);
- наши отношения с близкими (супругами, детьми, родителями). Буду подробно рассказывать о динамике отношений между мужем и женой, которые приехали в иммиграцию вместе; о том, как складываются отношения в международных браках; о судьбах детей, которые приезжают в новую страну вместе с семьей или одним из родителей; о том, какие подводные камни находятся в общении иммигрантов с поколением своих родителей – как в том случае, когда пожилые люди остаются на Родине, так и в том случае, если дети привозят их в новую страну;
- какие цели человек себе ставит и как к ним идет, как представляет себе «самореализацию» в новых условиях, как меняется восприятие себя и своего будущего;
- чувство принадлежности к разным сообществам, старым и вновь образующимся (начиная от небольших – семья или дружеские союзы, до глобальных – профессия, национальность, страна и т.д.).

Книга будет наполнена не только «умной теорией», но и цитатами моих клиентов и читателей, вопросами и ответами, интервью с интересными людьми, которые прошли свой иммиграционный путь более, чем достойно – и которым есть, чем поделиться с теми, кто только начал свой адаптационный путь на новом месте.

ПУБЛИЦИСТИКА

И, поскольку основная моя специализация как психолога – это семейные и личные отношения, я буду, среди прочего, проводить для вас всякие провокативные параллели.

К примеру, расскажу, чем похожи иммиграция и развод («масштаб» расставания разный, а механизм – один и тот же!). Или как умение «смотреть на хорошее» спасает не только брак, но и помогает вам адаптироваться в новой стране.

Знать, что и почему с вами происходит, понимать, что эмоции не сваливаются на вас «как кирпич на голову», а вполне находятся под вашим контролем, если вы захотите научиться их регулировать (и, тем самым, помогать себе в процессе адаптации) – очень полезно.

Тогда процессы в вашей голове и сердце становятся не только предсказуемыми, но и управляемыми. И вы перестаете чувствовать себя Жертвой обстоятельств, а вновь приобретаете контроль над своей жизнью. И рулите – туда, куда хотите))))

А я пока готова поделиться с вами в этом тексте некоторыми общими темами из моей будущей книги. Расскажу о том,

«как и зачем иммиграция меняет нашу личность»,

«Почему и Зачем мы уезжаем» (то есть, как созревает наша внутренняя мотивация – и как она потом влияет на процесс и длительность вашей адаптации на новом месте),

а также обсудим «Цену вопроса» (что мы теряем и что приобретаем в иммиграции – и на что именно, на Дары или на Потери, направлен ваш фокус внимания).

Приятного чтения!

И до встречи в радиоэфире, на моих индивидуальных консультациях и групповых ивентах в разных городах, а также на страницах моей будущей книги «ПАРАЛЛЕЛЬНАЯ РЕАЛЬНОСТЬ: ПСИХОЛОГИЯ ИММИГРАЦИИ».

КАК И ЗАЧЕМ ИММИГРАЦИЯ ПЕРЕСТРАИВАЕТ НАШУ ЛИЧНОСТЬ

С моей точки зрения, ИММИГРАЦИЯ НАЧИНАЕТСЯ не с выхода из самолета в аэропорту чужой страны, а с ПРИНЯТИЯ РЕШЕНИЯ об иммиграции.

И, как любое другое серьезное изменение, это решение может вызревать, планироваться, обсуждаться и взвешиваться довольно долго. Чаще всего, от первой шальной мысли и до сбора чемоданов проходят годы, а не месяцы. Эта мысль может активизироваться и затухать, превращаться в навязчивую идею или откладываться.

И на пути у этого решения может быть всё, что угодно – жесткие баталии с родственниками, ультиматумы супругам, горькие ответы «тебе надо, ты и езжай, а мне и здесь хорошо», лихорадочные попытки собрать информацию и понять грядущие перспективы.

А когда граница уже пересечена, и вы начинаете обустраиваться на новом месте, вступает в силу довольно характерная психологическая динамика. У разных людей она имеет свои особенности и зависит от разных обстоятельств. Но в целом – все проходят через примерно одинаковые этапы. В некоторых из них – надолго застревая, а другие – проскакивая почти незаметно. Но, если присмотреться, картина всегда оказывается вполне предсказуемой...

После приезда, как правило, людей охватывает ЭЙФОРИЯ. Это такой «КУРОРТНЫЙ» ПЕРИОД. Состояние жадного отпускника, который ясно осознает, что праздник вот-вот закончится, но пока он здесь, он наслаждается на всю катушку. Всё интересно, все радует, хочется познакомиться поближе, разглядеть все, что видит, проводить время активно и приятно.

Затем наступает ПЕРИОД СРАВНЕНИЯ – и он может у кого-то начаться через пару дней, а у кого-то – через несколько месяцев, в зависимости от разных обстоятельств. Сравниваем «здесь и там» — цены, условия, правила игры, требования, права и обязанности. И, опять же, в зависимости от обстоятельств и от собственного характера, либо видим здешние условия как удобные, понятные и естественные, либо начинаем возмущаться, раздражаться, доказывать несправедливость местных требований или даже задумываться о правильности решения переехать.

Затем наступает ПЕРИОД ТОСКИ ПО РОДИНЕ. Это очень условное понятие, потому что тосковать люди могут по самым разным недостающим компонентам своей жизни. Часто не по стране как таковой, а по родному городу, любимому парку, по людям, оставленным там (и общению с ними), по прежнему образу жизни, который теперь кажется невозможным восстановить.

Но в целом – человек тоскует не по объектам, которые остались где-то там, позади, в прошлой жизни. А по СЕБЕ, ТАКОМУ, КАКИМ Я ТАМ БЫЛ. Они тоскуют по тому приятному эмоциональному состоянию, в котором пребывали там, у себя на Родине.

И, как и при всяком расставании, у тоскующего человека, на этом этапе возникает иллюзия, что в прошлом все было исключительно прекрасно. Забываются все тяжелые моменты, сглаживаются все неприятные переживания, забывается, почему и зачем он принял решение о переезде. И, наоборот, все то, что он видит сейчас, здесь, в новой стране, начинает как-то меркнуть, обесцениваться. И когда человек осознает, что в его будущем больше не будет всего того хорошего, что было важным и ценным для него в Прошлом, на Родине, а будет только то тяжелое, что он видит сейчас здесь, то ему становится горько и тяжело. Иногда это может превращаться в депрессию, из которой, при определенных обстоятельствах, очень трудно выбраться. У кого-то на это уходят месяцы или даже годы.

ЧТО ТАКОЕ АДАПТАЦИЯ в психологическом смысле?

Это значит, что я что-то «принимаю», соглашаюсь с этим, начинаю видеть это как приемлемое, понятное, естественное. Я не насилую себя, чтобы что-то делать, не терплю невыносимых мук, не злюсь на это, не пытаюсь этого избежать. Я просто добавляю это в свою жизнь и перестаю с этим бороться. Я живу новым способом. Я расширяю свои границы – поведенческие и мыслительные, я учусь чему-то новому и добавляю это в свой арсенал.

Давайте остановимся на некоторых адаптационных сложностях чуть подробнее.

ЯЗЫК

Если мы говорим не о переезде из одного города в другой внутри одной страны (а это тоже вполне можно считать иммиграцией, только в лайт-варианте!), и не о переезде из Одессы на Брайтон Бич, то одно из важнейших изменений, с которым мы сталкиваемся в первую очередь – это другой язык. И если мы им не владеем в достаточной мере, то какие жизненные изменения это для нас несет?

Во-первых, любые повседневные ЗАДАЧИ ПРЕВРАЩАЮТСЯ В ПРОБЛЕМЫ для нас. Сходить в магазин и не только выбрать нужные вещи с этикетками на неродном языке, но еще и объясниться с кассиром. К вам начнут обращаться соседи, желая поприветствовать вас – или даже пригласить на предстоящую вечеринку. Вам придется объясняться с риэлторами, с докторами, со школой (если вы приезжаете с детьми), со всевозможными бюрократическими организациями. Даже если вы не идете немедленно на работу, вам, в любом случае, понадобятся оформления каких-то срочных документов – и, значит, вам придется идти во всевозможные инстанции и понимать, чего от вас ждут, и под чем именно вы сейчас поставили свою подпись, и к чему это вас обязывает...

Все эти повседневные сложности запросто могут ВЫЗВАТЬ ОЩУЩЕНИЕ НЕКОМПЕТЕНТНОСТИ, беспомощности, растерянности – когда вдруг очень остро захочется на ручки и пореветь.

Как люди на эти чувства реагируют? По-разному. Кому-то становится отчаянно жалко себя, кто-то начинает злиться «на эти тупые законы», кто-то начинает проклинать саму идею переезда (и, соответственно, ругаться с тем, кто это всё затеял).

Во-вторых, БЕЗ ЯЗЫКА НЕТ ЛИЧНОСТИ. Если вы не можете в достаточной мере выразить то, что происходит у вас вну-

ПУБЛИЦИСТИКА

три, то у окружающих людей нет шанса узнать, что вы за человек.

Так вот, если вы пришли на вечеринку и при этом не можете связать двух слов и толком не понимаете, о чем говорят другие люди, то вы находитесь здесь просто «для красоты». Как нарядная новогодняя елка. Или как новый торшер. Или как новорожденный ребенок в колыбельке. К вам могут подходить, вам улыбаются, вас разглядывают и пытаются вас узнать. Но если вы не можете себя выразить на этом языке, общения не происходит.

И именно вот такие события часто заставляют людей остро чувствовать свое одиночество, незащищенность, дефицит общения и взаимопонимания. И это провоцирует ту самую тоску по Родине – и всех оставленных там близких людях.

И это же заставляет кого-то интерпретировать УЛЫБКИ аборигенов как «ФАЛЬШИВЫЕ». Раз за этими первоначальными улыбками не последовало никакого дальнейшего сближения и взаимодействия, то начинает казаться, что ваши собеседники и не были искренни, когда улыбались вам при первой встрече. Но это совсем не всегда и не обязательно так. Просто общаться с человеком, чью личность ты не можешь разглядеть, далеко не всем приятно и интересно.

Что остается делать организму и психике, чтобы не помереть от инфаркта в ближайший же месяц после переезда? — Только одно: АДАПТИРОВАТЬСЯ К НОВЫМ УСЛОВИЯМ. Принять их!!!

И та самая НОВАЯ ЛИЧНОСТЬ РОЖДАЕТСЯ БУКВАЛЬНО В БОРЬБЕ ЗА ЖИЗНЬ.

Хочешь выжить в новых условиях – адаптируйся. Принимай их как новые правила игры. Принимай с любопытством и радостью познания.

КТО Я?

Часто вот это смирение с новым витком жизни признается как раз явной сменой идентичности. Это когда люди меняют свою фамилию или имя. Я говорю сейчас не только о женщинах в браке, которые берут фамилию мужа и тем самым буквально признают свою нынешнюю принадлежность к другой семье. Но довольно часто вижу, что иммигранты при получении документов на гражданство начинают по-новому писать свои имена или упрощают сложные для произношения фамилии. Это ведь очень символический жест – я буквально приобретаю новую личность, и зовут меня теперь по-другому. Как бы становлюсь другим человеком.

ИММИГРАЦИОННЫЕ ИСПЫТАНИЯ ГОРАЗДО ТРУДНЕЕ ПЕРЕНОСЯТ люди, которые своим внутренним вниманием нацелены, скорее, на Прошлое, чем на Будущее, кто в целом не очень склонен к риску и кардинальным переменам, кому сложнее выходить из пресловутой «зоны комфорта». Всё это – личностные особенности. Отчасти – врожденные, отчасти – перенятые из своих родительских семей (подробнее я расскажу об этом ниже). Но сразу скажу, что эти особенности вовсе не фатальны, и что свой фокус внимания, свои оценки происходящих событий можно менять, если вы хотите получать удовольствие в своей новой жизни, а не чувствовать себя как в плену.

Фактически, один из самых важных процессов, который запускает иммиграция – это ВЗРОСЛЕНИЕ. В каждом новом деле вам приходится как можно быстрее пройти от состояния беспомощности и некомпетентности младенца, зависимого от родителя, до состояния уверенности в себе, когда «Я могу справиться сам».

В этом смысле ИММИГРАЦИЯ ЯВЛЯЕТСЯ ТРАМПЛИНОМ ДЛЯ ВЗРОСЛЕНИЯ — причем, иногда принудительного. Вы проходите этот путь – от неуверенности до уверенности столько раз, что в результате ваша самооценка очень укрепляется, и жизнь перестает казаться страшной и непредсказуемой. Уверенный в себе человек – это не тот, который никогда не испытывает страха или дискомфорта, и не тот, который верит, что в моей жизни никогда не случится ничего неприятного. Уверенный в себе человек понимает – ЧТО БЫ НИ СЛУЧИЛОСЬ, Я СПРАВЛЮСЬ.

Словом, иммиграция – это та среда, которая является одновременно вызовом и катализатором для любых изменений, которые вы хотите и готовы привнести в свою жизнь. Насколько вы готовы меняться, в каком направлении и в каком темпе – это вопрос к вам.

«ПРИНЯТИЕ РЕШЕНИЯ ОБ ИММИГРАЦИИ: ПОЧЕМУ И ЗАЧЕМ»

Почему на одни и те же иммиграционные задачи у одних людей уходят недели, а у других – годы или даже десятилетия? Почему бывает так, что семья приезжает жить в одни и те же условия, но при этом один из супругов адаптируется очень легко, а второй не перестает жаловаться и бурчать? Как получается, что люди годами не могут определиться, что для них лучше – жить здесь или вернуться обратно на Родину?

Мой профессиональный опыт показывает, что большинство сложностей с адаптацией возникает не из-за объективных обстоятельств, в которые люди попадают в новой стране – а из-за того, как они эти обстоятельства *воспринимают*. Как они относятся к новизне и жизненным вызовам, насколько уверенно себя чувствуют и т. д.

Так что я хочу поподробнее обсудить этот механизм, что именно происходит у нас в голове, что заставляет нас принимать решение уехать.

Почему вообще важно это понимать и учитывать? Потому, что это формирует и ваши ожидания в новой стране и своей новой жизни – и существенно влияет на то, что и как вы оцениваете, как долго мучаете себя ностальгией, и как скоро позволите себе начать получать удовольствие от новых жизненных реалий.

Итак, почему же адаптация у некоторых людей проходит быстро и незаметно, а кого-то плющит годами, и они продолжают изводить себя и своих родных жалобами, сомнениями, слезами и обвинениями?

Давайте я начну с чего-то очень явного и простого.

СХОДСТВО И РАЗЛИЧИЕ

В вашем окружении наверняка есть люди, которые легко решаются на любые перемены. Им скучно или даже тяжело долго сидеть на одном рабочем месте, заниматься только одной профессиональной областью, десятилетиями жить в одной и той же квартире, вести размеренный образ жизни и общаться с ограниченным кругом хорошо знакомых и проверенных людей.

Так вот, таким людям не нужен волшебный пендель, чтобы сорваться с места и кардинально поменять жизненную обстановку. У них нет никакого страха перемен. И им не нужна какая-то сильная, серьезная мотивация, чтобы решиться на переезд в другой город и страну.

Они вообще не рассматривают этот шаг как серьезный и фатальный. Они, как правило, не считают, что уезжают «навсегда». Для них это временный, экспериментальный шаг, они могут вообще не строить долгосрочных планов. Ими часто руководит просто любопытство, «ветер перемен». И они наслаждаются новизной, они готовы рисковать, отрываться от корней и окунаться во что-то новое и неизведанное.

И также вы наверняка знаете другой сорт людей, которые всегда и во всем предпочитают Сходство. Вот эти могут всю жизнь проработать на одном заводе или вести точно такой же образ жизни, как и несколько поколений их предков. Они живут в одном городе – и совершенно не рвутся его покинуть ради каких-то там новых заманчивых горизонтов.

Новизна их пугает и тревожит. Они долго адаптируются, когда им дают новые должностные инструкции на работе или закрылся их любимый продуктовый магазин, к которому они уже привыкли. Для них будет стрессом не то что переезд в новую квартиру, но даже просто свежие обои или перевешенные настенные часы. Они прикипают к людям и дружат с ними годами. Они могут прожить 85 лет с одним и тем же мужем и не жужжать – ну, вы знаете, о чем я говорю...

И понятно, что когда жизнь заставляет таких людей сменять не то, что квартиру, а страну – вот для них это будет не просто испытанием, а огромной **Жертвой**. И для того, чтобы реально

ПУБЛИЦИСТИКА

решиться на переезд, им нужна **оччччень** существенная мотивация.

Для них иммиграция – это глобальная, стрессовая и очень энергозатратная перемена. Они не хотят ошибиться, пожертвовать своей, такой уютной, стабильностью, ради какого-то взбалмошного переворота.

И, как вы понимаете, первая категория людей, готовых и открытых к переменам, переносит адаптацию на новом месте спокойно и достаточно быстро. И наоборот, людям из второй категории, которые видят в любых переменах, прежде всего, риск и дискомфорт, требуется на адаптацию гораздо больше времени. Более того, они могут так никогда и не принять полностью свою жизнь в новой стране – потому что их душа будет по-прежнему привязана к тем оставленным на родине березкам, пейзажам, людям, любимым торшерам и продуктовым магазинам.

Конечно, в целом, мы можем обобщить, что людям более молодым, энергичным и уверенным в себе иммиграция дается легче, потому что ими движет кураж, азарт и любопытство юности. А более пожилым это тяжелее и занимает несравнимо больше времен (и, кстати, вот эту историю мы очень часто видим, когда взрослые дети привозят в иммиграцию своих возрастных родителей, и, увы, это часто вызывает больше проблем, чем радостей).

Но сейчас речь не об этом. Я хочу обратить ваше внимание, что легкость или сложность адаптации к переменам – это не особенность возраста, поколения, условий жизни здесь и на Родине. Это, прежде всего, **особенность психики**. Это стратегия мышления, которая искажает наше восприятие окружающей действительности.

Как я уже говорила, закономерность здесь очень простая. Чем больше новизны, тем больше и стресса. Всё, что раньше делалось на автопилоте и было понятным, в новой стране становится другим. То, что раньше было пустяковыми, заурядными задачами, тут может превращаться в проблему.

Как облегчить иммиграционный процесс, если вы знаете о себе (или о родственниках, которые собираются переезжать вместе с вами), что вас Новизна тревожит и настораживает?

1. Дайте себе как можно больше времени на переваривание самой идеи переезда — и убедитесь в том, что вы действительно видите преимущества жизни в другой стране ДЛЯ СЕБЯ ЛИЧНО, а не просто потому что вас вынуждают уезжать (другие люди или обстоятельства).
2. Максимально подробно и детально соберите всю информацию о новом месте жительства, о законах и особенностях этой страны, города, в который вы собираетесь отправиться. Это позволит вашему мозгу начать адаптироваться к предстоящим переменам задолго до того, как вы сделаете это физически.
3. По возможности, возьмите с собой то, что для вас действительно очень важно, и вы привыкли пользоваться этим в повседневной жизни. Нет, я не говорю про стиральную машинку, конечно, но, скажем, любимую пижаму вы точно можете с собой взять. Какие-то безделушки, важные для вас предметы интерьера, чайную кружку, которая вам дорога. Возьмите с собой кусочки своей привычной обстановки. Стены будут другие, и пейзаж за окном тоже изменится, а вот любимый плед на ногах окажется тот же, и это вас будет заземлять и успокаивать.
4. Постарайтесь оставить нетронутыми хотя бы часть привычек и способов времяпрепровождения. Готовьте привычные блюда, занимайтесь спортом, если привыкли регулярно это делать, а с помощью интернета легко можно восполнить дефицит русского телевидения или радио, хотя бы иногда пообщаться с друзьями и т.д.

А теперь давайте пойдем немножко глубже.

На скорость и успешность вашей адаптации очень сильно влияет ответ на вопрос,

ПОЧЕМУ ИЛИ ЗАЧЕМ ВЫ УЕХАЛИ?

Как вы понимаете, любое изменение, которое мы решаемся внести в свою жизнь, имеет под собой кукую-то МОТИВАЦИЮ, то есть причину, по которой мы готовы что-то сделать, приложить

ПУБЛИЦИСТИКА

какие-то усилия, время и энергию. Мотивация – это вот как топливо, на котором едет ваша жизненная машина. Без бензина вы никуда не едете, не развиваетесь, не растете. Просто проживать день за днем можете, но скучно и безо всякого развития.

Так вот, такое серьезное решение, как иммиграция, как правило, имеет под собой сразу несколько причин. То, что вас мотивирует, напрямую связано с вашими особенностями.

Возможно, вы стремились к чему-то «лучшему». Перейти на другой уровень жизни. Приобрести новые возможности – для себя лично или для своей семьи и детей. Вам хотелось иметь большой дом и красивую машину. Может быть, вы поехали за «большой любовью» и большими надеждами на новую семью. Или другой вариант: вам всегда нравилась эта страна – и вы настойчиво стремились попасть именно туда.

И может быть и совсем другой вариант – вы убегали от чего-то тягостного, неприятного или ограничивающего. И тогда, возможно, вам было даже не принципиально, куда бежать – лишь бы ОТСЮДА. От череды повторяющихся безрадостных событий, (когда очень хочется решить все проблемы одним махом). Из родительского дома или родного города, от бывшего возлюбленного, от ограниченных возможностей, от скуки и предсказуемости, от политической ситуации или от идеологии, из плохого климата или из крошечной квартирки.

Вариантов может быть множество...

Также имеет значение, было ли ваше решение самостоятельным – или обстоятельства подтолкнули вас. Было ли оно мгновенным – или долго взвешивалось. Встретило ли это решение чье-то сопротивление – или нет. Ехали вы одни – или кто-то еще ехал с вами. Уезжали ли вы «на пустое место» – или вас кто-то ждал...

Все эти обстоятельства очень сильно повлияли и на ваши ожидания к иммиграции, и на скорость вашей адаптации в новой стране... и на вашу новую личность.

Давайте эти два разных вида мотивации объясню поподробнее.

МОТИВАЦИЯ К

Когда люди уезжают «за мечтой», «за чем-то лучшим». Что сюда может входить? Например,
- замужество;
- рабочая или учебная виза (и, соответственно, новые открывающиеся возможности);
- выбор лучшего климата;
- переезд к родственникам (так называемое «объединение семьи»);
- все случаи, которые описываются через любопытство – когда люди хотят «попробовать пожить в разных странах» или даже совершить кругосветное путешествие;
- все варианты «следования за мечтой» («попробовать себя в Голливуде» или «поработать в Силиконовой Долине», заработать миллион долларов, жить в пафосном доме с бассейном и 5-ю спальнями, найти работу своей мечты, выйти замуж за принца и «доказать им всем»)...

Вот это вот всё, если вы заметили, формулируется через описание картинки, которую я хочу иметь в своем будущем. То есть, я не просто уезжаю ОТСЮДА, а еду ТУДА, и точно знаю, что хочу в итоге от иммиграции получить.

(Примечание: в тех случаях, когда люди формулируют, что они хотят получить безопасность, это относится к другому типу мотивации – люди бегут ОТ опасности (реальной или воображаемой, неважно), и ими движет не мечта чего-то достичь, а просто желание выжить и успокоиться!).

Вот этот вид мотивации можно буквально назвать словом «За чем?»: за развитием, за процветанием, за счастьем... Эта мотивация ориентирована на будущее, она более рациональна, логически выстроена – и поэтому способна держаться довольно долго. В частности, именно на ней держатся все долгосрочные проекты – получить образование, несколько раз сменить квартиру на лучшую, пока не смогу себе позволить купить дом своей мечты. То есть, это значит поработать или даже потерпеть сегодня, чтобы завтра получить что-то лучшее. Фокус внимания при таком виде мотивации – в том новом состоянии, куда я стремлюсь.

МОТИВАЦИЯ ОТ

И вот другой вид мотивации – это избегание чего-то тяжелого и неприятного в настоящем.

Примеры того, от чего люди убегают из своей родной страны:
- у диссидентов – политические и экономические мотивы, или даже изгнание;
- убегали от войны (в Украине или на Кавказе);
- мало возможностей для развития в том месте, где родился;
- непринятие каких-то неприглядных особенностей места жительства или явные бытовые неудобства (особенно заметно на контрасте, когда уже видишь другие возможности и отвыкаешь от этого как от постоянного фона);
- побег от личных обстоятельств (от родителей, с которыми все время конфликтую, от несчастной любви, от плохой репутации, когда хочется начать с чистого листа, уехать туда, где меня никто не знает), вот такие всякие вещи...

При мотивации избегания фокус внимания направлен в Прошлое. Чтобы понять, далеко ли я убежал от чего-то, что меня пугало или не устраивало, мне надо все время оглядываться назад и сравнивать то, что было тогда, с тем, что есть сейчас. И при таком виде мотивации люди рассказывают, скорее, не о том, за чем они сюда пришли, а почему они уехали оттуда.

То есть, два этих вида мотивации – уезжаем ОТ или стремимся К — составляют довольно принципиальную разницу. Не только в степени обдуманности и рациональности решения, но и в том, чего человек ищет. В случае убегания человек пытается уйти от неприятностей или даже от опасности, то есть ВЫЖИТЬ. В случае мечтаний о лучшей жизни, человек действует на более высоком уровне – он не хочет просто Выжить, от хочет ЖИТЬ СЧАСТЛИВО (или ЛУЧШЕ).

И тут мне хочется провести одну интересную параллель. Сейчас я вам расскажу, как иммиграция может быть похожа на развод.

Поскольку основная моя специализация – семейная терапия, я хорошо знакома с механизмом, который заставляет людей развестись с одним супругом и выбрать себе другого. Для того, чтобы стать инициатором разрыва отношений, надо «разочароваться», то есть убедиться, что поведение партнера или его качества очень сильно противоречат вашим нынешним глубинным ценностям. Это процесс, как правило, долгий и болезненный. Но – вот именно острая (или накопившаяся) эмоциональная боль и заставляет человека перейти так называемый «порог терпения» и сделать решительный шаг, выйти из отношений, признать их безнадежными и мучительными. В этом случае, люди часто уходят «в никуда», лишь бы только отсюда.

И тут важно, что механизм перехода порога терпения один и тот же в любом серьезном решении. Негативные моменты в текущей действительности начинают становиться виднее и заметнее, перевешивать плюсы. Если в стабильном состоянии вы видите и решаете одну конкретную проблему, с которой только что столкнулись, то в состоянии близости к порогу терпения вы видите перед своим внутренним взором не одну неприятную картинку, а сразу несколько. У вас перед глазами как будто запускается красочное слайд-шоу всего того неприятного, что вам приходится претерпевать. И от этого гораздо труднее отмахнуться и не принимать близко к сердцу. Вы начинаете видеть негативные моменты как что-то действительно неприятное, травмирующее, надоевшее, наболевшее...

И, главное, что вы видите эти неприятные моменты не только в своем Прошлом и Настоящем. Вы начинаете думать, что если вы ничего не предпримите, то вы обречены видеть эти же самые события и проходить через те же самые проблемы в своем Будущем. И вот это становится по-настоящему пугающим. Вы не хотите больше этого терпеть – и именно это негативное, почти невыносимое чувство (возмущение, бессилие, обида, гнев) дают вам энергию (что называется «волшебный пендель») для того, чтобы решиться на какие-то изменения. Вам в этот момент кажется таким невыносимым ваше текущее самочувствие, что это мотивирует вас что-то предпринять и вытащить себя за косичку из болота, как барон Мюнхаузен.

И – ровно то же самое происходит, когда вы принимаете решение о переезде в другую страну. Внутри постепенно копится недовольство, плюсы ситуации начинают обесцениваться, а минусы становятся все заметнее и тяжелее. То есть, внутреннее недовольство включает мотивацию избегания неприятностей. Хочется найти какое-то кардинальное решение, которое избавит вас от всех текущих проблем одним махом.

И, одновременно, почти любая другая перспектива автоматически кажется гораздо лучшей, чем текущее состояние. То есть, фактически, Прошлое и Настоящее видится в черном свете, а на альтернативное Будущее мы в этот момент смотрим через розовые очки. Все иммиграционные препятствия кажутся вполне проходимыми, а результаты изменений – очень приятными. И тогда принятие решение о переезде очень сильно окрыляет, успокаивает все тягостные переживания, прибавляет энергии и воспринимается как освобождение.

Так что, в этом смысле, мотивация «перехода порога» – очень мощная и хорошо работает. Она помогает легче проходить через возможные препятствия, чувствовать себя сильнее и решительнее.

Недостаток этой мотивации – она слишком импульсивная, основанная не столько даже на эмоциях, сколько на телесном уровне, на инстинкте самосохранения в буквальном его выражении. Человек в этот момент ищет не Счастья, а Выживания (и это две совсем разные вещи, как вы понимаете!). Поэтому при таком виде мотивации вы не особо задумываетесь, куда именно вы хотите сбежать – вам важно просто уехать ОТСЮДА. И субъективно кажется, что почти в любом месте будет лучше, чем здесь.

То есть, эта мотивация – мощное топливо. Но под влиянием этих эмоций можно принять какие-то малообдуманные решения, поддаться сиюминутному импульсу, переоценить свои силы или недооценить то, через что вам предстоит пройти, чтобы добиться желаемой цели.

Таким образом, очевидный минус мотивации убегания в том, что там слишком много эмоций и маловато объективности. Ваши решения зависят от сиюминутного настроя – и именно поэтому это решение со временем перестает казаться верным и надежным, в мозгу начинается разброд и шатание, которое совершенно не способствует тому, чтобы вы спокойно наслаждались своей новой жизнью в новой стране...

Но ведь бывает и другой сценарий развода: у кого-то из супругов появились «сильные чувства» на стороне. И тогда он уходит, скорее, не из брака, а в новые отношения.

Если опять проводить тут параллель с иммиграцией, то это когда вы съездили в другую страну (или даже просто прочитали про нее, увидели фотографии, услышали чей-то красочный рассказ) – и влюбились в нее! И тут тоже легко возникают эйфория и идеализация, все видится «через розовые очки», и в животе порхают бабочки от предвкушения. Вы мечтаете – и абсолютно уверены, что уж ТАМ точно будет лучше, чем здесь... Оправдаются эти мечты или нет – тоже дело случая...

ПОЧЕМУ ИНОГДА ЛЮДИ НАЧИНАЮТ СОМНЕВАТЬСЯ В ПРАВИЛЬНОСТИ РЕШЕНИЯ ОБ ИММИГРАЦИИ

Забегая вперед скажу, что часто сожалеют о своем решении и раздумывают, не вернуться ли назад, именно эти люди, которые уехали вот так вдруг, убегая от чего-то невыносимого.

Например, кончилась война или экономический кризис, в магазинах опять появилось изобилие товаров, родственник, который вас терроризировал, умер или переехал, начальник-тиран уволился из компании – и ваше восприятие ситуации опять меняется. Она перестает восприниматься как невыносимая, и вы снова задумываетесь, а правильное ли решение я принял. Опять стали видны плюсы проживания на Родине.

Сразу оговорюсь, для меня это не хорошо и не плохо. Это священное право каждого человека – выбирать, где и как он хочет жить сейчас и в Будущем. Я вовсе не готова кого-то уговаривать куда-то уезжать, где-то оставаться или куда-то возвращаться.

ПУБЛИЦИСТИКА

Как психотерапевт я сталкиваюсь с этой проблемой обычно в двух ситуациях: либо ностальгия загоняет человека в депрессию, и он просит помочь оттуда выйти, либо из-за нежелания жить в какой-то стране начинают распадаться семьи – один супруг в этой стране хорошо себя чувствует и уезжать не хочет, а другой – чувствует себя плохо и не хочет оставаться.

Поэтому моя задача здесь, в этой теме – просто описать вам тот механизм, который работает у вас в голове, и заставляет вас видеть ту или иную реальность как плохую или хорошую. И, возможно, понимание этого механизма, кому-то облегчит самочувствие, и даст возможность принять более взвешенное, хорошо обдуманное решение.

Попробуйте на минутку прикинуть эту реальность на себя. Вот у вас внутри копится какое-то недовольство вашей жизнью здесь. Возможно, вы столкнулись с более серьезными препятствиями, чем рассчитывали, не нашли пока работу своей мечты и выяснили, что придется потратить очень много усилий, времени и денег на получение этой работы. Язык дается вам непросто. Новые дружеские связи не особенно завязываются, а старых – не хватает. Возможно, обострились ваши семейные проблемы, и брак не дает вам сейчас той поддержки, которая вам нужна...

А потом вы съездили на Родину, встретились с друзьями за рюмкой чая, посетили свои любимые театры, музеи, концерты, кафешки... В этот момент вы еще острее ощущаете, как сильно вам этого всего не хватало в иммиграции – и людей, и мест, и атмосферы.

В каком состоянии мы теперь находимся в родном городе? – в роли желанного гостя. Нас подчеркнуто и искренне рады видеть,(потому что мы давно не виделись и действительно соскучились). Нас балуют угощениями, подарками и вниманием. Мы меняем на местные деньги привезенную с собой валюту, и цены на привычные вещи (продукты, развлечения) нас приятно удивляют – потому что мы приехали с запасом средств и готовы эти запасы потратить. Нам не надо экономить до зарплаты, не надо помнить про коммунальные платежи, не надо в этот момент волноваться о возможном увольнении или предстоящем ремонте и т. д.

Мы живем там в вольном режиме – развлекаемся, вкусно едим, получаем много внимания, тепла, любви. Нашим детям нравятся все те новые развлечения, которые им в изобилии предлагаются (так же, как это было бы в любой туристической поездке). Расстояние между нами и родственниками позволило нам простить им все былые ссоры и пригрешения, мы по всем соскучились и рады пообщаться. А если вы еще и встретили случайно на улице свою первую любовь (или любого другого нового человека, который показался интересным), то ваше воображение сразу же начинает рисовать вполне себе радужные картинки возможной жизни здесь.

НО: по сути, это тот самый случай, когда, как в том анекдоте, не надо путать туризм с иммиграцией.

После переезда в другую страну вы приезжаете на Родину уже как турист – и смотрите на это глазами человека, который здесь в гостях. Все ваши повседневные сложности (заработок, выживание, дрязги с соседями и вот это вот всё) теперь связаны у вас с другой страной. А в родном городе вам теперь легко, весело и приятно. Эти две реальности как бы меняются местами – скучная, обыденная и порой сложная рутинная жизнь теперь в новой стране, а на Родине – сплошной праздник и легкость бытия.

И, если человек находится в той фазе, когда он на новом месте еще не слишком адаптировался – или встретил в иммиграции больше сложностей, чем он рассчитывал, то это и может создавать вот эту иллюзию «хорошо там, где нас нет». И человек начинает сомневаться в правильности своего решения уехать.

Самое главное, на что я здесь хочу обратить ваше внимание – вас мотивирует не столько то, что происходит в реальности, сколько то, как вы эту реальность воспринимаете. Ваш мозг включает внутри себя определенные фильтры внимание – вы видите в одной ситуациии ТОЛЬКО хорошее, а в другой только плохое. Но это не так.

ПУБЛИЦИСТИКА

В любой ситуации, в любой стране, в любых обстоятельствах одновременно присутствует и плохое, и хорошее. И в жизни каждого из нас есть время для перемен, и есть время для стабильного существования.

Когда вы чувствуете, что перемены назрели, и вам пора на это решиться, то фокус внимания на плохое в вашем теперешнем состоянии может сослужить вам хорошую службу – помочь перейти порог терпения и перестать бояться возможных препятствий на вашем пути. Но если вы сейчас уже приняли какое-то решение и пока не готовы его менять (потому что это может оказаться слишком дорого, хлопотно, потому что можно из-за этого потерять семью), то тогда вам выгоднее установить свои фильтры внимания на что-то хорошее – смотреть на это с удовольствием, не культивируя в себе комплекс Жертвы, вынужденной оставаться в бедственном положении.

ЧЕМ СЕБЕ ПОМОЧЬ?

- продумать и сформулировать ОБА вида мотивации (От и К) – что подталкивало вас лично к этому решению, какие аргументы были существенны для вас, а какие нет, что переполнило чашу терпения, почему вы решили переезжать. Оптимальный способ самомотивации – это использовать оба вида мотивации. Запишите себе, что хорошего в том, что вы уехали оттуда (от чего неприятного вы избавились благодаря этому решению) – и что хорошего вы видите здесь, в этой стране. Какие улучшения вы хотите внести в свою жизнь, к чему вы стремитесь, чего хотите достичь в будущем – и пусть эта картинка вам настолько нравится и манит вас, что это заставляет вас сегодня предпринимать какие-то усилия, чтобы завтра оказаться в желанной картинке;
- осознать, что фокус внимание, поиск плюсов и минусов – это ваш внутренний механизм, и от окружающих обстоятельств он мало зависит. Это вы выбираете, видеть ли вам вокруг себя хорошее или плохое;

- ну и, наконец, я думаю, что очень важно уйти от стратегии «хорошо там, где нас нет». Сделайте себе хорошо там, где вы есть. Это в ваших силах.

«ЦЕНА ВОПРОСА»

А в этом разделе я хочу более подробно обсудить тему, что люди теряют и приобретают в связи с переездом. Чем компенсируют свои потери – и насколько легко принимают «дары». От чего зависит субъективная оценка «ценности» этих даров – и в каких случаях происходит их обесценивание.

Чтобы стало понятнее, о чем будет этот разговор, я хочу начать с одной истории.

Однажды я разговаривала с одним из таких клиентов – и там была проблема с самоопределением после переезда. Человек уехал из Санкт-Петербурга, с какой-то достаточно высокой должности на госслужбе. Понял, что достиг своего потолка, дальше развиваться по работе будет некуда, а в политику идти не хотел.

И вот они с женой решили уехать в Штаты и «начать все сначала». Ну и тут как раз действует тот самый волшебный принцип — «Думайте, о чем вы молитесь, это может исполниться»...

Потому что у моего клиента именно так и получилось. Хотел «начать с начала» — пожалуйста. Ему пришлось с нуля овладеть и новой специальностью, и с языком были сложности, а уж про потерянный статус большого начальника и говорить нечего...

И вот, в конце консультации, когда мы уже наметили какие-то шаги для успешного старта и укоренения на новом месте, он задал мне вопрос: «Знаешь, очень много лет назад мне цыганка нагадала, что однажды я потеряю все свои деньги – и я с тех пор невольно все время этого боюсь, возвращаюсь к этой мысли. Как мне перестать об этом думать?». На что я ему ответила: «О, ты можешь этого больше не бояться – с тобой это уже случилось, и теперь можно спокойно жить дальше»...

В связи с этим, я бы хотела поговорить о потерях и приобретениях, связанных с иммиграцией. И опять – в каждом конкретном случае, дары и потери будут расцениваться совершенно по-разному, в зависимости от набора обстоятельств.

Что еще можно найти в описаниях людей о приобретениях и потерях? Давайте попробуем собрать это всё в один большой список.

Начну с потерь.

ПОТЕРИ ИММИГРАЦИИ

- прежний статус и образ жизни;
- приходится тратить много времени на освоение нового (языка, традиций, географии, бюрократических процедур и т.д.);
- дорогие сердцу люди (которых теперь в разлуке стало остро не хватать);
- из вашей жизни уходят привычные праздники;
- зависть, сплетни, осуждение, повышенный интерес тех, кто остался на Родине;
- запросто могут возникнуть политические разногласия с родными и друзьями (иногда вас прямо открыто считают предателем и изменником);
- часто теряется возможность самовыражаться на родном языке;
- люди сожалеют о потере плотного общения (и тут, конечно, особенно тяжело приходится экстравертам!);
- могут распадаться браки, ослабевать связи с родителями;
- иногда – невозможность заниматься прежней профессией (особенно обидно, если она была любимая, когда чувствуешь, что ты не просто на своем месте, а буквально не можешь этим не заниматься).

ДАРЫ

ВНЕШНИЕ:

- очень часто – более комфортный образ жизни, больше материальных удобств, изобилие возможностей;

- свобода от прежней репутации и ожиданий окружающих людей (то есть возможность построить новую личность и приобрести совсем другую жизнь);
- кого-то, наоборот, очень радует повышенный интерес со стороны прежних знакомых (разговоры, вопросы, внимание в вашу сторону, повышение популярности);
- туристично-курортное состояние (жадность в осмотре достопримечательностей или даже некоторая эйфория, что теперь у вас в доступе, под рукой и под ногами, совсем другой кусок мира, и вы можете его исследовать);
- возможность отделиться от того, что не нравилось в прежней жизни;
- возможность создать себе окружение и семью с людьми совсем другого менталитета;
- для кого-то также будет очень важно вырастить детей в другой культуре и другом менталитете.

ВНУТРЕННИЕ

приобретения иммиграции (потенциальные возможности, которые вы МОЖЕТЕ приобрести – или не приобрести):
- личностный рост (в некоторых случаях, увы – принудительный);
- ощущение новой странички биографии, нового себя;
- знание (как минимум) еще одного языка;
- умение выстаивать в трудных и нестандартных ситуациях;
- расширение зоны комфорта;
- повышение самоценки (теперь мне многое «не слабО»);
- преодоление своих былых страхов;
- получение новой идентификации (то есть добавляется еще несколько ответов на вопрос «Кто я, какой я»);
- много новых впечатлений и нового опыта.

Словом, для разных людей при определенных обстоятельствах и особенностях характера все то, что кто-то может видеть как ДАРЫ иммиграции, другие люди воспринимают как ПОТЕРИ. Кому-то – в радость вырваться из прежней обстановки и начать осваивать чужой язык и культуру, а для других это

ПУБЛИЦИСТИКА

тяжкое испытание и они проходят через очень длительную фазу отрицания.

То есть, как вы видите, вопрос восприятия даров и потерь – очень многослойный. И свой профессиональный анализ сегодня я хотела бы начать с некоей исторической рамки. Потому что разные поколения иммигрантов за последние сто лет уезжали из России по очень разным причинам. И, соответственно, по-разному оценивали потери и дары, о разном мечтали и о разном ностальгировали.

Большинство переездов из России 100 лет назад были побегом. Люди вынуждены были отказаться от Родины, и скорбили об этом всю свою жизнь. Для них Родина была потерянной святыней, чем-то очень осязаемым, чего остро не хватает. И все воспоминания автоматически окрашивались в лирические тона. Отсюда и попытки сохранить очаги культуры, помнить свои корни. У очень многих из них вся последующая жизнь – это бесконечный взгляд в прошлое, идеализация былой жизни – и неумение наслаждаться этой новой, иммиграционной, страницей своей биографии.

Иммигранты, уезжавшие из Советского Союза или от времен шального рэкета и пустых прилавков, никакой лирики не испытывали. Они уезжали не сюда, а именно оттуда, с ужасом, отвращением, шрамами и безнадегой. Поэтому и нырнуть с головой в новую культуру, ассимилироваться было для них легче. В таком состоянии всё, что угодно кажется лучше, чем то, от чего они сбежали. И тогда нет никакой ностальгии, но нет и гордости за свою собственную культуру.

А в последние лет 20 люди уезжают из уже вполне благополучных, сытых времен, где и возможности были, и выбор. Таким образом они более свободны и от романтизации, и от отвращения. Они выбирают русский язык или активное общение с русскоязычным комьюнити именно потому, что не отрицают своей принадлежности. Наверное, с натяжкой это можно назвать уже золотой серединой, осознанной иммиграцией. Не убеганием, не изгнанием, не демаршем, а свободным выбором.

Лично для меня ДАРЫ ИММИГРАЦИИ описываются, в основном, через слово «возможности». А что такое возможности? Это – могу копать, а могу и не копать.

Могу воспользоваться этими дарами и принять их как благо (но – да, для того, чтобы преобразовать потенциальную возможность в реальную добычу, придется вложиться временем и трудом!). Можно добавить в свой арсенал новый язык и новую культуру – и в разы повысить свою добычу новыми знаниями, (которые могут быть доступны только на этом языке, например), новыми друзьями, новыми праздниками – и, в конце концов, отрастить себе новые грани своей личности.

А можно – сидеть на попе и оплакивать свои потери. То есть выбора у иммигрантов, по большому счету, только два: праздновать возможности или оплакивать невозможности. Что вы выберите – так и будет.

Попытайтесь вспомнить, как вы себя чувствуете, когда вам преподносит подарок родственник, который вам не нравится, или несимпатичный вам поклонник. Хотите ли вы брать от него подарок? Цените ли вы его? Обычно – нет. Даже если берете, засовываете его куда-то в дальний угол. А пользы и радости от него никакой. И даже если и используете, то при каждом взгляде на эту вещь неизменно всплывает какой-то неприятный осадочек, ведь так?..

Вот ровно то же самое и с дарами страны, в которую вы приехали. Если вы ее полюбили, то всё, чем она вам одаривает для вас— прекрасно. А если страна воспринимается вами как злая мачеха или суровая свекровь, конечно, вы обесцениваете или даже относитесь с подозрением ко всему, что она вам предлагает.

Можете воспринимать иммиграцию как расширение границ и освоение новых неизведанных территорий, где под каждым кустом можно найти какой-то свой «клад», а можете воспринимать ее как ссылку. И это будут совсем разные состояния души – и разные образы жизни.

Потому что динамика чувств у людей, которые изначально воспринимали иммиграцию как «вынужденную ссылку», другая... Они минимизируют (или даже совсем пропускают) пери-

ПУБЛИЦИСТИКА

од туристического восхищения в самом начале, после приезда, и сразу же начинают свой путь с жестокой ностальгии и недовольства, бунтуют по поводу каждого изменения, до хрипоты спорят с новыми «тупыми» правилами и долго оплакивают свои потери. В их настрое часто и злость, и раздражение, и грусть, и бессилие, и чувство непоправимой потери. Да, согласна, что это – не просто так.

К сожалению, видела много раз, как люди на годы застревают в этом болоте возмущения всем здешним, и — в противовес — восхищения всем «тамошним». Они как будто живут прошлым, и с трудом терпят настоящее, и, увы, совсем безрадостно смотрят на будущее. Даже планы строить не хотят, и никак не могут «себя найти».

А как можно строить планы и их осуществлять, если не уверен, хочешь ли вообще оставаться в этой стране? Как можно выбрать профессию и пойти учиться, если не уверен, сможешь ли закончить учебу и пригодится ли тебе этот диплом? Вот так и живут одной ногой в одной стране, а другой ногой в другой, отравляя себе все здешние удовольствия виной, сожалением или злобой. И вытащить их, даже профессиональными средствами, в сторону согласия с нынешним положением, в сторону разрешения на счастье порой бывает очень тяжело.

Я сразу хочу отметить, что тут дело не только во врожденном пессимизме и страхе новизны. Вопрос гораздо глубже, на самом деле. Например, здесь часто можно увидеть выражение бунта против тех людей или обстоятельств, по воле которых они оказались на новом месте без своего изначального желания. И я обязательно буду делать в книге отдельную тему про таких вот людей, мнение которых при переезде никто не спрашивал – или не принимал всерьез. Сюда относятся многие случаи беженства, политических или национальных притеснений, да.

НО: это может быть вовсе не так драматично. К этой же категории неспрошенных относятся дети, родители, мужья и жены, которых взяли с собой просто по факту принадлежности к семье. Как чемоданы, фактически. Кто-то один, облеченный в семье властью, принял решение «Мы переезжаем!» (или это могло быть принято большинством голосов, неважно), и все остальные – хотят они или не хотят – обязаны подчиниться этому решению.

И тогда непринятие даров иммиграции, отказ или нежелание ими воспользоваться – выражение пассивной (или активной) агрессии, а не пессимизма как такового.

Поэтому с ними, как правило, нужна особая работа – и по признанию всех этих негативных чувств, и для извлечения из этих переживаний некоего рационального зерна – месседжа, который эти чувства несут самому человеку и его окружению. Что он хочет выразить этими чувствами? На что он должен обратить внимание? Где у него болит и что именно дискомфортно? И при каких условиях он мог бы перестать смотреть только на минусы иммиграции, но начать видеть и плюсы?

Кроме того, как я уже говорила выше, для кого-то новизна – это прекрасно, и люди смотрят на нее с воодушевлением и любопытством. А кого-то новизна – это ужасный стресс и тяжкие испытания, поэтому и все перемены им очень трудно воспринять как ДАРЫ. Для них иммиграция это скорее ПОТЕРЯ чего-то привычного.

Но и это еще не всё. Есть тут еще один, очень глубинный, и потому, малоосознаваемый слой.

В нашей семейной истории могут быть такие сюжеты, которые заставляют нас относиться к иммиграции именно как к ссылке.

Например, если кого-то из вашей семьи раскулачивали, эвакуировали из смертельно опасных мест, репрессировали или ссылали в какие-то отдаленные районы, то ваши предки могли так натерпеться от такой вынужденной иммиграции в свое время, что их боль, страх, потери и эмоции запросто могли остаться в вашем семейном сценарии в виде тревоги, предубеждения, чувства небезопасности, тоске по Родине и т.д.

Так что, когда вы, находясь, казалось бы, в совершенно комфортных условиях, катаясь, как кому-то кажется, как сыр в масле, вдруг «на пустом месте» впадаете в депрессию и начинаете испытывать острые сожаления, ностальгию, огромный дефицит ресурсов и страх за свое будущее – это могут быть

• Юлия Синарёва

ПУБЛИЦИСТИКА

не столько ваши собственные чувства, вызванные вашими сегодняшними обстоятельствами, а еще и своеобразный «поклон предкам», соблюдение семейной традиции, впитанное с детства убеждение, что любой переезд – опасен, и не сулит ничего хорошего.

Я очень часто сталкиваюсь с подобными историями у своих клиентов, когда они вдруг с удивлением понимают, что после того, как, например, прадеда раскулачили и сослали в Сибирь, в семье постоянным фоном присутствует и тревога за себя и семью, и ощущение небезопасности, и страх потерять ресурсы, и недоверие к чужакам, и желание «не высовываться». Поэтому несколько поколений потом семья сидела на одном месте, все вели тихую размеренную жизнь, держались друг за друга и старались не выделяться из общей массы. И вдруг оказывается, что иммигрант своим решением об отъезде нарушает все мыслимые семейные устои!

Он не хочет тихо жить на прежнем месте, он не трясется за нажитое имущество, и готов все легко отпустить. Он стремится к новым горизонтам и не боится новых людей. Он хочет достичь чего-то бОльшего и, может быть даже, выдающегося...

Почему семья встречает его идеи без энтузиазма или даже настойчиво пытается отговорить? Потому что в их подсознании прошита программа, что быть непохожим, выделяться, процветать, стремиться к чему-то лучшему – в буквальном смысле опасно для жизни.

Можете ли вы на таком фоне, (когда ваше решение уехать активно не одобряется или встречает тревогу и сопротивление) спокойно наслаждаться ДАРАМИ иммиграции? — вы пытаетесь, да... Но быть счастливым на полную катушку, спокойно расти и развиваться, наслаждаться своей новой жизнью, зная, что ты кого-то важного и близкого разочаровал, заставил за себя волноваться, оставил в одиночестве и т.д. — очень трудно, на самом деле. К этому счастью и эйфории подспудно примешивается вина, отчаянные попытки защитить свою позицию и свое право поступать по-другому, по-своему, какие-то разногласия и споры...

Это отравляет нашу радость и останавливает наше развитие намного больше, чем нам кажется. Мы включены в свои семейные системы, мы обязаны этим людям своей жизнью (если бы не они, нас бы не было). Поэтому наша любовь и благодарность выражается, в том числе, в нашей лояльности, в том, что мы, осознанно или неосознанно, в чем-то повторяем их путь, соглашаемся с их картиной мира, строим свою жизнь по похожему сценарию.

И в этом смысле иммигрант – это бунтарь. А на бунт надо очень много энергии. И вот это как раз одна из скрытых причин иммиграционной депрессии. Наша энергия уходит на борьбу с виной, с обвинениями, на раздумья о том, имею ли я право принимать решения только за себя – и как быть с тем, что это мое решение затрагивает сразу много других жизней близких мне людей...

И тогда чем мы компенсируем, искупаем свою вину? Депрессией, невозможностью наслаждаться новой страной и новой жизнью, сложностями с языком и самовыражением, понижением статуса и т.д. Мы не принимаем от новой страны ее дары, мы интерпретируем их как Потери, мы жалуемся на тяжесть нашего существования. Я очень часто слышу от своих клиентов именно эти формулировки — «мое сердце осталось там», «я чувствую себя предателем», «как я могу наслаждаться, если им там плохо?».

Пойдем дальше.

ЧТО ЕЩЕ МЕШАЕТ НАМ БЫТЬ СЧАСТЛИВЫМИ И ПОЛУЧАТЬ УДОВОЛЬСТВИЕ ОТ СВОЕЙ НОВОЙ ЖИЗНИ?

Когда ваши желания об иммиграции формулируются как «начать сначала» — не удивляйтесь, что так оно и будет... Начать сначала подразумевает потерять все нажитое (деньги, статус, комфорт, привычный образ жизни) и начинать с нуля.

ПУБЛИЦИСТИКА

Такая формулировка хороша для тех, кого прежний образ жизни по-настоящему не устраивал, когда хочется прямо вот буквально перевернуть страничку своей биографии и начать с чистого листа. Насколько успешно это получится, не меняя личность – это другой вопрос, но сейчас не об этом...

А если вы как раз многое из накопленного хотите сохранить и продолжать этим наслаждаться в своей жизни – пожалуйста, не говорите себе, что вы уезжаете, чтобы «начать всё сначала».

Когда люди тяжело переносят изоляцию от общества, это может быть нехватка каких-то конкретных людей – а может быть дефицит определенных ритуалов (дружеских посиделок, спонтанных вечеринок, веселых праздников). Но давайте посмотрим на это и с другой стороны тоже.

Временная изоляция от общества действительно дает возможность познакомиться с собой, поговорить с собой, узнать свои сильные и слабые стороны, посмотреть в лицо своим страхам, которые в одиночестве и стрессе обостряются и становятся более заметны. Это испытание, да – но это, как я не перестаю повторять, и прекрасный трамплин для личностного роста.

Потому что после того, как вы себя как следует разглядели, у вас появляется выбор, а хотите ли вы и дальше быть таким вот «самим собой» – или можно стать кем-то лучшим...

Именно свобода от прежней репутации позволяет вам создавать себе репутацию свежую. Подумать, каким я себе нравлюсь, какие свои сильные стороны я хочу укрепить и какие крошечные недостатки сделать еще менее заметными.

Каким я хочу предъявлять себя новым знакомым?
- Каким людям буду интересен я — такой, каким я себе по-настоящему нравлюсь?
- В чем я готов подстраиваться под окружающих, а в чем – совершенно не готов?
- Каких людей я буду выбирать для общения?
- Что мне будет важно увидеть в человеке, чтобы я выбрал его?
- Как я могу научиться регулировать дистанцию между мной и разными другими людьми?

- К кому я хочу и буду стараться подходить ближе, а кого держать на расстоянии?

Знаете, я буквально на днях работала с 12-летней девочкой из Чикаго, которая пошла в новую школу и задается именно этими вопросами — как мне найти друзей, если большинство одноклассников и то, о чем они между собой говорят, мне неинтересно?

Так вот, в этом смысле, период приобретения новых друзей в иммиграции совершенно сродни этому подростковому кризису. Когда человек оценивает себя и внимательно приглядывается к людям вокруг. И сначала мы готовы начать сближаться с почти любым человеком, который с нами заговорил или улыбнулся нам. А потом мы начинаем выбирать более тщательно — и, например, понимаем, что не готовы дружить с кем-то только потому, что этот человек разговаривает на моем родном языке.

И, так же, как я сказала 12-летней девочке, я могу ответить любому из вас — не гонитесь за количеством друзей и не бойтесь периода временного одиночества. Быть популярным — это, конечно, очень круто, и, на каком-то этапе, повышает самооценку... Но это легко перетекает в «рабство» перед этой своей группой, делает вас уязвимыми в погоне за репутацией и рейтингом, а порой и просто стирает вашу истинную личность и ваши настоящие ценности, потому что ради того, чтобы нравиться кому-то, вы бесконечно подстраиваетесь под чужие ожидания и некие модные в этом сообществе тенденции.

Даже если вы не готовы искать друзей или любимых на сайте знакомств, напишите для себя объявление для такого вот воображаемого сайта знакомств. Там обычно бывает два раздела — «кто я?» и «кого я хочу найти?». И опишите себя (свои особенности, интересы, достоинства) и людей, с которыми вам хотелось бы познакомиться и сблизиться.

Подумайте, чего вам хотелось бы от новых отношений (подсказка: иногда очень важную информацию про это можно почерпнуть, присмотревшись к своим прежним отношениям с друзьями, с которыми вас разделила иммиграция — чего именно вам сейчас так остро не хватает, какими качествами обладали ваши друзья и ваши отношения с ними, что делало эти отношения такими ценными для вас).

Каждый сам выбирает для себя стратегию, которая, так или иначе, заглушает его боль и позволяет начать жизнь с чистого листа. Кому-то надо на первых порах много общаться с прежними друзьями, родными, оставшимися на родине, пить чай из гжельского сервиза и овощи резать на хохломской доске. Кто-то, наоборот, старается оборвать все связи. Как правило, это те, кто уезжает с обидой, вынужденно, и кто не хочет брать с собой «прежнего себя».

Чтобы вылечиться от ностальгии, надо её для начала признать, дать ей место в своей жизни и не корить себя за это. Когда вы признаете свои чувства и прислушиваетесь к ним, то эмоциям нет необходимости быть обостренными. И тогда сильная тоска переходит в спокойную тихую грусть.

И напоследок я хочу поместить сюда еще один ответ на мой вопрос в Фейсбуке, что для вас было самым большим приобретением и самой большой болью иммиграции:

«Изоляция от общества и невозможность поддерживать отношения с людьми в той динамике, к которой мы привыкли в нашей стране дали возможность наконец-то встретиться с собой (оказалось, что больше и поговорить то не с кем), познакомиться с собой ближе и стать себе другом, независимо от внешних обстоятельств учиться быть счастливым, без друзей, чашечки кофе в любимой кафешке, без «ты дома, я сейчас заеду, что взять?»; без нетерпеливого, но очень приятного ожидания Нового Года; без беспричинных вылазок на природу и всех тех мелочей, которые делали нашу жизнь ярче и веселее. Самая большая боль эмиграции — одиночество, даже находясь все время в окружении других людей, здесь чувствуешь себя очень одиноким, словно корни отрезали и поставили в стакан с водой, пища есть, а насытиться не можешь. Отсутсвие ощущения «я дома» и ощущения тепла и защищённости). А здесь ты словно волк на страже, каждый день готовый вступить в бой и рвать все в клочья, невозможно расслабиться ни на минуту. Какой уж дом, о чем вы. И опять же, потому что один, знаешь, что надеяться можно на себя и только на себя».

Этот комментарий вызвал довольно много откликов – причем, с ним согласились как люди, совсем недавно приехавшие жить в другую страну, так и те, кто провел здесь десятилетия... Безусловно, от того, насколько сильно вы тоскуете по Родине и насколько сильно можете расслабиться здесь, зависит от очень многих факторов, часть из которых совершенно объективна и не может быть изменена...

НО: лично я уверена, что состояние «я дома» — это РЕШЕНИЕ. Причем, именно ВАШЕ. Оно совершенно сродни выбору быть счастливым – даже несмотря на болезнь или тяжелые обстоятельства; это как выбрать себе в партнеры именно этого мужчину или женщину, довериться ему и решить строить свою дальнейшую жизнь вместе. Всегда ли это легко? Обязательно ли этот человек – самый лучший из всех кандидатов на вашем пути? Не грозит ли вам разочарование? Совсем не обязательно. Запросто может быть, что вы выбрали не самого легкого человека или что через какое-то время вас ждет разочарование. И тогда вам надо будет принимать решение – пытаться либо перестроить отношения, либо уйти в одиночество, или искать какого-то лучшего партнера, с которым вы сможете чувствовать себя более расслаблено и счастливо...

Так же и с иммиграцией, на мой взгляд. Вы либо «доверяетесь» стране, соглашаетесь со всем тем, что она может вам предложить – и берете это с благодарностью, не думая о том, что бабушкины пирожки были лучше, либо страдаете. И опять у меня тут рождается ассоциация с отношениями, которую мы уже обозначали. Переезд – это все равно что уйти от одного мужа к другому. Если вы, живя со вторым, всю жизнь будете сравнивать его с первым, постоянно вспоминать приятные моменты из своей прошлой жизни с ним, вы все время будете делать себе больно. И не будете замечать всех тех даров и достоинств, которые предлагает вам второй муж. Потому что ваше сердце все еще занято первым. (Кстати, мужчинам, по моим наблюдениям, обычно как-то легче удается сидеть сразу на двух стульях и быть вполне счастливым – и у одной из своих женщин, и у другой находить какие-то положительные моменты и быть до-

ПУБЛИЦИСТИКА

вольным. А вот женщины, если живут с одним, а любят другого, чаще страдают, а не радуются).

Продолжая эту аналогию – то же и с иммиграцией. Если, по каким бы то ни было причинам, однажды вы приняли решение уехать из одной страны и жить в другой, лучшее решение здесь – перестать страдать и смотреть на лучшее. Освободить свое сердце для новой страны (раз уж вы ее выбрали) и любить ее. И тогда можно брать от нее все то хорошее, что она может вам предложить (ведь вы же, собственно, за этим и приехали...).

А вот если вы честно старались построить эти отношения, но партнер (страна) вам категорически не подходит, и нужных вам ресурсов у нее для вас нет – тогда вы вправе принять какое-то другое решение, и жить там, где вам будет хорошо.

Решение быть счастливым не всем дается легко, и на это тоже у людей есть свои причины. Причины эти я уважаю — и знаю, что они не так-то легко и быстро лечатся даже в психотерапии. Но это не значит, что это решение — невозможно, и остается только влачить существование бессильной жертвы, нелюбимой сироты в чужом доме. Я не перестаю повторять: «Сделайте себе хорошо. Это — ваша ответственность»...

www.ingramcontent.com/pod-product-compliance
Lightning Source LLC
Chambersburg PA
CBHW021133230426
43667CB00005B/96